Hanne Schaffer

Empirische Sozialforschung
für die Soziale Arbeit

Eine Einführung

LAMBERTUS

Deutsche Bibliothek – CIP-Einheitsaufnahme
Ein Titeldatensatz für diese Publikation ist bei
der Deutschen Bibliothek erhältlich.

www.lambertus.de
Umschlaggestaltung: Nathalie Kupfermann, Bollschweil
Herstellung: Franz X. Stückle, Druck und Verlag, Ettenheim
ISBN 978-3-7841-1877-2

2., überarbeitete Auflage

Inhalt

Vorwort: Die Bedeutung empirischer Methoden für die Soziale Arbeit

Dieses Buch verfolgt die Absicht, eine leicht verständliche Einführung in die Methoden und Techniken der empirischen Sozialforschung anzubieten, ohne auf vertiefte Vorkenntnisse der Statistik zurückzugreifen. Das Leitmotiv lautet: *How to do it.* In der Praxis der Sozialen Arbeit ist der Einsatz von empirischen Methoden und Techniken der Erhebung, Darstellung und Interpretation von Daten nicht nur notwendig, sondern in vielen Feldern bereits üblich: Es wird nicht mehr nur unter Federführung von Bezugswissenschaftler(inne)n geforscht, sondern Sozialarbeiter/ -innen beschäftigen sich inzwischen selber mit einer Reihe spezifischer (Untersuchungs-)Fragen, zu denen bis heute nur unter einem bestimmten erkenntnistheoretischen Blickwinkel oder noch gar nicht beziehungsweise nur unzureichend empirisch gearbeitet wurde. Die Ausbildung in empirischer Methodenlehre fristet an der Mehrheit der deutschen Fachhochschulen noch ein Randdasein. Dieses Buch soll ermutigen und Lust machen auf empirisches Arbeiten. Dazu ist die Kenntnis von grundsätzlichen methodischen Zugangsweisen, der Vielfalt der verwendbaren Instrumente, der unterschiedlichen Designs von Studien und der Nachvollzug einzelner forschungslogischer Abläufe unabdingbar.

Anhand eindrücklicher und plastischer Studienbeispiele sollen verschiedene Untersuchungsdesigns und Methoden, Stichprobenziehungstechniken, verschiedene einsetzbare Instrumente sowie die exemplarische Logik eines Forschungsablaufs sichtbar werden. Sehr detailliert wird im letzten Kapitel auf die Datenauswertung eingegangen und diese Schritt für Schritt nachvollziehbar dargestellt.

Diese Einführung ist Studierenden der Sozialen Arbeit sowie Sozialarbeiter(inne)n in der Praxis auf mindestens drei Ebenen von Nutzen:

- Innerhalb einer wachsenden Zahl von Bachelor- beziehungsweise Masterabschlussarbeiten werden Problemstellungen bearbeitet, zu denen noch sehr wenige oder sogar keine Forschungsergebnisse existieren und dabei eine Fülle (bisher noch kaum beachteter) neuer empirischer Daten produziert. Sowohl für die Absolventinnen und Absolventen von Studiengängen Sozialer Arbeit als auch für bereits im Arbeitsfeld tätige Sozialarbeiter(innen) sind grundlegende Einblicke in die angewandte Empirie unabdingbar, um die Angemessenheit des methodischen Zugangs sowie die Ergebnisse kritisch einschätzen und um Nutzen für die berufliche Arbeit daraus ziehen zu können.

- Die Notwendigkeit der selbstständigen empirischen Datenerhebung stellt Studierende sozialer Berufe während ihres Praktikums, aber auch berufserfahrene Sozialarbeiter/innen in den verschiedensten sozialen Einrichtungen vor völlig neue An- und Herausforderungen, wenn zum Beispiel Informationen über Klient(inn)en gesammelt und systematisch dargestellt werden sollen, im Rahmen der Sozialbericht-erstattung eine regionale Bedarfserhebung ansteht oder eine Einrichtung Selbstevaluation betreiben will.

- Das berufliche Anforderungsprofil von Sozialarbeiter(inne)n wird sich im Zuge einer immer weiter voranschreitenden Professionalisierung in eine Richtung verändern, dass methodisches Know-how zum Basiswissen gehört, weil empirische Daten verstärkt in den beruflichen Meinungsbildungs- und Entscheidungsprozess mit einfließen, oft sogar Grundlage für einschneidende Maßnahmen bilden (z.B. durch die Sozialberichterstattung). In den aktuell verabschiedeten Rahmenstudienordnungen an Fachhochschulen macht sich diese Akzentverlagerung bereits bemerkbar, nicht nur der Wissenstransfer zwischen den einzelnen im Studium vertretenen Fachdisziplinen wurde verstärkt, sondern auch der Wissenstransfer zwischen den Bezugswissenschaften und dem Kernfach Soziale Arbeit. Damit korrespondieren auch die Forderung nach einer verstärkten Sozialarbeitsforschung[1] sowie die internationalen Bemühungen um die Einführung von Master-Studiengängen in der Sozialen Arbeit. Innerhalb von Sozialarbeitsforschung werden prinzipiell alle empirischen Methoden anwendbar, die auch innerhalb anderer Wissenschaftsdisziplinen gebräuchlich sind, zum Beispiel in der Psychologie und in der Sozio-

---

[1] Ohne an dieser Stelle ausführlicher auf den in der einschlägigen Literatur anhaltenden Diskurs zum Begriff der Sozialarbeitsforschung einzugehen, wird Sozialarbeitsforschung hier so verstanden, dass die Stichprobe aus tatsächlichen oder potentiellen Klient(inn)en einer Einrichtung der Sozialen Arbeit gebildet wurde, die Fragestellungen theoretisch wie praxisnah entwickelt wurden und der Verwertungszusammenhang der Studie vorrangig auf die Umsetzung abgeleiteter beruflicher (sozialarbeiterischer) Handlungsstrategien gerichtet ist (vgl. dazu auch Steinert 2000, 69).

logie.[2] Sozialarbeitsforschung hat allerdings ein spezifisches Erkenntnisinteresse: Die Fragestellungen weisen eine unmittelbare Nähe zur beruflichen Praxis auf. Zum einen wird seit den 1990er Jahren eine zunehmende Zahl von Forschungsprojekten unter dem neuen Paradigma der Sozialarbeitsforschung konstatiert (vgl. Maier 1998; Steinert 2000; Staub-Bernasconi 2007), zum anderen wird die Soziale Arbeit auf das innerhalb ihrer Bezugswissenschaften produzierte Wissen angewiesen bleiben. Der angestrebte Wissenstransfer kann aber ohne methodologischen wie methodischen Zugang nicht gelingen, weil erst durch diesen Zugang die Konstruktionsprinzipien wissenschaftlichen Wissens sichtbar werden.

All jene, die einer voranschreitenden Verwissenschaftlichung der sozialarbeiterischen Praxis mit Skepsis oder sogar Reserviertheit begegnen sollten bedenken, was die Alternative zu wissenschaftlichem – theoriegeleitetem und empirisch fundiertem – Wissen als Handlungshorizont im beruflichen Handeln wäre: eine wie immer eingefärbte dogmatisch-normative Orientierung, etwas Intuition und – erst im Laufe der Jahre dringend zu erwerbendes Erfahrungswissen. Dabei soll die Notwendigkeit dieses Erfahrungswissens genau so wenig wie eine grundsätzlich gefestigte ethische Orientierung der Sozialarbeiter/-innen in Abrede gestellt werden, es geht aber letztlich um eine glaubwürdige Professionalisierung der Sozialen Arbeit, die um die wissenschaftliche Grundlegung (und dabei Grundlagenforschung) nicht herumkommt.

Zur Klärung des wissenschaftstheoretischen Kontextes des vorliegenden Buches soll vorausgeschickt werden, dass ich mich von der Soziologie her kommend und nach über zehnjähriger Berufserfahrung im Bereich der Auftragsforschung der Praxis der empirischen Forschungsmethoden nähere. Als Ausgangsbasis einer empirischen Untersuchung wird stets „soziales Handeln" betrachtet. Dies korrespondiert mit dem Menschenbild in der Sozialen Arbeit, welches den Menschen genuin darauf angelegt betrachtet, „... seine Lebenswirklichkeit bewusst, selbstbestimmt und sinnhaft zu gestalten und zwar über Handeln" (Miller 2001, 14).

---

[2] Wie bereits Steinert/Thiele ausführen, bedient sich die Sozialarbeitsforschung des gesamten Spektrums quantitativer und qualitativer Methoden (vgl. Steinert/Thiele 2000, 20), demgegenüber wird aber von einer breiten Mehrheit der Autoren eine verstärkte Hinwendung zu qualitativen Methoden konstatiert (zum Beispiel Düformantel 1998, 127; Maier 1998, 58 und Moser 1995, 98ff.).

Die im Folgenden vorgestellten Methoden und Instrumente stammen aus der gesamten Palette sozialwissenschaftlicher anwendungsorientierter Forschung, das bedeutet, dass sowohl quantitative als auch qualitative Methoden behandelt werden. Ein wichtiges Motiv ist dabei, pragmatisch mit den empirischen Methoden umzugehen, das heißt ich empfehle je nach Untersuchungsfrage, Ziel und Verwertungszusammenhang einer Studie und undogmatisch die Auswahl von Design, Methode und Instrument zu treffen.

Sowohl das Paradigma einer „lebensweltorientierten" Sozialen Arbeit (Grunwald/Thiersch 2001) als auch die systemtheoretisch fundierte Handlungstheorie der Sozialen Arbeit (Miller 2001) kann eine notwendige theoretische Rückbindung vor allem für die Anwendung hermeneutischer und rekonstruktiver Verfahren im Rahmen von qualitativer Sozialarbeitsforschung liefern. Sozialarbeitsforschung als Praxis- und Handlungsforschung, die Bausteine für eine gegenstandsbezogene Theorie (Glaser/Strauss 1967) liefert, trägt dann bereits die Züge von Grundlagenforschung. Sozialarbeitsforschung liefert aber nicht nur die empirischen Grundlagen zur Theoriebildung, die auf die Belange der Sozialen Arbeit zugeschnitten sind, sondern liefert auch Daten für die Definition, Erklärung und Bearbeitung sozialer Problemlagen die als professionell relevant erachtet werden (vgl. Steinert/ Thiele 2000, 21).[3] Sozialarbeitsforschung geht von einem praktischen Erkenntnisinteresse aus, die Perspektive des Individuums steht im Mittelpunkt. Darüber hinaus muss sie aber auch Daten für die Beschreibung und Analyse sozialer Verhältnisse liefern sowie Basisinformationen für die Wirkung und Effizienz sozialarbeiterischen Handelns, von neuen Konzepten und Verfahren (vgl. Maier 1998, 54). Eine Beschränkung auf qualitative Methoden erscheint in dieser Perspektive wenig sinnvoll.

Mögliches Thema beziehungsweise Inhalt einer empirischen Untersuchung ist meinem Verständnis nach alles, was als *soziales Handeln* begriffen werden kann und darunter wird nach Max Weber solches Handeln verstanden, das seinem subjektiv gemeinten Sinn nach auf das Verhalten anderer Menschen bezogen wird und daran in seinem Ablauf ori-

---

[3] Als Forschungsfelder von Sozialarbeitsforschung werden u.a. genannt: Praxisforschung, Grundlagenforschung, Sozialplanung/Sozialberichterstattung, Politikberatung, Organisationsberatung und -entwicklung, Verbändeforschung, Evaluationsforschung, Implementationsforschung, wissenschaftliche Beratung, Technologieberatung, Wirkungsforschung, Ausbildungsforschung, Berufsperspektivenforschung, Arbeitsfelderforschung, Zielgruppenforschung (vgl. Steinert/Thiele 2000, 22).

entiert ist.[4] Soziales Handeln bedeutet in soziologischer Konnotation folglich, dass sowohl fürsorgliches Verhalten anderen Personen gegenüber als auch ein extrem destruktiver Verhaltensakt, wie das Umfunktionieren von zivilen Flugzeugen zu lebenden Bomben als soziales Handeln gilt, denn die Adressaten sind andere Menschen und von der Tat geht ein symbolisches, zum Beispiel ein politisches Statement aus. Mit einem derart weit gefassten sozialen Handlungsbegriff kann das ebenso weite Einsatzfeld der Sozialen Arbeit komplett abgedeckt werden und es mag sich schon durch die Vielfalt der Fragestellungen, von der Gewalt gegen Kinder bis zur Altenarbeit andeuten, dass auch eine Vielfalt von Instrumenten benötigt wird, denn nicht in jedem Bereich ist es möglich oder sinnvoll zu einer Befragung zu greifen, wenn auch in der Öffentlichkeit vor allem die Verwendung von Fragebögen als *die* empirische Methode schlechthin angesehen wird.

Bevor es nun in den folgenden Kapiteln um die Einsatzbreite von Sozialforschung im Allgemeinen und im Verwertungskontext von Sozialer Arbeit im Besonderen geht, sollen zunächst der aktuelle Stellenwert von Sozialforschung und die soziologische Perspektive auf empirische Forschung erläutert werden. Ein Rückblick auf die Anfänge der Sozialforschung scheint vor allem deshalb lohnend, weil sich hier anschauliche Beispiele für gelungenes, aber auch missglücktes methodisches Vorgehen vorführen lassen. Gerade anhand der früher begangenen Fehler kann der heutige Anspruch und die Verfeinerung von methodischen Erhebungsinstrumenten exemplarisch vorgeführt werden.

Nach dem historischen Einstieg geht es Kapitel für Kapitel systematisch zunächst um die Wahl des Untersuchungsdesigns, danach um verschiedene Untersuchungsmethoden und schließlich um die Erläuterung der Durchführung einer empirischen Untersuchung von der Präzisierung der Forschungsfrage(n) über die Stichprobenziehung bis hin zur Erstellung eines Auswertungsberichts.

---

[4] Als kurze Einführung in die Verstehende Soziologie von Max Weber sei an dieser Stelle Korte 1993, „Der Mythos von Heidelberg: Max Weber" empfohlen.

1
Einleitung
zur empirischen Methodenvielfalt:
Lieben Sie Krimis?

Es war bereits kurz nach Mitternacht als Kommissarin Karo Fallander am Tatort eintraf. Die Villa stand etwas erhöht und war hell erleuchtet. Der Nieselregen vom Nachmittag hatte sich inzwischen in einen regelrechten Platzregen verwandelt und Karo Fallander dachte etwas missmutig an ihre neuen Pumps, die nun in diesem Schlamm vermutlich ruiniert werden würden. Die Spurensicherung musste nun schnell arbeiten und dies bei Dunkelheit, um eventuelle Tritt- oder Fahrspuren rund um das Haus noch aufzunehmen (physischer Nachweis, Punkt 4.2.1). Sie nickte den beiden Uniformierten am Hauseingang kurz zu und betrat das Vestibül. Überall schwirrten bereits Leute aus ihrer Abteilung herum, ihr Assistent, der immer etwas hektische, hoch aufgeschossene Sven nahm sie wortlos am Arm und führte sie in das Wohnzimmer im rechten Flügel der Villa.

Die Leiche, Ronald Wellenbrink, 36 Jahre alt und ein stadtbekannter Rechtsanwalt lag seitlich, mit leicht angewinkelten Beinen und schien in ihre Richtung zu starren. Er wirkte eigentlich unversehrt, wenn nicht das kleine Loch in seiner Stirn gewesen wäre, das nun so wirkte, als ob er ein drittes Auge besäße. Fallander wandte sich an Sven, er möge dafür sorgen, dass sich die Spurensicherung erst mal draußen umsehen solle, bevor sie im Haus so richtig loslegten. Außerdem solle er sich darum kümmern, dass er die Telefonnummern von den jeweiligen dienstvorgesetzten Kollegen aus den zwei Nachbarbezirken heraussuche.

„Du meinst jetzt sofort?" wandte Sven stirnrunzelnd ein.

„Natürlich sofort. Sonst hätte ich Dich nicht darum gebeten. Auf der Herfahrt ist mir eingefallen, dass wir bereits zwei Anwaltsmorde in diesem Jahr hatten. Ich möchte dem nachgehen und brauche die Unterlagen dazu. Alles was die haben (Inhaltsanalyse, Punkt 4.2.6) Vielleicht ist es unsere erste Spur. Nicht antworten Sven, los geht's!"

Karo wappnete sich innerlich gegen den bevorstehenden inneren Gefühlstaumel und näherte sich dann vorsichtig der Leiche. Sie bat einige der Uniformierten im Hintergrund doch kurz den Raum zu verlassen. Sie wollte möglichst ungestört ihre ersten Eindrücke auf sich wirken lassen, die Atmosphäre im Raum erfassen.

Was hatte sich hier abgespielt?

Das Opfer war vollständig und äußerst korrekt bekleidet, Hemd, Krawatte, Sakko, passende Hose, Socken und Straßenschuhe. Sie machte sich eine Notiz. Bewegte sich Ronald Wellenbrink in seinem eigenen Hause immer so oder hatte er Besuch erwartet oder war er etwa erst kurz vor der Tat nach Hause gekommen? Hatte er überhaupt begriffen, was mit ihm geschehen würde? Hatte er noch Zeit gehabt zu begreifen? Gab es noch ein kurzes Erschrecken als er sich dem Täter oder der Täterin gegenüber sah? Wie war sein Gesichtsausdruck zu deuten? Solche und ähnliche Gedanken schossen Karo durch den Kopf. Andererseits, was sagte die Statistik zu Morden: Sie geschahen am häufigsten im Wohnumfeld der Opfer, der oder die Täterin stammten aus dem sozialen Nahraum des Opfers und die Morde geschahen meist nachts (Sekundäranalyse, Punkt 4.2.2 und deduktives Schließen, Punkt 1.5). Hier aber handelte es sich um eine regelrechte Hinrichtung, dies war kein Verbrechen aus Leidenschaft gewesen oder musste der Täter die Tat so sorgfältig planen, weil er sich sonst ohne Chance auf Erfolg wähnte? War der Täter dem Opfer körperlich unterlegen gewesen, eine Frau? Andererseits fiel ihr plötzlich ein altes Sprichwort ein, wonach Rache ein Gericht sei, die am besten kalt serviert wurde. Ja, diese Tat war kaltblütig erfolgt, hier gab es kein sinnloses Walten unkontrollierter Emotionen, dies war die Tat eines einzelnen, beherrschten und kaltblütigen Täters gewesen, ein guter Schütze obendrein (induktives Schließen, Punkt 1.5). Die Kugel würde erste Hinweise auf die Tatwaffe liefern und mit Glück einige Indizien, in welche Richtung die weiteren Ermittlungen liefen (wiederum physischer Nachweis, Punkt 4.2.1).

Barbara, eine Kollegin, steckte kurz den Kopf zur Türe herein.

„Störe ich dich?"

„Nein komm nur herein, ich denke fürs erste reicht mir, was ich gesehen habe. Hast du was für mich?"

An dieser Stelle wurden sie in ihrem Dialog unterbrochen, ein Angestellter aus der Gerichtsmedizin fragte an, ob sie die Leiche jetzt mitnehmen könnten.

„Oh ja" entfuhr es Karo „klar könnt ihr." Sie war immer ein wenig erleichtert, wenn die fachkundigen Kollegen anrückten, in Gegenwart einer Leiche war sie immer noch etwas befangen, auch über 20 Berufsjahre änderten daran wenig.

„Draußen warten die Haushälterin, die Schwägerin und der Bruder von Ronald Wellenbrink. Ich dachte, du würdest sie umgehend vernehmen wollen" (Befragung, Punkt 4.3 und *Face-to-face*-Interview, Punkt 4.2.3.1).

„Waren denn alle drei zur Tatzeit im Haus?"

„Nein. Nur die Haushälterin. Sie schlief oben in ihrem Zimmer unter dem Dach, als sie den Schuss hörte. Der Bruder und seine Frau kamen etwa eine halbe Stunde nach dem Eintreffen der ersten Polizeistreife hier an."

„Okay. Ich beginne mit der Haushälterin. Aber vorher noch etwas anderes. Was ist mit den Bändern aus der Videokamera am Eingang?" (Nicht teilnehmende Beobachtung, Punkt 4.1.3).

„Sind bereits auf dem Weg ins Labor. Wir scheinen Glück zu haben, die Aufzeichnung wurde erst in dem Moment unterbrochen, als wir das Band herausnahmen."

„Gut gemacht. Kümmerst du dich bitte darum?" Und mit einem Blick auf Barbaras unwilliges Schulterzucken fügte sie hinzu. „Du weißt, ich kann das nicht einem der Jungs überlassen, wir dürfen nichts übersehen. Diese Auswertungen sind monoton und anstrengend zugleich. Aber ich brauche jemanden der exakt und systematisch vorgeht, diese Aufzeichnungen könnten entscheidend sein (Inhaltsanalyse, Punkt 4.2.6). Außerdem, ruf' bitte Rückers an und frag schon mal an, ob er ein paar Leute aus seiner Abteilung entbehren kann."

„Du willst sie observieren?" (verdeckt teilnehmende Beobachtung, Punkt 4.1.2). „Ich meine den Bruder und die Schwägerin?" Barbara schien überrascht.

„Ich weiß noch nicht, ob es notwendig sein wird, aber für den Fall des Falles will ich mir schon mal die Leute sichern. Und ich kann keine Anfänger gebrauchen."

Im Hinausgehen wandte sich Barbara noch einmal um. „Soll ich dir den Bruder hereinschicken und dann die Hausangestellte?"

„Nein. Schicke mir die Haushälterin, mit den Verwandten spreche ich erst später. Ich möchte mir noch das übrige Haus ansehen, besonders den Schreibtisch unseres Anwalts."

„Aber es geht schon auf ein Uhr zu, meinst du nicht, das wird ein wenig spät?" wandte Barbara ein.

„Du hast recht. Ich für meinen Teil habe die Nacht sowieso schon abgeschrieben. Vielleicht kann Katja das Gespräch übernehmen, aber sagen wir erst in einer halben Stunde und ich komme dann dazu und sehe mir die beiden an."

„Don't touch me baby . . . " Ein alter Song blitzte durch Barbaras Gehirn.

„Du willst dich wohl auf die Intuition durch Augenschein verlassen?"

„Nein, ganz und gar nicht, ich sehe mir lieber ihre Körpersprache an" (offen teilnehmende Beobachtung, Punkt 4.1.1).

Barbara wusste nicht genau ob Karo scherzte, aber die Kommissarin blieb ernst und wandte sich bereits dem Biedermeier-Schreibtisch im Hintergrund des Raumes zu.

Sie durchsuchte den Schreibtisch systematisch, von links oben nach rechts unten, fand aber nichts auf den ersten Blick Interessantes. Ein paar Bankauszüge, das Opfer verfügte über recht hohe Summen. Hier gingen wöchentliche Überweisungen ein, mit denen eine Beamtin im öffentlichen Dienst mindestens einen Monat lang auskommen musste. Aber Karo war sich nahezu sicher, dass es sich nicht um einen Raubmord handelte. Im Übrigen gab es ein paar Prospekte über Immobilien im oberbayerischen Voralpenland und etliche Auszüge aus juristischen Kommentaren und einige Ausgaben der Neuen Juristischen Wochenschrift. Wollte Wellenbrink etwa umziehen, den schönen alten Familienbesitz veräußern? Gab es Streit zwischen den Brüdern seit die Schwägerin mit im Haushalt lebte? Karo machte sich eine Notiz.

Als sie auf die Knopfverschlüsse im hinteren Bereich der mittleren Schublade stieß, musste sie lächeln. Ein Geheimfach, wie altmodisch und wie praktisch. Sie probierte ein wenig daran herum, aber es wollte sich nicht öffnen lassen. Schon wollte sie einen Kollegen von der Spurensicherung dazuholen, als es plötzlich nachgab. Zum Vorschein kam ein Tagebuch. Karo Fallander lächelte, zum zweiten Mal an diesem Abend. In diesem Moment öffnete sich die Tür und herein trat eine ältere Dame, Karo schätzte sie spontan auf Anfang sechzig.

„Ich soll mich bei Ihnen melden?" fragte die Dame etwas unsicher.

„Ach ja", gab Karo zurück, die sich darauf besann, wen sie da vor sich hatte „bitte kommen Sie doch herein und nehmen Sie Platz. Ich bin Karolin Fallander von der Mordkommission." Sie reichten sich die Hand.

Das Tagebuch konnte noch warten, das würde sie sich später zuhause vornehmen (qualitative Textanalyse, Punkt 4.2.6.4), bei einer schönen starken Tasse Kaffee.

„Sie sind Frau …?" begann Karo ohne Umschweife.

„Ich bin Pamina Marquardt, 64 Jahre und seit über 30 Jahren bei den Wellenbrinks. Ich war schon bei Ronalds und Stefans Vater im Hause, ich kenne die Familie praktisch von Anfang an."

Karo, die bei der Nennung des Vornamens gedanklich etwas abschweifte und über die ambitionierten Eltern von Frau Marquardt nachdachte, riss sich am Riemen. Das war die Müdigkeit, die sich nun doch bemerkbar machte.

„Dann möchte ich Ihnen zuerst mal mein Beileid ausdrücken Frau Marquardt. Das muss ja heute ein furchtbarer Schock für Sie gewesen sein."
Bei dem Wort Beileid brach Frau Marquardt dann auch prompt in Tränen aus.

Karo wartete, bis sich die Frau wieder etwas gefasst hatte. Danach war sie jedoch erstaunlich gut in der Lage das, was sie der Reihe nach an diesem Abend bis zu ihrem Zubettgehen getan hatte zu schildern.

„Wie kommt es, dass Sie so genau wissen, wann Sie die Küche verlassen haben, Sie sagten, es war genau fünf Minuten vor acht?" warf Karo ein.

„Nun das kommt davon, dass ich immer, jeden Tag um genau fünf vor acht die Küche verlasse, um nach oben zu gehen und mir die Tagesschau anzusehen. Ronald isst abends immer kalt und Stefan und Uschi waren nicht zuhause, die hatten ja ihren Theaterabend."

„Geht es hier immer so regelmäßig zu, ich meine, haben alle Familienmitglieder einen so exakten Zeitplan?"

„Nun Organisation ist doch bekanntlich das halbe Leben, in diesem Hause haben sich schon immer alle nach der Uhr gerichtet" erwiderte Frau Marquardt in einem Ton, der keinen Einwand duldete.

„Was ist hier Ihrer Meinung nach heute hier passiert, Frau Marquardt? Ich weiß, Sie haben die Tat nicht beobachtet, aber was geschah, nachdem Sie den Schuss gehört hatten und woher wussten Sie überhaupt, dass es sich um einen Schuss handelte?"

„Nun das wusste ich zunächst nicht. Ich hatte bereits fest geschlafen, sogar geträumt und zunächst passte dieser laute Knall auch zu meinem Traum, ein Knall, als wäre eine Metalltüre mit großer Wucht zugeschlagen worden."

„Und dann?"

„Ich war plötzlich völlig wach und hatte starkes Herzklopfen, knipste das Licht an und holte erst mal die Notfalltropfen aus meinem Nachttisch. Ich war plötzlich in Panik, bekam die Schublade nicht auf und dann verschüttete ich auch noch die halbe Flasche. Schließlich griff ich mir den Morgenmantel und sauste die Treppe herunter. Ich war mir plötzlich sicher, dass etwas Furchtbares passiert sein musste."

„Warum waren Sie sich da so sicher? Sie wussten plötzlich, dass es sich um einen Schuss gehandelt hatte?"

„Ja, schließlich bin ich Sportschützin seit 1959, allerdings jetzt nicht mehr organisiert. Ich meine im Verein. Ich weiß, wie ein Schuss klingt."

Interessant, dachte die Kommissarin, eine geübte Sportschützin, sie machte sich eine Notiz.

1.1 Sozialforschung im alltäglichen Raum

Unser Alltag wird durch die Verwendung von Daten der empirischen Sozialforschung wesentlich stärker geprägt, als wir gemeinhin annehmen: Ob wir uns für ein bestimmtes Kosmetikprodukt entscheiden, für Fruchtsaft oder Waschmittel, unsere Kaufentscheidungen werden bewusst oder unbewusst von den Strategien der Werbung und Marktforschung geprägt, die von vornherein eine bestimmte Käufer(innen)schicht im Auge haben und Verpackung, Werbespot und Produktimage genau auf ihre jeweilige Zielgruppe hin abstimmen. Jede Zeitung, die wir aufschlagen, enthält jene Seitenzahl an Feuilleton, politischen und wirtschaftlichen Nachrichten sowie Sport, wie sie die zuvor erhobenen Leseranalysen vorgeben, weil für eine Zeitung die Informationen über ihre Leser/-innen, also über deren Informationsbedürfnisse, Interessen und Präferenzen entscheidend das Überleben und den Erfolg eines Blattes am Markt bestimmen.[5] Auch die Sendezeiten in dem wohl bedeutendsten Massenmedium unserer Zeit, dem Fernsehen, werden von den in umfangreichen Analysen erhobenen Zuseher(innen)profil bestimmt. Nicht nur die Art der Sendung, sondern auch ihr Umfang und ihre mehr oder minder günstige Platzierung am Sendeabend hängen von Umfrageanalysen ab.

Keine Partei wird ohne politische Meinungsumfragen in den Wahlkampf ziehen, kein Parlament erlässt wichtige Gesetze, ohne die Einstellung der Bürger/-innen durch Umfragen zu erkunden. Wirtschaftsunternehmen, Gewerkschaften, Verbände, das Militär und sogar die Kirchen bedienen sich in steigendem Maß empirischer Methoden der Meinungsforschung.

Weder die politischen noch die wirtschaftlichen Zentren der Macht können heute auf empirische Sozialforschung verzichten: Sie ist schon lange zu einem bedeutenden Faktor gesellschaftlicher Entscheidungsfindung geworden.

---

[5] In einer von mir in den Jahren 1991–1992 durchgeführten Zeitungsanalyse der auflagenstärksten Abonnementzeitungen in den neuen Bundesländern bestätigt sich eindeutig die starke Ausrichtung der Art der Berichterstattung an der Leser(innen)resonanz (vgl. Schaffer/Zelinka 1993).

In Nürnberg hat Europas zweitgrößter und weltweit drittgrößter Markt-forschungskonzern, die Gesellschaft für Konsumforschung (GfK) ihren Sitz. Ihr ist es gelungen den sogenannten gläsernen Konsumenten zu schaffen und zwar in Haßloch, einer 19.000 Einwohner/-innen starken, zum bundesdeutschen Durchschnitt erklärten Pfälzer Gemeinde. Durch die freiwillige Teilnahme fast der gesamten Haushalte herrscht weitgehende Transparenz über die täglichen Konsumentscheidungen sowie die gewählten Verkehrswege. Haßloch ist seit vielen Jahren komplett verkabelt und die GfK geht davon aus, dass am Ort nicht nur die durchschnittliche deutsche Kaufkraft repräsentiert ist, sondern auch außerhalb des täglichen Konsums vom durchschnittlichen Mittelmaß in Bezug auf politische Meinung, allgemeine Werthaltungen und Einstellungen ausgegangen werden kann. Die dreitausend Haushalte liefern der GfK beispielsweise Informationen darüber, wie viele Quadratmeter die Familie bewohnt, ob das Bad gefliest ist, wie viele Türen die Kühl- und Gefrierkombination hat, ob eine Mikrowelle vorhanden ist und wie die Borsten der zuletzt gekauften Zahnbürste stehen (gerade oder in V-Stellung?). Die GfK weiß auch automatisch, wie viele Kondome der Haßlocher kauft und von welcher Sorte, sie weiß, ob die Haßlocherin Damenbinden oder Tampons bevorzugt und in welchem Alter sie damit anfängt und aufhört. Und sie weiß vor allen Dingen, welche Werbung sie für welches Produkt begeistert hat – selbst dann, wenn die Frau es selbst nicht weiß (vgl. Süddeutsche Zeitung, Magazin 41/1994, 10ff.)

Die GfK weiß außerdem, ob die Käufer von Kriegsspielzeug eher die Bild-Zeitung lesen oder die Frankfurter Allgemeine Zeitung und dass Produkte mit Öko-Image in den letzten Jahren besonders gut ankommen. An dieser Stelle zeigt sich auch ganz deutlich, dass es nicht nur um Konsumgewohnheiten geht, sondern unter Umständen auch um die sozio-politische Dimension, die sich hinter alltäglichen Kaufentscheidungen verbirgt.

Die hohe Bedeutung, die der Marktforschung in Deutschland, aber auch in anderen entwickelten Industrieländern zukommt, liegt nicht nur darin begründet, dass sie auch politisch handlungsrelevante „soziale Tatbestände" zutage fördert, sondern dass sie auch für die Entwicklung und Verfeinerung empirischer Forschungsmethoden eine enorme Bedeutung hatte und hat. Viele der heute gebräuchlichen Instrumente, etwa im Bereich der Meinungsumfragen, wurden im Kontext der Marktforschung entwickelt. Aktuellstes Beispiel dafür ist der zunehmende Einsatz von Telefoninterviews im Bereich der empirischen Sozialforschung.

1.2 Was heißt hier Soziologie? Zum Beispiel Schuhe!

„Den coolsten aller Schuhe – ich wollte ihn finden, unbedingt. Es war zuerst nichts weiter als eine Idee, obwohl ich mir sicher war, dass es ihn geben würde: Ich suchte nach dem Schuh, den eine bestimmte Jugendkultur, zum Beispiel die Skater oder die Rapper, am besten findet, der für sie die größte Bedeutung hat. Was genau er bedeutet, wollte ich herausfinden. Und warum. Und warum sie ausgerechnet diesen Schuh so lieben, wo es doch sicher Tausende von Schuhen gibt, die schöner oder praktischer sind" (A. Zielke im SZ Magazin vom 19.9.1997, S. 94).

Mit Schuhen verhält es sich in soziologischer Sicht wie mit Kleidung, Frisur, Automarke oder Wohngegend: Sie signalisieren unter anderem nach außen, um wen es sich bei der Träger/-in oder Nutzer/-in handelt, auch wenn dies der Person selber gar nicht bewusst ist oder von dieser bewusst eingesetzt wird. In unserer hoch individualisierten Gesellschaft sind Schuhe nicht einfach nur zum Laufen da, ein bestimmter Schuh gibt erste Hinweise auf die Identität der Träger/-in, stellt ein „Wir-Gefühl" zu anderen Träger(inne)n desselben Modells her. Ein Schuh ist also nicht nur ein materieller Gegenstand aus Stoff, Leder, Plastik oder Gummi, sondern ein symbolisches Gut, mit dessen Hilfe eine soziale Botschaft, ein mehr oder minder deutlich zu entschlüsselnder sozialer Code transportiert werden kann. So tragen beispielsweise Skater Stoffschuhe mit einem Emblem am Knöchel, auf dem „Converse Allstar" steht. Dieser Schuh ist praktisch gesehen wenig funktional, denn die Stoffoberfläche reibt sich beim Skaten leicht auf und der Schnitt bietet keinerlei Knöchelschutz. Doch Skater[6] sein bedeutet auf Allstars zu stehen, auch wenn man mit diesen Schuhen nicht gut skaten kann. Der Schuh steht nicht in seinem Verwendungszweck im Vordergrund, das gewählte Beispiel zeigt sogar wie extrem dysfunktional er ist. Der Schuh steht für ein bestimmtes Lebensgefühl, für Lebensstil und Lebensart und – last but not least – für die mit anderen geteilten sozialen Werte und Einstellungen. Unter Skatern würde also die Frage nach dem „coolsten" Schuh relativ eindeutig beantwortet werden.

---

[6] Dabei ist darauf hinzuweisen, dass das, was in einem bestimmten Milieu „in" ist, ebenfalls dem sozialen Wandel unterliegt. Da teilweise die industrielle Bekleidungsmode bestimmte Trage-Akzente auf der Straße aufnimmt und „zitiert", kann sich für die Gruppe der Skater etwa sehr bald der Zwang ergeben, sich erneut von einer breiteren Masse abzugrenzen und einem neuen Schuh den Nimbus des „coolsten" aller Schuhe zu verleihen.

Ein weiteres Beispiel: Eine sehr junge Frau kommt zum Friseur, um sich ihre Haare schwarz färben zu lassen. Ihr Gesicht hat sie weiß gepudert, sie trägt auffallend blauen Lidschatten und blutroten Lippenstift. Gekleidet ist sie ganz und gar in Schwarz und ihre Stiefel sind ein schwarzes Schnallengewirr mit extremer Spitze. Auf die Frage, wie man diesen ihren Stil nenne, bekommt die Friseurin nur ein Schulterzucken zur Antwort und ein „Weiß auch nicht, aber bei uns gehen alle so".

Anhand einschlägiger Jugendstudien könnte der/die Interessierte feststellen, dass diese etwas morbide wirkende Körperfassade sich „Gothics" nennt und für einen eigenen Lebensstil, dazu gehörende spezifische Musik und den Protest gegen eine leistungsorientierte Konsumgesellschaft steht.

Bei den eben geschilderten Beispielen geht es aus soziologischer Sicht darum, den sozialen Code, verpackt in Schuhen, Make-Up oder gesamter Garderobe zu entschlüsseln und nicht immer können selbst die Protagonist(inn)en einer solchen sozialen Inszenierung den dahinter liegenden Sinn verdeutlichen. Methodologisch kann dies zur Konsequenz haben, dass verschiedene Methoden und keineswegs nur die wohl populärste, die Befragung beziehungsweise das Interview, zu Antworten oder Informationen, sprich empirischen Daten verhelfen.

Die Befragung kann sich also in der empirischen Annäherung schnell als Sackgasse erweisen. Der vorherige Einsatz von teilnehmender Beobachtung oder photographischer Dokumentation kann sich für eine erste Annäherung besser eignen. Eine Befragung dagegen eignet sich eher, wenn es um sehr bewusste, z.B. politische Einstellungen und Haltungen geht oder um Lebensziele. Auch die Sichtung von bereits vorhandenen empirischen Studien zu einem Thema (hier z.B. Shell-Jugendstudien), oder die erneute Analyse von Material das in anderen Forschungszusammenhängen zustande kam (z.B. im Rahmen von Experteninterviews mit Streetworkern oder in biografischen Studien), kann hilfreicher sein, als der Befragungsweg. Am Anfang einer empirischen Untersuchung steht also immer die Frage nach dem geeigneten Design, der geeigneten Methode und dem geeigneten Instrument beziehungsweise den Instrumenten. Die auf diese Weise produzierten Daten beziehungsweise Informationen können sowohl von theoretischem oder auch praktischem Interesse sein und es erweist sich für die Soziale Arbeit als zunehmend unbefriedigend vor allem auf im Kontext anderer Wissenschaftsdisziplinen produziertes Wissen angewiesen zu sein und dadurch höchst zufällig auch auf sozialarbeiterisch relevantes Wissen zu stoßen.

1.3 Alltagwissen und Sozialforschung

Vielleicht sind auch Sie als Leser/-in der Meinung, dass eine gehörige Portion Erfahrungswissen und Intuition bereits genügen, um Zusammenhänge zu erkennen, Probleme zu lösen und Folgen von Veränderungen abzuschätzen? Wenn ja, dann befinden Sie sich in guter Gesellschaft mit einer Reihe von Praktikerinnen und Praktikern aus allen Sparten von sozialen Berufen, die der zunehmenden „Verwissenschaftlichung" der Sozialen Arbeit mit ablehnender Skepsis begegnen. Doch bedenken Sie: Plausibilität ist kein Wahrheitskriterium!

Wählen wir doch ein Beispiel, das in den letzten Jahren in vielen öffentlichen Diskursen eine bedeutende Rolle spielte und sich, dank seiner scheinbar bestechenden Logik bis heute eine nicht leicht ausräumbare Präsenz genießt:

Immer wieder wird behauptet, dass der steigende Anteil ausländischer Arbeitskräfte, der nach Deutschland drängt, die Einkommen der einheimischen Bevölkerung senken und die Zahl der Erwerbslosen weiter ansteigen lassen wird. Im Gegensatz dazu kamen zahlreiche US-amerikanische Untersuchungen (und die USA bilden hier durch vergleichbare Immigrationszahlen zumindest in den 1990er Jahren eine ganz gute Vergleichsbasis) zu dem übereinstimmenden Ergebnis, dass sich die Einkommen der Inländer/-innen infolge hoher Zuwanderungsbewegung nur geringfügig nach unten hin entwickelte, die Erwerbslosenquote dagegen völlig konstant blieb. Ein Teil der inländischen Arbeitnehmer/-innen profitierte sogar vom Zuwanderungsstrom: die Farbigen und die Frauen, die nun im Durchschnitt sogar etwas mehr verdienten. Die eigentlichen Einkommensverlierer/-innen waren die bereits im Land befindlichen, kürzlich zugewanderten Ausländer/-innen (vgl. Diekmann 1999, 27f.).

Dieses Beispiel soll verdeutlichen: Plausible Argumentationen können den empirischen Tatbeständen widersprechen, auch wenn sie noch so bestechend logisch anmuten. Das Alltagswissen liefert weder präzises noch eindeutiges oder systematisches Wissen über soziale Zusammenhänge.

Alltagswissen	Wissenschaftliches Wissen
• Beruht auf alltäglicher, subjektiver und selektiver Beobachtung	• Beruht auf zumindest intersubjektiv nachprüfbarer, systematisierter Beobachtung
• Wird aufgefüllt mit persönlicher Erfahrung und Wissenssplittern unterschiedlicher Quellen	• Der einzelne Untersuchungsschritt wird dokumentiert
• Verlässt sich auf Intuition und praktische Erfahrungen	• Wird im Lichte weiterer empirischer Untersuchungen und im wissenschaftlichen Diskurs geprüft
• Beansprucht Gültigkeit aufgrund subjektiver Einschätzung und Erfahrung	• Lässt nur gelten was vorläufig verifiziert oder letztlich falsifiziert werden konnte

Eine Grenzziehung zwischen wissenschaftlichem Wissen und Alltagswissen fällt oft schwer, weil das wissenschaftliche Wissen immer mehr Bereiche des Alltags durchdringt, etwa über die Medien, und dann gar nicht mehr als solches zur Kenntnis genommen wird. Bisweilen werden auch die Ergebnisse empirischer Studien, die eine vorgefasste Alltagsmeinung bestätigen als trivial abgewertet, wobei zu bedenken wäre, dass das, was einer persönlichen Meinung entspricht, nicht gleichwohl als gesicherter Tatbestand gelten kann, auch wenn die persönliche Meinung und das wissenschaftliche Forschungsergebnis zufälligerweise einmal deckungsgleich sind. In der Regel finden sich in alltäglichen Argumentationen auch häufig widersprüchliche Ansichten oder Meinungen, die einer weiteren Differenzierung gar nicht standhalten. Dazu ein weiteres Beispiel:

Über viele Jahre hinweg wurde in der Öffentlichkeit die Schädlichkeit oder Unschädlichkeit gewalttätiger Fernsehsendungen in Bezug auf jugendliche Zuseher/-innen diskutiert. Es bildeten sich zwei gegensätzliche Standpunkte heraus: Die einen waren der Meinung, dass Gewaltdarstellungen im Fernsehen die Aggressionsbereitschaft bei den Jugendlichen nicht nur nicht erhöhen, sondern senken, weil von diesen Sendungen eine Art karthasische Wirkung (vom Griech. karthasis = Reinigung) ausgehe, während die anderen mutmassten, dass Gewaltdarstellungen eine Art Rollenmodell darstellen, welches Jugendliche zu ähnlich aggressiven Handlungen stimuliere und deshalb die Aggressivität unter den Jugendlichen unmittelbar erhöhe.

Die empirische Forschung lieferte hierzu eine Antwort, die wie aus den Anekdoten um die Antworten von Radio Eriwan anmutet: Im Prinzip ja – zu beiden Thesen! Ob Gewaltdarstellungen im Fernsehen die Aggressionsrate unter Jugendlichen erhöht oder senkt, hängt demnach davon ab, ob sich die Zuschauer/-innen mit den Tätern oder Opfern identifizieren und ob das gezeigte aggressive Verhalten belohnt wird oder nicht (vgl. Diekmann 1999, 28).

Die Beispiele zeigen: Alltagswissen oder Plausibilität des Arguments ersetzen nicht den systematischen Nachweis unter Zuhilfenahme wissenschaftlicher Methoden. Darüber hinaus ist es auch die Aufgabe empirischer Testung, nicht nur die Richtung, sondern auch die Stärke eines vermuteten Zusammenhangs zu messen.

Was das Alltagswissen noch unter einem ganz anderen Aspekt als fragwürdig oder zumindest wenig vertrauenswürdig erscheinen lässt, ist die Tatsache, dass wir alle sehr selektiv wahrnehmen. Unser aller Blick auf die Realität erfolgt quasi durch einen Filter, dessen mehr oder minder engmaschiges Netz aus dem Stoff unserer Vorerfahrungen, früheren Beobachtungen und stets im voraus getroffenen Situationsdefinitionen gewebt ist.[7] Diese Art der vorstrukturierten Wahrnehmung vollzieht sich großenteils unbewusst, bestimmt aber nichtsdestotrotz den subjektiven Ausschnitt unserer Wirklichkeit.

> Das **Thomas-Theorem** (nach dem Soziologen W. I. Thomas benannt) besagt, dass für Menschen die eine Situation als real definieren, auch die aus dieser Situation folgenden Konsequenzen real sind. Das bedeutet, dass wir die uns umgebende Wirklichkeit stets durch (bewusst und unbewusst) getroffene Situationsdefinitionen vorstrukturieren und vor allem die auf diese Definition bezogenen Reaktionen und Handlungsfolgen wahrnehmen.

---

[7] W. I. Thomas [1863–1947]) sagt: „If men define situations as real they are real in their consequences." Wenn wir zum Beispiel eine Bank betreten, um einen Scheck einzulösen, stellen wir uns innerlich mehr oder minder bewusst auf diesen Akt ein, regulieren den Grad unserer emotionalen Beteiligung und orientieren auch unsere Wortwahl oder Körperhaltung an der vorausgedachten Situation. Umso verblüffter wären wir, wenn uns ein Schalterangestellter plötzlich stürmisch umarmt (verstößt gegen die körperliche Distanzregel gegenüber Unbekannten), weil er seinen alten Schulkameraden in uns erkennt. Für weitergehend Interessierte sei dazu Bohnsack (1993), „Interaktion und Kommunikation" empfohlen.

Um uns aus inneren Stabilitätsbedürfnissen heraus darüber hinwegzutäuschen, dass das, was für uns Wirklichkeit ist, noch längst nicht mit der unseres Gegenübers übereinstimmt, tun wir nur so, als gäbe es nur eine Wirklichkeit und nicht unendlich viele Variationen von Welten (vgl. Watzlawick 1976).

Vorerfahrungen, momentane psycho-physische Befindlichkeit, individuelle Lebensphase, Wünsche und Wunschvorstellungen durchziehen also die Alltagwahrnehmung und wir alle haben unter Umständen die Erfahrung gemacht, wie anders plötzlich die Umgebung wahrgenommen wird, wenn man krank ist oder mit einer Knieverletzung durch die Fußgängerzone humpelt, wie neu die Umwelt erfahren wird, mit einem dreijährigen Jungen an der Hand oder wenn wir gerade frisch verliebt sind. Zu den Eigenheiten der menschlichen Wahrnehmungsfähigkeit gehört auch, dass sie sich verändert, wenn wir sozialem (Gruppen-)Druck ausgesetzt sind (hierzu gibt es Experimente, die nachweisen, dass Testpersonen in einem Experiment eine sonst leicht „richtig" lösbare Testaufgabe falsch lösen, weil vorgebliche andere Testpersonen eine gegenteilige Meinung abgeben als die Testperson selber) oder wenn wir uns mühevoll zu einer Entscheidung durchgerungen haben und dann unbewusst nur noch Informationen herausfiltern, die uns in diesem Beschluss bestätigen oder gar gegenläufige Informationen uminterpretieren. All diese Besonderheiten der menschlichen Wahrnehmung lassen das Alltags- oder Erfahrungswissen als nicht eben zuverlässigen, validen Informationsträger erscheinen.

1.4 Erläuterung wichtiger Grundbegriffe und Grundgedanken zu empirischen Studien

Wir verfügen inzwischen über eine Vielzahl von Methoden und Techniken, die es uns erlauben, spezifische Ausschnitte sozialer Realität zu untersuchen. Welche dieser Techniken wir einsetzen hängt von der Fragestellung, den Erkenntniszielen und Rahmenbedingungen einer Studie ab.

Gegenstand empirischer Sozialforschung ist soziales Handeln. Das Verständnis dafür, was innerhalb der Sozialwissenschaften unter sozialem Handeln verstanden wird, ist wesentlich für das Verständnis all dessen worauf empirische Sozialforschung gerichtet sein kann. Der soziale Handlungsbegriff bestimmt den Einsatz der jeweiligen Methoden.

> Unter **sozialem Handeln** wird in Anlehnung an Max Weber (1921) solches Handeln verstanden, das von seiner Absicht her auf das Handeln anderer bezogen wird und daran in seinem Ablauf orientiert ist. Soziales Handeln hat immer eine intentionale Komponente, ein soziales Gegenüber und ist durch vorauseilende Situationsdefinitionen und wechselseitige Verhaltenserwartungen strukturiert.

Entsprechend dieser Definition handle ich auch dann sozial, wenn der oder die soziale Andere nicht physikalisch anwesend ist. Das bedeutet zum Beispiel, dass ich ganz allein in einem Zimmer sitzen kann und während ich einen Brief an eine Freundin schreibe sozial handle, denn ich kommuniziere innerlich mit dieser Freundin und sie ist die Adressatin meiner Ausführungen. Oder ich betrete ein Postamt und reihe mich in die Schalterschlange ein, um eine Briefmarke zu erwerben. Ich orientiere mich dabei an der vorauseilenden Definition dieser Kaufsituation, also zum Beispiel wie distanziert oder freundlich sich der Schalterbeamte beziehungsweise ich mich selber verhalte, welcher Zeitraum für diese Transaktion nötig ist et cetera und auch wenn diese Überlegungen nicht immer bewusst ablaufen, nehme ich doch deutlich meinen Ärger wahr, wenn ich das Handlungstempo am Schalter als aufreizend langsam empfinde (verstößt gegen meine kulturell normierte Geschwindigkeitsvorstellung) oder wäre sehr irritiert, wenn mich der Schalterbeamte duzen würde (verstößt gegen soziale Distanzregel Unbekannten gegenüber). Jede noch so kleine alltägliche Aktion ist also sozial verregelt und hat direkt oder indirekt mit einem „sozialen Anderen", einem anderen Menschen zu tun. Wenn aber soziales Handeln vorliegt, sei es also das Briefe schreiben oder das Briefmarkenkaufen, kann dieser Handlungsausschnitt auch Gegenstand empirischer Sozialforschung sein. Und tatsächlich bildeten etwa Briefe, nicht nur bekannter Persönlichkeiten, sondern zum Beispiel Briefe, die von Söhnen oder Töchtern an ihre Mütter gerichtet waren, schon Gegenstand von wissenschaftlichen Studien (z.B. um herauszufinden, ob sich daraus unterschiedliche Wahrnehmungen der Mutter je nach Geschlecht des Kindes festmachen lassen, vgl. dazu Punkt 4.2.6.5). Auch der relativ simple Vorgang, in einem Postamt eine Briefmarke zu erwerben, bildete das Thema für eine interkulturell vergleichende Studie, die anhand eines weltweiten Vergleichs der durchschnittlichen Dauer dieser Transaktion unterschiedliche, kulturell normierte Handlungsgeschwindigkeiten belegen sollte (vgl. Fraser 1988). Es wird niemanden sonderlich verblüffen, dass dieselbe Tätigkeit in Tokio einen Bruchteil der Zeit benötigte wie in Neapel.

Soziales Handeln liegt aber auch dann vor, wenn die Folgen dieses Handelns destruktiv oder katastrophal sind. Das bedeutet, in der Weberschen Logik stellen auch ein Mord oder Selbstmord eine soziale Handlung dar, genauso wie ein terroristisches Attentat, das unzählige Menschenleben fordert. Denn auch diese (selbst-)destruktiven Aktionen geschehen in Auseinandersetzung mit beziehungsweise im Verstoß gegen soziale Normen, und stehen zu sozialen anderen in Beziehung.

Diese Ausführungen zum sozialen Handeln sollten verdeutlichen, wie breit das Spektrum der Themen empirischer Untersuchungen im Bereich der Sozialforschung sein kann.

> Empirisch bedeutet direkt oder indirekt beobachtbar, messbar (operationalisierbar) und nicht-theoretisch. **Operationalisieren** bedeutet, dass ich das Beobachtete auch tatsächlich messen kann, das heißt Indikatoren für das zu beobachtende Phänomen gefunden werden können. Zum Beispiel möchte jemand „Arbeitszufriedenheit" messen (als Grad der Zufriedenheit in der aktuellen beruflichen Arbeitssituation) und entdeckt anhand von Studien, dass geeignete Indikatoren dafür die Rahmenbedingungen am Arbeitsplatz sind (Bezahlung, Leistungsdruck, Aufstiegsmöglichkeiten, Urlaub, individuelle Handlungsspielräume, Ausstattung des Arbeitsplatzes, Führungsstil der Vorgesetzten etc.), aber auch persönliche Faktoren (Grad der Selbstverwirklichung, ursprünglicher Wunschberuf, individuelle Frustrationstoleranz etc.) und soziale Faktoren (kollegialer Kontakt, Betriebsklima etc.). Es zeigt sich, dass Arbeitzufriedenheit ein sehr komplexes Phänomen ist, aber empirisch durchaus beobachtbar und messbar.

Die empirische Sozialforschung bleibt auf die Wahrnehmbarkeit durch Hören und Sehen beziehungsweise Beobachten angewiesen. Die wissenschaftliche Wahrnehmung verläuft dabei nicht chaotisch, sondern systematisch. Dies bedeutet, dass die Wahrnehmung der sozialen Handlungen genauen Regeln folgt (diese Regeln sind in der Methodologie zusammengefasst und lassen sich als Methoden anwenden). Der gesamte Forschungsverlauf muss nach bestimmten Voraussetzungen geplant und in jeder einzelnen Phase nachvollziehbar sein.

Die Beschäftigung mit bestimmten sozialen Phänomenen, die erforscht werden sollen, geschieht zwar überwiegend theoriebezogen, ist aber an sich nicht-theoretisch. Das bedeutet, jede Forscherin und jeder Forscher muss zunächst einmal eruieren, was bereits zu einem bestimmten Feld geforscht wurde und welche theoretischen Annahmen über ein Phänomen existieren. Die vorgefundenen theoretischen Annahmen versucht er/sie dann mittels Empirie zu bestätigen, zu differenzieren oder auch zu verwerfen.

Zum Beispiel könnte jemand über das Heiratsverhalten junger Menschen forschen und möchte wissen, wovon es abhängt, zu welchem Zeitpunkt jemand heiratet. Es werden Theorien gefunden etwa über den Zusammenhang zwischen der Nationalität und dem Heiratsalter, dem Geschlecht und dem Heiratsalter, dem sozialen Milieu und dem Heiratsalter, dem Bildungsstand und dem Heiratsalter, aber auch über die Stellung in der Geschwisterreihe und dem Heiratsalter et cetera.

Das Forscher/-innen team muss also seine Frage präzisieren und damit den passenden Ausschnitt und den angemessenen methodischen Zugang wählen, um einer oder mehreren Fragen auf den Grund gehen zu können.

Diese notwendige Präzisierung kann auch über eine oder mehrere Hypothesen erfolgen.

Eine **Hypothese** ist eine Zusammenhangsvermutung, die Richtung und/oder auch Stärke des Zusammenwirkens von mindestens zwei Variablen angibt. Klassisch sind so genannte **Wenn-dann-Hypothesen** und auch **Je-desto-Hypothesen**. Beispiele: Wenn ein männlicher Jugendlicher mit elterlicher Gewalterfahrung einer traditionellen Familie mit Migrationshintergrund entstammt, dann wendet er eher Gewalt an als andere Jugendliche ohne diese beiden Merkmale. Oder: Je höher der formale Bildungsgrad von Frauen, desto höher ihr Alter bei Erstheirat.

Hypothesen werden entweder ad hoc, etwa aufgrund des vorhandenen praktischen (beruflichen) Vorwissens entwickelt, meist allerdings theoretisch gebildet beziehungsweise abgeleitet. Ziel des empirischen Vorgehens kann dann die vorläufige Bestätigung oder endgültige Verwerfung der Ausgangshypothese(n) sein. Dieses Vorgehen wird **deduktiv** genannt (Überprüfung eines theoretisch entwickelten Zusammenhangs an der Realität). Die Ergebnisse müssen dann für jeden Einzelfall gültig sein.

Mit **induktivem Schließen** dagegen ist gemeint, dass ich vom Einzelfall oder von mehreren Einzelfällen zu einer allgemein gültigen Aussage kommen will. Dies dürfte innerhalb von Studien aus dem Umfeld der sozialen Arbeit häufiger der Fall sein, weil hier von wenigen Fällen (z.B. den Klient[inn]en einer bestimmten Einrichtung) ausgehend, ein soziales Problem in seiner allgemeinen Strukturiertheit, also von der Analyse des Exemplarischen der Einzelfälle her, begriffen werden soll (z.b. die Genese von Alkoholabhängigkeit).[8]

Neue Erkenntnis ergibt sich aus der Überprüfung bereits vorhandener Hypothesen, aber auch aus der Gewinnung neuer Hypothesen.

Es kann beispielsweise aus bereits vorhandenem Forschungsmaterial ein vermuteter Zusammenhang zwischen zwei bereits nachgewiesenen Faktoren konstruiert werden, also etwa: „Je niedriger der soziale Status der Herkunftsfamilie eines Kindes, desto geringer seine Chance, ein Gymnasium zu besuchen."

Das Erfassen von Aspekten beziehungsweise spezifischen Ausschnitten der sozialen Wirklichkeit erfolgt also theoriebezogen. Theorien sind Erklärungsversuche sozialer Tatbestände. Es gibt sozialwissenschaftliche Theorien unterschiedlicher Reichweite, das heißt nicht alle Theorien gelten universal, sondern haben bestimmte Grenzen und sind dem historischen Wandel unterworfen. Es gibt zum Beispiel **Makro-Theorien**, die das Funktionieren von Gesellschaften anhand des Zusammenspiels ihrer Teilsysteme erklären. Diese Theorien haben eine bestimmte Erklärungskraft und sind insofern sinnvoll, als sie bestimmte gesellschaftliche Prozesse verstehbar machen (z.B. die immer weiter fortschreitende funktionale Differenzierung von Gesellschaften), aber in der Regel zu komplex, um sie als Ganzes empirisch zu überprüfen. Eine recht einflussreiche Gruppe empirischer Sozialforscher (wie etwa König, Merton oder Popper, vgl. dazu Atteslander 1975, 44f.) will Theorien, die sich auf einem hohen, komplexen Abstraktionsniveau befinden, gar nicht mehr zulassen und akzeptiert nur solche Theorien, die sich für eine empirische Testung eignen. Mehrheitlich wird aber wohl inzwischen die Legitimität sowohl

---

[8] Im Bereich der Sozialen Arbeit werden die Sozialarbeiter/-innen wohl nie völlig theorielos an ein Untersuchungsthema herangehen, sondern sowohl ihr Erfahrungswissen als auch die Auseinandersetzung mit sozialwissenschaftlichen Theorien werden im Idealfall ihr Vorgehen bestimmen. Datensammlung (meist mit qualitativen Instrumenten), Analyse und (neue) Theoriebildung gehen Hand in Hand. Dies ist auch das Kennzeichen und Programm der sog. „grounded theory" (Glaser/Strauss 1967). Zur genaueren Erläuterung dieses induktiven Vorgehens im Rahmen von Sozialarbeitsforschung vgl. Schmidt-Grunert 1999, 28f.

von Makro- als auch **Mikrotheorien** (die sich auf einen sozialen Teilbereich, zum Beispiel die Familie beziehen) anerkannt.

Empirische Sozialforschung richtet sich immer auf direkt oder indirekt beobachtbares Sozialverhalten.

> **Direktes Verhalten** ist dem bloßen Augenschein zugänglich, z.B. Sozialverhalten von Kindern in der Kindertagesstätte (Kommunikations- und Konfliktverhalten: z.B. mit anderen Kontakt aufnehmen, sprechen, zusammen spielen, sich umarmen, aber auch schreien, beleidigen, wegschubsen). Als **indirektes Verhalten** sind die Motive, Einstellungen und Werthaltungen zu verstehen, die hinter dem beobachtbaren Verhalten stehen, welches aber sprachlich vermittelbar ist (z.B. sich gekränkt oder ausgeschlossen fühlen, sich aufgrund von Geschlecht benachteiligt fühlen, Gruppenchef/-in sein wollen etc.)

Es ist unmöglich, die soziale Wirklichkeit insgesamt wahrzunehmen und zu erforschen. Fassbar sind immer nur Ausschnitte und diese Ausschnitte werden erst interpretierbar, wenn sie theorieorientiert sind. Es gibt allerdings eine Reihe von Studien, die auf keiner ausformulierten Theorie basieren, sondern sich über die Empirie auf Theoriesuche begeben. Am Ende dieser Untersuchungen stehen also nicht vorläufig bestätigte oder verworfene Zusammenhangsvermutungen (= Hypothesen), sondern unter Umständen erste Hypothesen zu einem ausgewählten sozialen Handlungsbereich.

> **Soziale Wirklichkeit** bedeutet entsprechend dem sozialen Handlungsbegriff, dass es immer um menschliches Verhalten Dingen oder anderen Menschen gegenüber geht; nicht um physikalische, chemische oder biologische Prozesse, die Menschen zweifelsohne ebenso betreffen.

Wenn allerdings eine oder mehrere Hypothesen Ausgangspunkt einer Studie sind, kommt es ganz entscheidend darauf an, dass die in ihr vorkommenden Begriffe soweit präzisiert sind, dass sie auch überprüft werden können. Die verwendeten Begriffe müssen definiert und in Erfassbares beziehungsweise Messbares umgesetzt werden. Dieser Vorgang wird, wie weiter oben bereits erläutert, als „Operationalisieren" bezeichnet (vgl. Lamberti 2001, 25 und auch Weinbach/Grinnell 2000, 8).

Ein Studienbeispiel, das uns weiter unten noch beschäftigen wird (vgl. Punkt 2.2), kann dazu noch einige Erläuterung liefern. In der noch vorzustellenden Untersuchung von Max Weber sollte u.a. überprüft werden, ob altersgemischte Lehrlingsgruppen eine bessere Integration in den Betrieb gewährleisten als altershomogene Gruppen (z.b. ausschließlich mit Lehrlingen aus dem ersten Lehrjahr zusammengesetzt). Max Weber hat den Grad der Integration anhand der Häufigkeit der Krankmeldungen operationalisiert, nach dem Motto, je häufiger krank desto schlechter integriert. Es wäre zu fragen, ob nicht noch weitere (unabhängige) Variablen (wie etwa soziale Herkunft, Geschlecht, Bildungsstatus etc.) für die Untersuchung der sozialen Integration einzelner im Betrieb ausschlaggebend gewesen wären und welche Variablen die individuelle Integriertheit tatsächlich messen (z.b. subjektiv geäußertes Wohlbefinden in der Gruppe, soziale Beliebtheit, Häufigkeit und Qualität privater Kontakte der Lehrlinge untereinander etc.). Das Beispiel macht deutlich, dass die Gültigkeit einer Studie ganz entscheidend davon abhängt, wie die Hypothesen umgesetzt wurden.

Neben der Frage der geeigneten Operationalisierung der Variablen einer Hypothese, muss auch von Anfang an geklärt werden, ob schlicht ein Zusammenhang zwischen zwei Variablen überprüft werden soll (z.b. zwischen Zusammensetzung der Gruppe und Integrationsgrad im Betrieb) oder ob die eine Variable als unabhängige und die andere als abhängige getestet werden soll (z.b. Zusammensetzung der Lehrlingsgruppe = unabhängige Variable bestimmt über die Integration im Betrieb = abhängige Variable). Die Konsequenzen für das spätere Auswertungsverfahren werden unter Punkt 5.5.1.6 beschrieben.

> Von einer **unabhängigen Variable** geht eine Wirkung aus. Eine **abhängige Variable** ist von dieser Wirkung betroffen. Wenn ich also den Zusammenhang zwischen sozialer Herkunft und Schulerfolg untersuche, nach dem Motto: je niedriger der soziale Herkunftsstatus desto geringer der Schulerfolg, ist die „soziale Herkunft" die unabhängige Variable, der „Schulerfolg" die abhängige.

1.5 Probleme der Sozialforschung

Auch Sozialforscher/-innen haben ihre Weltanschauungen, Denktraditionen und Vorurteile, sie gehen darüber hinaus von einer Vielzahl von Regelmäßigkeiten im sozialen Verhalten ihrer Mitmenschen aus. Sie sind selbst nicht davon frei, einer selektiven Wahrnehmung und einer gewissen Hypothesensteuerung zu unterliegen. Deshalb ist es von Bedeutung, dass Sozialforschung meist im Team betrieben wird und jeder Untersuchungsschritt intersubjektiv nachvollziehbar bleibt und dokumentiert wird. Darüber hinaus gibt es aber einige Problemkomplexe, die im Folgenden eingehender besprochen werden.

Der erste Problemkomplex, den ich ansprechen möchte, hat mit der Logik der empirischen Beweisführung zu tun.

Der Schlüssel zu diesem Problem liegt in dem Umstand begründet, dass die Sozialforschung in der Empirie prinzipiell von widerlegbaren Hypothesen ausgehen muss. Eine Hypothese muss folglich eine so exakte Aussage enthalten, dass deren empirischer Gehalt in der Wirklichkeit überprüft werden kann und sich gleichzeitig der empirischen Widerlegbarkeit ausliefert. Eine „unwiderlegbare Hypothese" (Karl Popper) würde bedeuten, dass niemand in der Lage wäre den Nachweis zu führen, dass sie falsch ist. Dies kann nur dann eintreten, wenn die Hypothese so unscharf formuliert ist, dass keine denkbare Beobachtung unvereinbar ist mit ihr, zum Beispiel die Sätze: „Alles hängt mit allem zusammen!" oder „Das einzig Beständige ist der Wandel".

Aber auch bei eindeutigeren Aussagen fällt die empirische Überprüfung nicht immer leicht oder stellt sich sogar als unlösbares Problem heraus. Nehmen wir als Beispielsatz die Aussage: „Alle Raben sind schwarz." Dieser Satz soll nun anhand empirischer Beobachtung bewiesen werden (vgl. dazu Poundstone 1995: 59f.), das heißt am Ende soll eine Aussage getroffen werden, ob dieser Satz wahr oder falsch ist. Es mag zunächst überraschen, dass dabei noch so zahlreiche Beobachtungen für die endgültige Wahrheit oder Falschheit bedeutungslos sind, denn selbst die Beobachtung einer Million schwarzer Raben kann die Richtigkeit der Aussage nicht beweisen.

Denn die Hypothese ist falsch – man spricht von falsifiziert – sobald irgendwo ein nicht-schwarzer Rabe auftaucht.

So galt die Hypothese „Alle Schwäne sind weiß!" nur so lange als korrekt bis Neuseeland entdeckt wurde, denn dort gibt es auch schwarze Schwäne! Die Beweisführung darf sich also nicht nur auf die Sammlung positiver Bestätigung richten, sondern auf den Ausschluss der gegenteiligen Aussage, der Kontraposition[9] oder die Bestätigung der Antithese. Bei der Sammlung positiver Belege spricht man von induktiver Beweisführung, die die Hypothese immer nur vorläufig bestätigt (bis etwa durch eine Mutation ein weißer Rabe auftaucht). Ein anderer Weg der Beweisführung kann über den Umweg der Falsifikation erfolgen. Man sucht nach der Antithese zur Ursprungshypothese, um damit die Richtigkeit einer Zusammenhangsvermutung zu beweisen.

Unter **Antithese** wird in der empirischen Sozialforschung die Formulierung einer zur Ursprungshypothese gegenteiligen Aussage verstanden, deren Falschheit ohne weiteres – zum Beispiel durch einen Blick in die Offizialstatistik des Bundeskriminalamtes oder des Statistischen Bundesamtes – bewiesen werden kann. Wenn also jemand von der Richtigkeit der These ausgeht, dass der Schulerfolg von Kindern von ihrer Herkunftsschicht abhängt, würde die Antithese lauten: „Der Schulerfolg hat mit der sozialen Herkunft der Kinder nichts zu tun". Ein einziger Blick in die Schulstatistik oder in die PISA Studien würde diese Antithese falsifizieren, so dass ich von der Richtigkeit der Ursprungshypothese ausgehen kann.

Ein weiteres Problem hat mit der hypothesengesteuerten Wahrnehmung von Individuen zu tun. Nicht nur die Alltagsbeobachtung ist durch unbewusste Wünsche, Vorstellungen, Stereotypien und vorauseilende Situationsdefinitionen größtenteils selektiv, auch die wissenschaftliche Beobachtung ist für solche Selektionsmechanismen anfällig: Die Forscher/-innen beobachten unter Umständen einen höchst selektiven Ausschnitt von Wirklichkeit und unter zuvor so ausgewählten Beobachtungskategorien, so dass aufschlussreiche Beobachtungen, die aber nicht ins „Hypothesenbild" passen, gar nicht wahrgenommen werden können.

---

[9] Entscheidend hierbei ist jedoch, dass die kontraponierte Aussage „Alle nichtschwarzen Gegenstände sind Nichtraben" nicht nur genauso unlösbar zu führen wäre, sondern auch noch einen ungleich höheren Aufwand erforderte. Die Anzahl nicht-schwarzer Gegenstände dürfte gegen unendlich tendieren!

Bias ist in der Statistik der Fachbegriff für Verzerrung. Hier geht es um den „Bestätigungsbias", das heißt eine Verzerrung der Beobachtungsdaten in Richtung auf ein vorhergesagtes Ergebnis. Dazu kommt es durch selektive Wahrnehmung im Forschungsteam. Während der Datensammlung und auch Datenaufbereitung werden dann nur solche Beobachtungen registriert, die ins Hypothesenbild passen oder widersprüchliche Beobachtungen so umgedeutet, dass die Ursprungshypothese bestätigt werden kann.

Ein weiteres gravierendes Problem in der Sozialforschung ist die so genannte Selbstselektion. Dazu greife ich noch einmal auf die weiter oben eingeführte Untersuchungsthese von dem Zusammenhang zwischen erhöhter Aggressivität und der Häufigkeit des Konsums von gewalttätigen Fernsehsendungen und Videos zurück.

Nehmen wir einmal an, die entsprechende Studie wurde so durchgeführt, dass eine untersuchte Gruppe Jugendlicher, die häufig gewalttätige Fernsehsendungen verfolgt und sich auch einschlägige Horrorvideos ausleiht, tatsächlich ein wesentlich höheres Aggressionspotential zeigt als eine Kontrollgruppe, die solche filmischen Erzeugnisse nicht konsumiert und völlig anderen Freizeitbeschäftigungen nachgeht. Kann damit bereits der Zusammenhang zwischen entsprechendem Fernseh- beziehungsweise Videokonsum und dem Aggressionsniveau belegt werden? Die Antwort lautet: Nein! Denn was mit diesem Vergleich zwischen einer Versuchsgruppe (die solche Videos regelmäßig ansieht) und der Kontrollgruppe (die völlig anderen Freizeitbeschäftigungen nachgeht) nicht nachgewiesen werden kann, ist, ob tatsächlich eine ursächliche Beziehung zwischen dem Konsum von Gewaltdarstellungen und dem erhöhten Aggressionsniveau besteht, denn es kann genauso vermutet werden, dass die Jugendlichen aus der Versuchsgruppe aus ganz anderen Gründen – und nicht wegen der Videos – eine größere Nähe zu Gewalt haben.

In dem geschilderten Fall haben wir es dann mit Effekten der Selbstselektion zu tun, die fälschlicherweise als Kausaleffekte missdeutet werden (vgl. Diekmann 1999, 55), das heißt die Effekte sind auf nicht weiter geklärte Konstellationen bei den Personen aus der Stichprobe zurückzuführen (keine Kontrolle der möglichen Wirkung von Drittvariablen) und nicht auf die Wirkung, die bestimmte Videos auf Konsumenten haben. Selbstselektion entsteht oft schon dadurch, dass bestimmte Studien durch öffentliche Aufrufe und unter einem bestimmten Anliegen um freiwillige Teilnehmer/-innen werben. Nur durch spezifische Stichprobenziehungstechniken lassen sich solche Effekte vermeiden (vgl. dazu Punkt 5.3.4).

Selbstselektion ist ein Fehler der Stichprobe, der dadurch zustande kommt, dass Untersuchungsgruppen nicht nach dem Zufallsprinzip – durch „Randomisierung" (vgl. dazu Punkt 5.3.4.1) – sondern durch Aufruf zur freiwilligen Teilnahme oder durch bereits vorhandene Gruppen gebildet und anschließend miteinander verglichen werden (z.B. Schulklassen aus verschiedenen Schultypen und Stadtteilen oder Jugendgruppen verschiedener Freizeiteinrichtungen aus verschiedenen Stadtteilen). Somit kann nicht kontrolliert werden kann, wer sich mit welchen Voraussetzungen in den Gruppen befindet. Konstatierte Unterschiede zwischen den Gruppen kommen dann unter Umständen durch nicht weiter kontrollierte Drittvariablen zustande (z.B. sehr unterschiedliche soziale Herkunftsmilieus) und nicht durch die (Angebots-)Strukturen in den Institutionen beziehungsweise sozialen Einrichtungen.

Ein eher populäres Problem ist das einer auftretenden Scheinkorrelation.

Stellen Sie sich vor, jemand macht sich die Mühe und sucht nach dem empirischen Beleg für die These, dass wer auf großem Fuß lebt, auch tatsächlich besser verdient als jemand mit kleineren Füssen (vgl. Diekmann 1999, 58). Tatsächlich hat er dann anhand einer landesweiten Umfrage einen eindeutigen Zusammenhang zwischen großer Schuhgröße und höherem Einkommen festgestellt. Diese „scheinbare" Korrelation kam aber nur durch eine dahinter stehende, „echte" Korrelation zustande, nämlich die, dass Frauen, die in der Regel kleinere Füsse haben als Männer im Durchschnitt auch über die geringeren Einkommen verfügen. Der tatsächliche Zusammenhang besteht also zwischen dem Geschlecht und dem erzielten Einkommen und nicht zwischen der Größe des Fußes und dem Einkommen.

Scheinkorrelation ist ein existenter statistischer Zusammenhang, der trotzdem nicht als Beziehung zwischen den beiden gemessenen Variablen interpretiert werden kann. So hat das um sich greifende Waldsterben nichts mit den gleichzeitig steigenden Sozialausgaben zu tun, obwohl beide Trends zum selben Zeitpunkt empirisch nachweisbar sind.

Das vorletzte hier nur kurz angesprochene Problem hat mit einer bewussten Datenmanipulation, also Betrug in der empirischen Sozialforschung zu tun. Inzwischen existiert schon eine Reihe von Publikationen, die sich eigens diesem negativen Aspekt des Forschungsalltags widmen. Eine Reihe von einst berühmten Studien ist dabei auf eine Negativliste geraten, aktuelles Beispiel sind dazu etwa die Feldstudien von Margaret Mead, der wohl berühmtesten amerikanischen Anthropologin (vgl. Beispielstudie unter Punkt 3.3.3). Ihr wird zwar nicht in allen Fällen eine bewusste Manipulation vorgeworfen, vielmehr hat sie wohl uneindeutige Befunde und nur sehr rudimentär recherchierte Daten in eine ihren Thesen genehme Richtung interpretiert (dies deutet also eher in Richtung Bestätigungsbias). Es gibt aber auch Beispiele regelrechten Betrugs, wenn Messdaten unterschlagen oder unrichtig wiedergegeben werden. In all diesen Fällen erlaubt wiederum nur eine saubere Darstellung aller methodischen Schritte – auch die genaue Beschreibung der Operationalisierung der zu messenden Variablen – und möglichst aller Daten eine kritische Einschätzung der Validität und auch Reliabilität einer Studie. Beides sind zentrale Gütekriterien von seriöser Sozialforschung.

Validität bedeutet Gültigkeit. Es bedeutet, dass ein Messinstrument auch das misst, was es zu messen gilt.

Reliabilität bedeutet Zuverlässigkeit. Es bedeutet, dass eine Messung unter denselben Bedingungen auch zu denselben Messergebnissen führt. Ein Test kann hoch reliabel sein, (führt beispielsweise in verschiedenen Ländern zu vergleichbaren Ergebnissen), aber nicht valide, weil er beispielsweise nicht „Depression" misst, sondern „Selbstwertgefühl".

Als letztes Problem soll noch das des Datenschutzes angesprochen werden. Die seriöse Durchführung einer wissenschaftlichen Untersuchung setzt in der Regel voraus, dass die Untersuchten über die Ziele und Absichten unterrichtet werden und eine Anonymitätszusicherung erfolgt. Dabei tritt jedoch die Schwierigkeit auf, dass sich ein „eingeweihter Proband" unter Umständen anders, nämlich hypothesengesteuert, verhält und deshalb die eigentlichen Ziele der Untersuchung entgegen obiger Grundsatzerklärung verschleiert werden müssen. Hier deuten sich eine Reihe von ethischen Problemen an. Zu bedenken wäre auch, welche Konsequenzen die Teilnahme an einer so genannten Dunkelfeldstudie (vgl. dazu Punkt 3.3.4) für jemanden haben kann, etwa dadurch, dass höchst unangenehme oder kaum verarbeitete Erinnerungen heraufbeschworen werden, mit denen der/die Proband/-in dann auf sich selber verwiesen bleibt.

Die Beachtung der Auflagen des Datenschutzes bei zu wissenschaftlichen Zwecken erhobenen Daten wird durch einschlägige Gesetze geregelt. Den oben angedeuteten ethischen Problemen versucht man mit der Einrichtung einer Ethik-Kommission der Deutschen Gesellschaft für Soziologie zu begegnen, die bei einer entsprechenden Eingabe einem ethisch nicht vertretbaren Untersuchungsvorhaben nachgeht und dieses öffentlich diskreditieren kann.

2
Einige Schlaglichter auf die Anfänge der empirischen Sozialforschung

2.1 Quetelet und LePlay als Pioniere

Die Anfänge der empirischen Sozialforschung liegen bereits im 18. und 19. Jahrhundert. Als einer der wichtigsten Vorläufer der empirischen Sozialstatistik gilt Quetelet (1796–1874), der in Anknüpfung an die Naturwissenschaften nach sozialen Gesetzmäßigkeiten in der Sozialstruktur suchte. Quetelet gilt als Begründer der sog. Moralstatistik, die in Anlehnung an die Naturwissenschaften nach Entwicklungsgesetzen der Gesellschaft suchte. Analysematerial bildeten dabei bevölkerungsstatistische Daten, kriminal-, religions-und wirtschaftsstatistische Zahlen. Der Begriff Moral stand synonym für sozial. Es ging nicht um ein ethisches Programm, sondern um die Unterscheidung und den Gegensatz zu den Naturwissenschaften (vgl. Kern 1982, 37f.).

Ein Zeitgenosse von Quetelet, nämlich Frederique LePlay (1806–1882) fand den Vorrat an statistischem Material so ungenügend, dass er einen neuen Weg – den der Monographie – auf der Suche nach den sozialen Gesetzmäßigkeiten von Gesellschaften beschritt. LePlay gilt als Entwickler der sozialwissenschaftlichen Familienmonographie. Er ging davon aus, dass die Statistik letztlich nur ein beschränktes und verzerrtes und damit willkürliches Bild des Menschen und seiner Beziehungen zeichnen kann. Um den „Dingen auf den Grund zu gehen" wandte er die Methode der direkten Beobachtung an. Um den Beobachtungsapparat einzuschränken, fokussierte er als soziale Basiseinheit die Familie. Er hielt die dort beobachtbaren Gesetze auf andere, größere soziale Systeme für übertragbar, da doch die Familie die Keimzelle jeder ihm bekannten Gesellschaftsform darstellt. Für seine Untersuchungen wählte er ihm durchschnittlich erscheinende Familientypen aus und untersuchte sie genauer (z.B. im Hunsrück den Gießer eines Stahlwerkes, in Solingen den Waffenschmied). Das Herzstück seiner Analyse bildete das Familienbudget, das durch die Beobachtung der Lebensweise und die Erhebung der Familiengeschichte ergänzt wurde. LePlay ging in seinen Studien sehr penibel vor, zeichnete alles auf, vom Umgang mit Haustieren bis zur Gartenarbeit, den Essensgewohnheiten, dem Mobiliar und der Kleidung.

Als Beispiel ein Auszug aus Leplays Aufzeichnungen unter der Rubrik „Erholung in der Familie eines Solinger Waffenschmieds":

> „Das Rauchen, wiewohl während der Arbeit wie während der Pausen, ist die Haupterholung der 3 Arbeiter der Familie. Jeder Mann verbraucht durchschnittlich am Tag 67 g Tabak. Eine andere Erholung, der sie alle großen Wert beilegen, ist der Branntweingenuss morgens und abends. In der hier beschriebenen Familie trinken die beiden Arbeiter täglich 0,14 l Branntwein im Hause und ebensoviel im Wirtshaus. Samstags gibt es außerdem noch eine Extragabe Branntwein in der Werkstatt, an der der Meister und seine drei Arbeiter teilnehmen. Die Frauen genießen weder Spirituosen noch Narkotika. Es ist sehr selten, dass die Familie während der Mahlzeit Branntwein, Bier oder gar Wein trinkt. Jedes Jahr beteiligen sich die Männer an einem Scheibenschießen, das man als die Hauptlustbarkeit der Gegend betrachten kann. Die vier Märkte, die jedes Jahr in Solingen stattfinden, und einige Feste in den benachbarten Dörfern sind fast die einzige Erholung, an der alle Familienmitglieder gemeinsam teilnehmen. Eine Mahlzeit im Wirtshaus, Tanz, seltener kleine theatralische Vorführungen, sind bei dieser Gelegenheit die begehrtesten Vergnügungen. Viele Arbeiter indessen bleiben auch diesen letzteren Vergnügungen fern, und man kann sagen, dass die einzigen unerlässlichen Vergnügungen dieses Landes der Tabak und der Branntwein sind, wenigstens für die Männer; für die Frauen die Unterhaltung mit den Nachbarinnen" (vgl. LePlay in Kern 1982, 55).

2.2 Max Weber und die Metallarbeiter: Ein Beispiel missglückter Fragebogentechnik

Als eine inzwischen ebenfalls klassische empirische Studie, die zu Beginn des 20. Jahrhunderts entstand, gilt die von *Max Weber (1908),* der über die Berufswahl von Arbeitern forschte. Die entscheidende inhaltliche Stoßrichtung der Studie war, dass bis dato zwar einige Arbeitskräfte-Forschung existierte, dabei aber der Arbeiter als Subjekt außen vor geblieben war. So zielte diese Studie auf die subjektiven Verarbeitungs- und Bewältigungsmechanismen der tagtäglichen Arbeit (vgl. Kern 1982, 91). Erstmals wurden dabei auch persönliche Lebensverhältnisse als wichtige

Determinanten des individuellen Wohlbefindens in die Untersuchung miteinbezogen und als Faktoren, die ebenso wie die konkreten Rahmenbedingungen am Arbeitsplatz auf das Arbeitsergebnis zurückwirken. Im Einzelnen wurden in der Studie betriebliche Unterlagen gesammelt und gesichtet (Inhaltsanalyse, dazu Punkt 4.2.6), Expertengespräche geführt und die Arbeiter befragt (schriftliche vollstandardisierte Befragung, dazu Punkt 4.2.3.2). Die Befragung der Arbeiter scheiterte weitgehend: Zum einen war der Rücklauf – wie bei schriftlichen Befragungen fast immer der Fall – sehr gering, weil das Misstrauen auf Seiten der Arbeiter nicht aufgelöst werden konnte und die Forschungsabsicht nicht klar genug hervortrat. Zum anderen wurden einige Fragen von den Arbeitern als zu schwierig und komplex empfunden und deshalb gar nicht beantwortet. Der von Weber eingesetzte Fragebogen entspricht weder heutigen formalen noch inhaltlich-technischen Standards (vgl. Abb.1).

Als Kritikpunkte an dem von Weber eingesetzten vollstandardisierten Fragebogen sollen einige exemplarisch herausgegriffen werden, die besonders eindrücklich den aus heutiger Sicht demonstrativen Verstoß gegen übliche Regeln der Fragebogentechnik zeigen. Zunächst einmal der Einstieg in den Fragebogen mit den Angaben zur Person (hier werden sogar Vor- und Zuname erfragt), was einen eindeutigen Verstoß gegen den heute gültigen, unbedingten Primat der Anonymität von Untersuchungspersonen darstellt. Es folgen Fragen zu den persönlichen Lebensverhältnissen, die in der aktuellen Methodenliteratur unter den so genannten *soziodemographischen Merkmalen einer Person* firmieren und in der Regel anhand eines vollstandardisierten Fragenkomplexes am Ende einer Befragung erfasst werden.

Soziodemographische Daten sind in der empirischen Sozialforschung üblicher Weise erfasste Personenstandsmerkmale, die einen Rückschluss auf die soziale Position einer Person innerhalb des gesellschaftlichen Sozialgefüges erlauben. Die wichtigsten soziodemographischen Daten sind: Geschlechtszugehörigkeit, Lebensalter, der höchste erworbene Bildungsabschluss (andere interessieren in der Regel nicht), die Art und der Umfang der Erwerbstätigkeit, die Einkommenshöhe, der berufliche Status, der Familienstand und die Kinderzahl, zum Teil auch regionale Herkunft, gegenwärtiger Wohnsitz, Staats- sowie Religionszugehörigkeit.

Bei den inhaltlichen Fragen (hier ab Frage 10) hat sich inzwischen nicht nur die Durchnummerierung jeder einzelnen Frage, sondern auch deren linksbündige Anordnung durchgesetzt, das heißt dass auf eine Spaltenbildung nach rechts aus Gründen der besseren Übersichtlichkeit verzichtet wird. Problematisch erscheint auch, dass Weber seine Fragen nicht präzise genug stellt. So fragt er etwa nach dem Motiv für den ergriffenen Beruf (Frage 10), wobei – neben dem Problem, dass wohl kaum ein einziges Motiv für die Berufswahl entscheidend ist, auch noch der Zeitpunkt eingegrenzt werden müsste (das Motiv oder die Motive unterliegen schließlich wie die persönliche Entwicklung eines Menschen dem zeitlichen Wandel!) – nicht deutlich ist, ob er das Motiv für den tatsächlich erlernten Beruf oder die gerade ausgeübte Erwerbstätigkeit meint.

Als unergiebig erweist sich u.a. die Frage 13: „Ist Ihre Arbeit etwa besonders anstrengend?" Besser wäre es gewesen, sofort danach zu fragen, was der Befragte an seiner täglichen Arbeit als anstrengend erlebt und eventuell auch, mit welchem Gewicht er einzelne Belastungen belegt. Die Art der Formulierung mit dem „etwa" lässt zudem Raum für einen subjektiv unterstellten Unterton: Spricht aus diesem „etwa" Empörung, Sarkasmus et cetera?!

Abbildung 1: Fragebogen von Max Weber zur Berufszufriedenheit

---

Fragebogen Nr. ....

(Bei den mit dem Zeichen * versehenen Stellen sind die jedesmal zutreffenden Worte zu unterstreichen.)

---

1. **Vor- und Zuname des Arbeiters:** ....
   (kann ev. unausgefüllt bleiben)

   beschäftigt als .... bei der Firma ....

2. **Geburtsjahr:** .... **Geburtsort:** .... **Staat:** ....

3. **Geschlecht und Familienstand:** { männlich* — weiblich*   ledig* —
                                        verheiratet* — verwitwet* — geschieden*.

4. **Konfession:** ....

5. **Beruf und Geburtsort:** { des Vaters ....
                                der Mutter ....

6. **Beruf der Großväter:** ....

7. **Militärdienst:** noch nicht militärpflichtig* — gedient* — militäruntauglich* —
   bedingt tauglich*. Hat Ihr Vater gedient? ....

8. **Schulbildung:** .... Wo? ....

9. **Berufslehre:** { als was und wo? .... wie lange haben
                      Sie gelernt? .... Haben Sie Lehrgeld bezahlt? ....
                      wie viel? .... oder haben Sie Lohn erhalten? ....
                      und von wann an? ....

10. **Aus welchem Grunde haben Sie diesen Beruf ergriffen?** ....

11. Was für Arbeiten machen Sie in Ihrer jetzigen Stellung? ....

12. **Besitzen Sie außer der jetzt von Ihnen ausgeübten noch andere Berufs-
    geschicklichkeiten?** .... Welche sind dies? ....

13. **Ist Ihre Arbeit etwa besonders anstrengend?** ....
    Wodurch? ....

14. **Von welchem Alter** an finden Leute Ihrer Arbeitsstellung nicht mehr leicht
    Beschäftigung?

15. Waren Sie etwa früher in anderen Berufsstellungen? Wo? wie lange? als was?
    (Genaue Angabe des Arbeitsortes, des Arbeitgebers, der Arbeitsstellungen. Angabe, ob
    selbständig oder unselbständig.) Reicht der Raum nicht aus, so ist ein Zusatzbogen zu
    benutzen.

    ....

16. **Gründe des Wechsels der Stellungen:** ....

    ....

17. **Stehen Sie in Zeit- oder in Akkordlohn?** .... Ungefährer Wochen-
    verdienst .... ℳ. Ziehen Sie Zeitlohn oder Akkordlohn vor? ....

18. **Tägliche Arbeitsdauer:** von ..... Uhr bis ..... Uhr. Pausen: ....
    Überstunden? .... Zu welcher Stunde nehmen Sie die Hauptmahlzeit?

19. Nach welcher täglichen **Arbeitsdauer** tritt bei Ihnen erfahrungsgemäß **Er-müdung ein?** ....

20. Was sind Ihre **Haupterholungen?** ....

21. Womit beschäftigen Sie sich am liebsten außerhalb Ihres Berufes? ....

22. **Wohnung:** Eigenes Haus * — Wohnung vom Arbeitgeber * — Mietwohnung * — Schlafstelle *. Entfernung der Wohnung von der Arbeitsstätte ...... km. Fahren Sie? ....

   Feld oder Garten * — eigen * — gepachtet *.

23. Halten Sie **Schlafgänger** * — oder **Kostgänger** *? Wie viele?

24. Haben Sie sonst **Nebenerwerb?** .... Welchen? ....

25. Wann haben Sie sich **verheiratet?** .... Verdient Ihre **Frau** Geld? .... Womit? ....

26. Zahl der **Kinder:** .... Davon leben noch: .... männlich: .... weiblich: ....

Verzeichnis der lebenden Kinder:

Nr.	Vorname	Alter	Beruf oder Beschäftigung	Bereits aus-gelernt oder noch in der Lehre	Warum gerade diese Berufe	Militär-verhältnis

Warum gerade diese Berufe? ....

Etwaiger Gelderwerb der Kinder: ....

27. **Welches Lebensziel hoffen Sie zu erreichen?**

   Welches Ziel hatten Sie sich früher gesteckt? ....

   Wovon gedenken Sie im Alter zu leben?

   (Antwort eventuell auf der Rückseite des Zusatzbogens.)

Quelle: M. Bernays, Auslese und Anpassung der Arbeiterschaft der geschlossenen Großindustrie, darge-stellt an den Verhältnissen der „Gladbacher Spinnerei und Weberei" A.-G. zu Mönchen-Gladbach im Rheinland, in: Schriften des Vereins für Socialpolitik, Bd. 133.1, Leipzig 1910, S. VIII ff.

Als Tabu gelten auch so genannte mehrdimensionale Fragen, wie hier die Frage 27: „Welches Lebensziel hoffen Sie zu erreichen?" Abgesehen von der implizitenUnterstellung, nur ein einziges Lebensziel zu verfolgen, ist nicht klar, auf welchen Lebensbereich sich diese Zielfrage bezieht: auf das partnerschaftsbezogene Lebensziel (z.b. Heirat, Kinderhaben), das persönliche (z.b. Selbstverwirklichung, Erleuchtung), das kinderbezogene Lebensziel (z.b. erfolgreiche, gesunde, „wohlgeratene" Kinder), das körperliche Lebensziel (Gesundbleiben, Aktivbleiben) usw.? Durch die Art der Fragestellung muss also sichergestellt werden, dass für jede(n) Befragte(n) eindeutig nachvollziehbar ist, worauf eine Frage abzielt.

Als grundlegende Schwäche der Studie muss gelten, dass die *Operationalisierung* der indirekten Beobachtungsdaten, wie Einstellungen, Orientierungen et cetera nicht gelang, das heißt hier die Übertragung zu messender Inhalte in geeignete Fragen beziehungsweise Fragekomplexe. Aus heutiger Sicht ist zu bezweifeln, dass derart komplexe Fragestellungen überhaupt in vollstandardisierter Form zu erheben sind, dazu stehen weit besser geeignete Instrumente bereit (z.b. teilstandardisierte persönliche Interviews, dazu Punkt 4.2.5).

Welches Problem a priori in der Anlage der Studie steckt, ist meiner Meinung nach unmittelbar mit der Frage nach dem theoretischen Grundkonzept verknüpft, das hinter der empirischen Studie steckt und das sich von vornherein aufgrund seiner abstrakten und komplexen Aussagen nur sehr bedingt für die empirische Testung eignet: Es handelt sich um die theoretischen Ausführungen von Karl Marx, der eine zunehmende Entfremdung der Arbeitnehmer von sich selbst und ihrem sozialen Umfeld durch zunehmend entfremdete Arbeitsverhältnisse vorhersagt. Die Studie zeigt auch, wie sehr die dem Untersuchungsgegenstand angemessene Theorie das Leitprinzip einer empirischen Studie bilden muss.

2.3 Paul Lazarsfeld und die Marienthalstudie: Ein Beispiel mustergültiger Methodenvielfalt

Zu den berühmtesten und bis heute bedeutendsten Feldstudien gehört die „Marienthal-Studie". Formal leitend war hier einer der ersten dezidierten Verfechter empirischer Sozialforschung tätig, der Deutsche Paul Lazarsfeld (1901–1976). Die inhaltliche Richtung der Studie wurde stark von Marie Jahoda (1907–2001) vorgegeben. Unter dem Druck der Nationalsozialisten emigrierten beide nach Amerika beziehungsweise Großbritannien. 1933 veröffentlichten Marie Jahoda, Paul Lazarsfeld und Hans Zeisel ihre Monographie unter dem Titel „Die Arbeitslosen von Marienthal". In Deutschland kam es erst 1960 zu einer ersten Veröffentlichung.

> Eine **Monographie** ist eine wissenschaftliche Darstellung, die einem einzigen Gegenstand gewidmet ist. Bei der Marienthal-Studie wurde das Phänomen (Langzeit-)Arbeitslosigkeit in seinen sozialen und psychologischen Wirkungen untersucht.

Im Mittelpunkt der Studie stand ein kleines Fabrikdorf (Marienthal), ein Textilstandort seit 1830, das sich unter den damaligen Mobilitätsverhältnissen relativ abgeschottet von anderen Gemeinden ca. eine Zugstunde von Wien entfernt befand. Die Bewohner/-innen wurden im Zuge der allgemeinen Textilkrise auf einen Schlag erwerbslos. Ziel der Marienthal-Studie war es, mit den Mitteln moderner Erhebungsmethoden ein Bild von der psychologischen Situation eines arbeitslosen Ortes zu geben. Zwei Aufgaben waren Lazarsfeld/Jahoda/Zeisel wichtig: Zum einen zum Problem Arbeitslosigkeit Forschungsmaterial zu erheben, zum anderen geeignete Methoden zu erarbeiten, die einen sozialpsychologischen Tatbestand umfassend und objektiv darstellbar machen (Lazarsfeld 1960 im Vorwort).

Es fanden in einer völlig unorthodoxen Mischung sowohl quantitative als auch qualitative Methoden (vgl. dazu Kap. 3.2) ihre Anwendung, ein Methodenmix, der durch die späteren Rivalitäten zwischen quantitativ beziehungsweise qualitativ spezialisierten Forscher(inne)n nicht mehr möglich war. In der heutigen Sozialforschung wird allerdings in einer zunehmenden Zahl von Studien auf diesen ursprünglich schon angewendeten Methodenpluralismus rekurriert.

Die Marienthal-Studie ist bis heute exemplarisch geblieben und hat gerade vor dem Hintergrund der aktuell stark angestiegenen Erwerbslosenzahlen eine erneute aktuelle Brisanz erhalten.

Am Anfang der Studie stand weder eine Theorie noch ein Methodenplan, sondern nur eine Liste mit offenen Fragen, die allen Forscher(inne)n während ihrer Anwesenheit in Marienthal eine Richtschnur an die Hand gab (zeitweise waren es bis zu 15 Forscher/-innen) (vgl. Jahoda 1991, 120). Nur ein methodischer Grundsatz bestand am Anfang, nämlich der einer offenen teilnehmenden Beobachtung: Darunter wird die geplante Wahrnehmung des Verhaltens von Personen in ihrer natürlichen Umgebung durch Beobachter verstanden (in der Regel sind diese b౼ Mitglieder des Forschungsteams), die an den Interaktionen der Unteι౼ chungspersonen teilnehmen und von diesen im Laufe der Zeit als „normale Bestandteile" ihres Handlungsfeldes angesehen werden. Die Beobachter sind dabei weder Voyeure noch Spione, sondern ihre Arbeit ist durch das allen Beteiligten eröffnete Untersuchungsziel legitimiert (vgl. Friedrichs 1980, 288). Jede(r) Forscher/-in sollte nicht nur Fragen stellen, sondern eine konstruktive Funktion im Ort übernehmen. Das subjektive Erlebnis der Arbeitslosigkeit wurde durch zahlreiche Gespräche mit den Betroffenen und mit den Gemeindefunktionären nachgezeichnet. Weiteres Analysematerial bildeten Tagebuchaufzeichnungen und Briefe. In Anlehnung an Leplay wurden zudem die Haushaltsbücher analysiert und erstmals detaillierte Zeitbudgets[10] erhoben.

In **Zeitbudget-Studien** werden über detaillierte, individuelle Zeitverwendungsbögen die täglichen Aktivitätenketten einzelner Haushaltsmitglieder erfasst. Genauestens wird dabei aufgezeichnet, wie viel Zeit von wem, wann und wofür aufgewendet wird. In der Freizeitsoziologie liefern Zeitbudgets bis heute wichtiges Basismaterial. Aber auch im Rahmen der Sozialen Arbeit könnten Zeitbudgets von Klient/-innen wichtige Hinweise auf Probleme in der tagtäglichen Lebensführung liefern.

Am Ende der Erhebungsphase lagen im Einzelnen vor:

Katasterblätter: Für jede der 478 Familien lagen Personaldaten vor, die Einkommensverhältnisse, die Wohnverhältnisse, Angaben zum Familienstand und über die Haushaltsführung.

Lebensgeschichten: Es wurden insgesamt 62 ausführliche Lebensgeschichten erhoben (32 Männer und 30 Frauen). Diese biographischen Interviews wurden als *Warming up* für die Gespräche um die Arbeitslosigkeit genutzt.

---

[10] In Marienthal wurden auch unterschiedliche Zeitmuster von Frauen, Männern und Kindern nachgezeichnet, bis hin zu ihrer Gehgeschwindigkeit. Dabei zeigte sich, dass die zeitliche Tagesstruktur der Frauen wesentlich dichter und ihre Gehgeschwindigkeiten höher waren als die der Männer, die sich jenseits ihrer vormaligen Erwerbsarbeit kein neues Tätigkeitsfeld eröffnen konnten und tagsüber vor allem „Zeitvernichtungsstrategien" anwandten. Die Frauen dagegen blieben mit vielfältigen Haushaltstätigkeiten und Erziehungsarbeit beschäftigt.

Zeitverwendungsbögen: 80 Personen haben Stundenpläne zu ihren Tagesläufen ausgefüllt.

Schulaufsätze über Berufswünsche und Weihnachtswünsche der Marienthal-Kinder (Inhaltsanalyse) und Zukunftsbezüge der Jugendlichen.

Inventare der Mahlzeiten in 40 Familien.

Protokolle über ärztliche Untersuchungen und Konsumstile (Ausgaben bei Friseur, Metzger, Schuster, Schneider und Bäcker).

Statistische Daten über Zeitungsabonnements, Vereinsmitgliedschaften et cetera

Bevölkerungsstatistisches Material: Altersaufbau, Geburten, Todesfälle, Eheschließungen, Zu- und Abwanderung.

Es entsprach, wie bereits erwähnt, dem methodischen Zuschnitt der Marienthal-Studie, dass die Forscher/-innen vor Ort lebten und in nützlichen Funktionen in das Gemeindeleben miteinbezogen waren (z.B. durch Schnittzeichenkurse, Turnkurse, ärztliche Behandlung, Erziehungsberatung, Rechtsberatung etc.). Das Forschungsteam blieb also nicht auf Distanz zu den Untersuchten, es entstanden Beziehungen, die u.a. dazu führten, dass für die Marienthaler etwas Sinnvolles unternommen werden sollte. In Gesprächen, die viele Jahre nach Abschluss der Studie mit den noch ansässigen Marienthalern geführt wurden, stellte sich heraus, wie wichtig das Forschungsprojekt erlebt worden war und wie sehr es dazu beitrug, Selbstbewusstsein und Selbstvertrauen wieder zu stärken. Längst waren die Marienthaler durch die Studie weltberühmt geworden, und viele Fachleute aus dem sozialen Bereich, aber auch Journalisten und Forscher „pilgerten" an den Ort. Es entstanden sogar mehrere Filmbeiträge.

Beispiel aus den wissenschaftlichen Protokollen:

Hausbesuchsprotokoll

(Familie 23) Die Wohnung, großes Zimmer, Küche und Vorraum, ist gut gehalten. Die Kinder sind rein und nett gekleidet. Die Frau wünscht sich bei der Kleideraktion einen Rock für den Mann. Frau erzählt, dass sie sich nicht nach einem Nebenverdienst umsehen kann, weil die Kinder zu klein sind. Der Mann hilft wenig bei der Hausarbeit. Sie glaubt nicht, dass es in M. je noch anders werden könne, sie hat gar keine Pläne. Aber irgendwie wird man schon weiterleben. – Das Mittagessen wird eben angerichtet. Es besteht aus eingebrannten Bohnen.

Lebensgeschichte des Mannes

Er wollte Fleischhauer werden, der Vater hat es nicht erlaubt. Darauf erklärte er, wenn er nicht Fleischhacker werden dürfe, wolle er gar nichts lernen, und ging in die Fabrik. Er war im Krieg in Russland gefangen. „Nie ist es mir so gut gegangen wie dort." Er hätte dort bleiben können, „aber man gehört doch in die Heimat". Seit dem Jahr 1921 lebt er in Marienthal. Sein Plan wäre, wieder nach Russland zu gehen. Aber er unternimmt nichts, um diesen Plan zu verwirklichen. „Derweil geht's noch", meint er.

Lebensgeschichte der Frau

Es ging ihr sehr schlecht zu Hause. Ihr größter Wunsch wäre gewesen, Handarbeitslehrerin zu werden. Daran war nicht zu denken. Mit 17 Jahren hatte sie das erste Kind, das bald starb. Seither hat sie bis zum Stillstand der Fabrik gearbeitet. Mit dem Mann hat sie oft Streit, weil er sich um nichts kümmert. Vor der Arbeitslosigkeit war es nicht so arg, aber jetzt ist er nie zu Hause. Sie möchte gern zu Unterhaltungen gehen. Manchmal zwingt sie ihn, zu Hause zu bleiben, und geht weg.

Beobachtungen

Der Mann verbringt die meiste Zeit im Arbeiterheim, liest Zeitschriften und Romane. Er ist immer gut aufgelegt und deshalb bei allen sehr beliebt. Früher hat man ihn oft ins Wirtshaus zu Gesellschaften eingeladen, weil er so lustig ist. Zu Hause führt die Frau das Regiment und fordert immer genaue Rechenschaft über die Zeitverwendung des Mannes.

Aus Gesprächen mit der Frau

„Irgendwie wird man schon weiterleben; es können doch nicht alle zugrunde gehen."

Die Auszüge aus dem Auswertungsmaterial der Studie belegen, welch eindringliche Bilder und welch detailreiche soziale und psychologische Informationen solche offenen Feldstudien liefern können. Gleichzeitig zeigt sich aber auch der enorm hohe Auswertungsaufwand, der mit offenen Verfahren verbunden ist. Einer der Hauptschritte bei der Auswertung besteht darin, dass die gesammelten Daten entlang zu bestimmender Beobachtungskategorien systematisiert werden müssen. Quantifizierungen (wie z.B. welche Familien wie viele Veränderungen zeigen) stehen dabei nicht so stark im Vordergrund wie inhaltliche Gesichtspunkte. Häufig wird ein Mittelweg über die so genannte Typenbildung versucht, indem etwa ein „resignativer Familientypus" herausgearbeitet und dann bezogen auf die Gesamtheit der Untersuchungspersonen hochgerechnet wird, wie häufig dieser Typus tatsächlich anzutreffen ist. Die Auswertung der Marienthal-Studie dauerte mehrere Jahrzehnte und sicherlich sind einige Daten bis heute nicht vollständig ausgewertet.

3
Im Vorfeld einer
empirischen Untersuchung

3.1 Der Verwertungszusammenhang einer empirischen Studie: Anwendungs- oder Grundlagenforschung

Die empirische Sozialforschung ist in Deutschland bis zum Ersten Weltkrieg vor allem das Werk einzelner Gelehrter. Erste Institutsgründungen finden zwischen den Weltkriegen statt und diese sind unmittelbar an die Universitäten angegliedert (z.B. in Frankfurt und in Köln). Bis in die 1950er Jahre hinein erhält die Empirie wichtige Impulse aus der so genannten Chicago-Schule, die bereits in den 30er Jahren mit einer Vielzahl sozial-ökologischer Studien berühmt wird, aber auch durch den „Wiener Kreis", dem Charlotte und Karl Bühler angehören, und auch Paul Lazarsfeld. Großen Einfluss nimmt schließlich seit den 50er Jahren die „Kölner Schule" unter René König, unter dessen Ägide das bis heute konsultierte mehrbändige Handbuch der Sozialforschung entstand (vgl. Diekmann 1999, 94ff.). Inzwischen ist die Forschungslandschaft ziemlich unübersichtlich geworden. Neben den Forschungseinrichtungen an den Universitäten gibt es eine Reihe von öffentlich finanzierten Instituten, zum Beispiel die Max-Planck-Institute, das Wissenschaftszentrum in Berlin oder auch die Forschungsinstitute, die im Auftrag von Ministerien forschen, wie das Deutsche Jugendinstitut in München oder das Sozialwissenschaftliche Institut der Bundeswehr in Berlin. Gerade im Rahmen der zuletzt genannten Institute steht im Forschungsauftrag der Anwendungsbezug an oberster Stelle, empirische Forschung ist dort vor allem praxisbezogen und soll in die Praxis umgesetzt werden. Für diese praxisorientierte Forschung möchte ich im Folgenden den Begriff *Anwendungsforschung* verwenden.

Im Kontext des Studiums der Sozialen Arbeit dürften vor allem diejenigen empirischen Verfahren von Interesse sein, welche der *anwendungsorientierten empirischen Sozialforschung* zugerechnet werden können. Die Studien innerhalb der Anwendungsforschung gehen in der Regel von einem bestimmten sozialen Problem oder einer spezifischen sozialen Maßnahme aus, die es zu beforschen gilt, weil entweder noch sehr wenige, widersprüchliche oder keine gesicherten Kenntnisse existieren. Bei der Auswertung wird in der Regel auf anspruchsvollere Rechenverfahren verzichtet, so dass keine vertieften mathematischen oder statistischen Kenntnisse vorausgesetzt werden müssen. Trotzdem sind einige Grundkenntnisse der Statistik für jede ernsthaftere Auseinandersetzung unab-

dingbar. So muss auch klar sein, dass ich beispielsweise bei der häufig an-
zutreffenden Verwendung von Skalen, zum Beispiel wenn von den befragten Klient/-innen die Güte der in einer Beratungsstelle erbrachten
Leistungen auf einer Notenskala von 1–6 einzustufen ist, gleichzeitig eine mathematische Unterstellung vornehme dergestalt, dass der Wert
„zwei" nur ein Drittel vom Wert „sechs" ausmacht oder der Wert „sechs"
sechsmal so stark wie der Wert „eins" ist und der Abstand zwischen
„vier" und „fünf" genau dem zwischen „eins" und „zwei" entspricht.
Diese mathematische Unterstellung spiegelt nicht unbedingt das soziale
Differenzierungsvermögen der Befragten und daraus folgt, dass ich mit
den später errechneten Durchschnittswerten teilweise auch die Stim-
mungslage der Befragten widerspiegele und nicht unbedingt das „objektive" Leistungsniveau der Beratungsstelle, auch wenn solche Werte den
Anschein von Objektivität erwecken (sollen).

Grundsätzlich bestimmt die Untersuchungsfrage die Auswahl des Designs, der Methode und der Instrumente. Die *Untersuchungsfrage*, also
beispielsweise die Frage nach den Ursachen weiblicher Kriminalität oder
Drogensucht oder die Frage nach der Erfolgswahrscheinlichkeit bestimmter Resozialisierungsmaßnahmen bestimmt dann, welches Design
und welche Methoden bei der Datenerhebung am sinnvollsten eingesetzt
werden (z.B. Querschnitt- oder Längsschnittdesign und als Methoden
Aktenstudie, Befragung von Sozialarbeiter[inne]n im Drogenbereich
oder Betroffeneninterviews usw.).

Die in der Regel universitär verankerte *Grundlagenforschung* ist stärker
theoretisch orientiert, kümmert sich nur nachrangig um die praktische
Verwertbarkeit ihrer Ergebnisse und intendiert auch häufig die Entwicklung neuer Methoden. Die Unterscheidung nach Grundlagen- und Anwendungsforschung ist nicht immer trennscharf, weil auch soziale Probleme schon den Ausgangspunkt für Grundlagenforschung gebildet haben (z.B. das langjährige Münchner Grundlagen-Projekt „Humanisie-
rung der Arbeitswelt" unter Bolte seit 1988) oder auch bestimmte Methoden im Bereich der Anwendungsforschung (weiter-)entwickelt wurden,
die dann wiederum Eingang in den allgemeinen wissenschaftlichen Me-
thodenkanon fanden (z.B. Inhaltsanalytische Verfahren).

3.2 Qualitative oder quantitative Ausrichtung einer Studie

Das gesamte Repertoire der Methoden und Techniken der Sozialforschung wird auch danach unterschieden, ob sie der so genannten *quantitativen oder der qualitativen Forschung* zugerechnet werden. Während – mit nur wenigen Ausnahmen – zwischen den Anhänger(inne)n der jeweiligen Forschungsrichtungen über lange Jahre hinweg ein genereller methodischer und erkenntnistheoretischer Grabenkampf bestand, mehren sich inzwischen Stimmen, dieses „Zwei-Welten-Modell" (Hoffmann-Riem 1980) aufzugeben und eine pragmatischere, am konkreten Forschungsvorhaben orientierte Methodenkombination anzuwenden (vgl. auch Heinze 2001, 33). Diese qualitative beziehungsweise quantitative Dimension der Datensammlung wird im Einzelnen noch genauer erläutert werden, wenn es um die konkrete Vorstellung der einzelnen Methoden beziehungsweise die Modalitäten der Datenauswertung (vgl. Kap. 4 und dann Kap. 5) geht. Vorab sei schon einmal festgehalten, dass *quantitative Methoden* in der Regel auf eine relativ *große Stichprobe* zielen und primär eine spätere *Quantifizierung der Erhebungsdaten* im Auge haben. Daraus folgt auch, dass die Erhebungsinstrumente weitgehend standardisiert sein müssen (um sie von Anfang an einer EDV-Bearbeitung zuzuführen). Die zentrale(n) Untersuchungsfrage(n) quantitativer Studien dienen häufig der Theorieprüfung, genauer der Testung von Hypothesen. Die Forschungslogik ist eine klassisch deduktive (bzw. deduktiv-nomologische, also eine Gesetzmäßigkeiten testende und feststellende). Die *qualitativen Studien* richten ihr Erkenntnisinteresse weniger auf den Beweis durch die „große Zahl", sondern auf das *Verstehen* von sozialem Handeln, dessen Beschreibung und Rekonstruktion anhand weniger Einzelfälle. Das Verstehen des (Einzel-)Falls steht im Vordergrund, aus dessen Typik und Spezifik heraus wird die Generierung der fallbezogenen Aussagen gesucht. Die Forschungslogik ist also eine des induktiven Schließens (vgl. Punkt 1.5). Im Zusammenhang mit der qualitativen Auslegung einer Beobachtungssituation oder auch von (Interview-)Textmaterial spielt der Begriff *Hermeneutik[11] eine wichtige Rolle (vgl. dazu genauer Punkt 4.2.6.4), die Kunst des Auslegens und Interpre-*

---

[11] Der Begriff Hermeneutik ist vom griechischen Gott Hermes, dem Götterboten, abgeleitet, der zwischen Göttern und Menschen vermittelte und unverständliche göttliche Botschaften interpretierte (vgl. Heinze 2001, 15).

tierens von beobachtbaren sozialen Situationen oder von Texten. In der Praxis der Sozialen Arbeit ist in den letzten Jahren eine verstärkte Orientierung an qualitativen Methoden festzustellen. Dies kann auch damit zusammenhängen, dass in der qualitativen Forschung und in der Praxis der Sozialen Arbeit verwandte Kompetenzen – Sinn- und Strukturrekonstruktionen – erforderlich sind. Auch in der Sozialen Einzelfallhilfe ist es schließlich erforderlich, individuelle Bedeutungen und Handlungsmuster von Klient/-innen erkennen zu können (vgl. Steinert 2000, 57).

Qualitative Interviews finden prinzipiell im Rahmen aller genannten Untersuchungsdesigns Anwendung (weniger bei den experimentellen Designs). Die Fallzahlen (bzw. Stichprobengrößen) sind meist gering, primär wird nicht auf eine spätere Quantifizierung abgezielt, sondern auf das Fallverstehen. Mit qualitativen Methoden wird in der Regel nicht auf Theorieprüfung abgezielt (auch wenn vorhandene Theorien die Struktur des Frageinstruments bestimmen können), sondern es wird vielfach versucht, überhaupt erst zu Hypothesen zu kommen (Theoriebildung) oder allenfalls eine bestehende Hypothese zu erweitern und facettenreicher zu machen. Die Erhebungsinstrumente qualitativer Vorgehensweise sind in der Regel weniger standardisiert, die Untersuchten stehen mit ihren eigenen Artikulationsfähigkeiten im Mittelpunkt (vgl. dazu genauer Punkt 4.2.5.2).

Quantitative Sozialforschung	Qualitative Sozialforschung
Quantifizierung von Daten	Verstehen und Rekonstruktion von Einzelfällen
Große Stichproben	Kleine Stichproben
Hypothesentestung	Hypothesensuche, Präzisierung
Weitgehend standardisierte Erhebungsinstrumente	Gering standardisierte Erhebungsinstrumente
Deduktive Forschungslogik	Induktive Forschungslogik

3.3 Die Wahl des Untersuchungsdesigns

Es wurde bereits festgehalten, dass im Bereich der hier vorrangig interessierenden Anwendungsforschung vor allem die Art der Untersuchungsfrage die Art der einzusetzenden Erhebungsmethode(n) und der Erhebungsinstrumente bestimmt. Gleichzeitig muss die gesamte Anlage der Untersuchung, ihre Ziele oder Absichten in Betracht gezogen werden. Erhebungsdesigns sind Mittel zum Zweck der Datensammlung (vgl. dazu ausführlich Diekmann 1999, 274ff.).

Als Untersuchungsdesigns kommen im Einzelnen folgende in Betracht:

- Querschnitt- oder Längsschnittuntersuchung,
- Experiment,
- explorative (Feld-)Studie,
- Dunkelfeldstudie oder
- Evaluationsstudie (Begleitforschung).

Alle diese unterschiedlichen Untersuchungslogiken beziehungsweise Untersuchungsdesigns werden bei der konkreten Durchführung der Untersuchung prinzipiell aus demselben vielfältigen *Repertoire von empirischen Erhebungsmethoden und -techniken* gespeist, im Wesentlichen in Form von

- direkten Beobachtungsmethoden (offen teilnehmende, verdeckt teilnehmende und nicht-teilnehmende Beobachtung),
- indirekte Beobachtungsmethoden (physikalischer Nachweis von Sozialverhalten, schriftliche Materialien, Sekundäranalysen)
- sowie hier aufgrund ihrer häufigen Verwendung gesondert behandelten Methoden der Befragung und der Inhaltsanalyse.

3.3.1 Querschnitt- oder Längsschnittstudien

Die grundsätzliche Frage lautet erst einmal, ob die geplante empirische Untersuchung auf eine *Momentaufnahme* gerichtet ist oder einen *Prozess* abbilden, analysieren und begleiten soll. Im ersten Fall haben wir es mit einer *Querschnittuntersuchung*(dem weitaus häufigsten Typus von empirischen Studien), im zweiten Fall mit einer *Längsschnittuntersuchung* zu tun.

Die *Längsschnittstudien* werden wiederum nach zwei verschiedenen Typen unterschieden:

(1) *Panel-Studien:* Hier wird ein und dasselbe Instrument (z.B. ein Fragebogen oder ein [Intelligenz]Test) auf dieselben Personen zu mehreren Zeitpunkten angewendet. Solche Panel-Studien dehnen sich gelegentlich sogar über Jahrzehnte, Forscherteam und Untersuchte unterliegen dabei der „natürlichen" Alterung. Eine der bedeutendsten Panel-Studien, die in Deutschland je durchgeführt wurde ist die so genannte Bonner Längsschnittstudie (BOLSA), die sich u.a. der Frage der sich verändernden Intelligenz im höheren und hohen Lebensalter widmete (vgl. Lehr/Thomae 1987). Von anfänglich mehreren hundert Untersuchten befanden sich am Ende der Studie nur noch weniger als 40 Personen in der Untersuchungsgruppe. Das Problem von Panel-Studien besteht vor allem darin, dass die Untersuchungspersonen zu späteren Untersuchungszeitpunkten nicht mehr erreicht werden, sei es durch Wegzug, Verweigerung der weiteren Zusammenarbeit oder Tod.

(2) *Follow-up-Studien:* Hier wird dasselbe Instrument, zum Beispiel Fragebogen oder (Intelligenz-) Test auf zwei äquivalente Stichproben angewendet und damit die besondere Problematik von Panel-Studien zu umgehen versucht. Im Falle oben genannter Alternsstudie würde das bedeuten, dass ich zum Jetzt-Zeitpunkt eine ausgewählte Gruppe 60-Jähriger untersuche und gleichzeitig eine Gruppe 70-Jähriger und 80-Jähriger, die ähnliche soziale Merkmale aufweisen. Damit wird sozusagen ein zeitlicher Kunstgriff unternommen: Ich tue so, als spielte sich der abzubildende Veränderungsprozess in ein und derselben Gruppe ab und simuliere diesen Zeitverlauf durch die Wahl unterschiedlicher Altersgruppen. In der Alternsforschung haben sich Follow-ups allerdings nicht bewährt, weil dadurch die so genannte *Kohorteneffekte* nicht in den Griff zu bekommen sind, das heißt es muss davon ausgegangen werden, das sich die sozio-ökonomischen Ausgangsbedingungen und Lebensverläufe verschiedener Jahrgänge nicht vergleichen lassen, in unserem Beispiel also das Lebensschicksal von 1929, 1939 und 1949 geborenen Frauen und Männern. Neben den äußeren Ähnlichkeiten nach Geschlecht, Bildungsstand, Einkommensverhältnissen, Familiengeschichte et cetera spielen

also die historisch-gesellschaftlichen Rahmenbedingungen eine nicht zu unterschätzende Rolle. Aus diesem Grund werden so genannte *Kohortenstudien[12] eingesetzt, welche die Untersuchungsgruppe nach Jahrgangsgruppen auswählen, um die Ähnlichkeit der sozio-historischen Lebensbedingungen zu garantieren.*

Der Begriff Kohorte bezeichnet eine Kampfformation der alten Römer, eine Truppe von Soldaten, die im Gleichschritt marschiert. Diese Vorstellung liegt auch dem soziologischen Kohortenbegriff zugrunde. Gemeint ist damit eine Bevölkerungsgruppe, die durch ein zeitlich gemeinsames, langfristig prägendes Startereignis definiert wird. Dieses Startereignis ist beispielsweise die Geburt, wobei in der Regel eine Geburtskohorte im 10-Jahresschritt zusammen gefasst wird, also beispielsweise 1970 bis 1980 geborene Frauen und Männer.

Eine besonders hohe Verbreitung finden Kohortenstudien – wie bereits erwähnt – im Bereich der Alternsforschung. So wurde im Dritten Altenbericht der Bundesregierung festgestellt, dass die Auswirkungen der Wiedervereinigung auf ältere Menschen in West und Ost gravierend davon abhingen, in welcher Alterskohorte sie sich befanden.

„Je nach Zeitpunkt im Lebensverlauf, zu dem die Wende für die Betreffenden wirksam wurde, sind die Auswirkungen, die Einbußen und Chancen, die damit einhergehen und kompensiert oder genutzt werden können unterschiedlich und sozial ungleich verteilt (...)" (Backes 2001, 52). Im Altenbericht wird die Lebenslage der älteren und alten Menschen in den Bereichen Familie, Wohnen, Gesundheit, Erwerbstätigkeit, ökonomische Lage und soziale Netzwerke nach Frauen- und Männerkohorten und nach

---

[12] Kohortenstudien stellen ein eigenes Design dar, auf welches hier aufgrund der aktuellen Diskussion in der Sozialforschung, wonach Kohorteneffekte bislang wohl überschätzt wurden, nicht näher eingegangen wird. Eine Kohorte ist eine Bevölkerungsgruppe, die durch ein zeitlich gemeinsames, prägendes Startereignis definiert wird, zum Beispiel die Geburt oder die Eheschließung (vgl. dazu ausführlich Diekmann 1999, 279). Die Idee der Kohortenstudie ist, dass die definierte Gruppe ähnlichen sozio-historischen Bedingungen ausgesetzt ist, die auf den Lebensverlauf einwirken. Im Bereich der Sozialarbeitsforschung könnte eine Kohorte beispielsweise aus Klient/-innen gebildet werden, die eine bestimmte Einrichtung zu einem festgelegten Zeitpunkt verlassen haben und sich dort vorher mindestens ein Jahr lang aufgehalten haben (etwa im Frauenhaus).

Jahrgangskohorten untersucht. Die zum Zeitpunkt der Wende 50–60 Jahre alten Menschen aus dem Osten mussten eine für sie nicht absehbare, frühe Entberuflichung hinnehmen, vor allem die Frauen verloren in der Regel ihren Arbeitsplatz. Wohingegen die zum Zeitpunkt der „Wende" bereits verrenteten Alten (die 60- bis 70 Jährigen) durch den für den Osten günstigen 1:1 Umtausch der Ostwährung als diejenige Kohorte gelten kann, die den relativ gesicherten Lebensstandard am unbeschwertesten genießen kann.

Die Entscheidung für ein Querschnitt- oder Längsschnittdesign legt also den Erhebungszeitraum fest. Es ist allerdings nicht ausgeschlossen, auch innerhalb eines Querschnittdesigns zu Informationen zu kommen, die über den Erhebungszeitpunkt, also die Momentaufnahme hinausreichen. Dies geschieht durch die Retrospektivfragen, also Fragen, die auf vergangene Ereignisse zielen (z.B. bisher zurückgelegter Bildungsweg der Untersuchungspersonen). Es kommt immer auf die Untersuchungsfrage(n) und auf die angestrebte Genauigkeit an, ob ich Retrospektivdaten in einer Querschnittuntersuchung (mit)erhebe oder ob diese Informationen so genau und differenziert sein müssen, dass ich eher einem Längsschnittdesign vertraue. Der Vorteil von Paneldaten ist die höhere Datengenauigkeit, denn bei den im Querschnitt erhobenen Daten müssen diese vergangenen Ereignisse erinnert werden.

3.3.2 Experimente

Das Experiment stellt ein vor allem aus den Naturwissenschaften bekanntes Untersuchungsdesign dar, bei dem – einfach ausgedrückt – eine eingeführte Veränderung unter Laborbedingungen in ihren Auswirkungen getestet wird. So mischt der Chemiker eine Substanz in ein Reagenzglas und testet die Reaktionen in dem neu entstandenen Gemisch, der Physiker erhöht die Temperatur und misst die steigende Geschwindigkeit von Photonen usw. Dies sind klassische Experimentsituationen in den Naturwissenschaften.

Bevor nun auf verschiedene im Kontext der Sozialwissenschaften gebräuchliche Experimente eingegangen wird, soll festgehalten werden, dass Experimente vorrangig auf die Bildung von Vergleichsgruppen zielen. In der Regel soll eine unabhängige Variable in ihrer Wirkung auf eine Gruppe (die Versuchsgruppe) getestet werden, während die andere Gruppe dieser Wirkung nicht ausgesetzt ist (Kontrollgruppe). Dies ist die grundsätzliche Idee, die in der Sozialforschung hinter diesem Design steckt und zwar unabhängig davon, ob die Zuweisung der Proband/-innen auf die Vergleichsgruppen vor oder nach der Erhebung der Daten erfolgt. In der klassisch deduktiv orientierten Methodenliteratur wird das Experiment nach wie vor als einziges Design angesehen, um zu einer sauberen Testung der Wirkung einer Variablen (unabhängig) auf eine andere (abhängig) zu kommen (vgl. dazu auch Punkt 1.4).

> Von einer **unabhängigen Variablen** geht eine Wirkung aus, die in Richtung und Stärke getestet werden soll. Die **abhängige Variable** ist von dieser Wirkung betroffen und verändert sich dadurch.

Vorausgeschickt werden sollte vielleicht auch, dass Experimente in den sozialwissenschaftlichen Diskursen prinzipiell umstritten sind. Als gewichtigstes Gegenargument sind ethische Bedenken zu nennen, vor allem dann, wenn die Testpersonen selber nicht wissen, dass sie an einem Experiment teilnehmen. Zum anderen tendieren eingeweihte Testpersonen dazu, sich anders zu verhalten, wenn sie erklärtermaßen an einem Experiment teilnehmen. Letztlich dürfte auch die Kontrolle aller Umgebungsfaktoren bei einem Experiment problematisch sein, im sozialen Alltag lassen sich kaum „klinisch reine" Laborbedingungen herstellen.

Als einführendes Beispiel soll das berühmte Chicagoer Hawthorne-Experiment in einer Chicagoer Relaismontagehalle vorgestellt werden (vgl. Hunt 1991, 57). Dabei wurde den Montagearbeiterinnen schlicht erklärt, dass sie an einem Experiment zur Verbesserung der Arbeitsbedingungen teilnähmen. Die Forscher veränderten danach die Beleuchtung, führten ein Prämiensystem ein und vermehrte Pausen. Erfreulicherweise (da hypothesengemäß) steigerte jede Verbesserung der Arbeitsbedingungen die Produktivität, aber als das Forscherteam versuchte, seine Schlussfolgerungen zu verifizieren, indem es die Veränderungen rückgängig machte, stieg die Produktivität erneut an, statt wiederum zu sinken (was die Hypothese bestätigt hätte). Durch eine anschließende Analyse kam man zu dem Ergebnis, dass der hauptsächliche, aber unbeabsichtigte Einfluss der war, dass die Frauen eine ungewöhnliche Aufmerksamkeit erfuhren und deshalb mehr arbeiteten. Es spornte die Frauen also an, dass sie im Mittelpunkt des Interesses standen.

Das Ergebnis der Studie wurde als Hawthorne-Effekt berühmt und experimentelle Forscher/-innen sind seither bemüht, ihn zu vermeiden.

3.3.2.1 Das natürliche Experiment

Beim natürlichen Experiment geht es um ein Ereignis, wie etwa eine Katastrophe (z.b. Überflutung, Brand, Dürre) oder ein historisches Geschehen (z.b. Kriegsausbruch), welches eminente Veränderungen im sozialen Zusammenleben auslöst. Sozialforscher/-innen vergleichen das Verhalten der Personen vor dem Ereignis mit ihrem Verhalten nach dem Ereignis und führen Veränderungen darauf zurück. Die Schlussfolgerungen müssen vorsichtig gezogen werden, da die Forscher/-innen keine Kontrolle über alle möglichen neuen Einflüsse besitzen, die zur selben Zeit auftreten und eine unterschiedliche Rolle spielen können. In der Regel fehlt auch eine Kontrollgruppe, welche die selben Ausgangsvoraussetzungen besitzt, aber von dem Ereignis nicht betroffen ist. Nur durch eine solche Kontrollgruppe kann festgestellt werden, ob die Veränderungen auch ohne den Einfluss des kritischen Ereignisses auftreten. Natürliche Experimente liefern also keine eindeutigen Beweise für ein Ursache-Wirkungs-Verhältnis.

Als Beispiel für ein natürliches Experiment soll der Staudammbruch am Buffalo Creek vorgestellt werden (vgl. Hunt 1991: 59):

Am 26. Februar 1972 um 8 Uhr morgens brach nach mehreren Regentagen am Buffalo Creek in West Virginia, einem Kohlebergbaugebiet ein großer Staudamm. Ein ganzer See – ungefähr 500 Millionen Liter Wasser – und der Schlamm des Staudamms drängten sich durch das enge, 27 Kilometer lange Tal und rissen Personen, Autos und ganze Siedlungen mit sich: 125 Personen kamen ums Leben und 4000 wurden obdachlos. Das außerordentlich rege und dichte Gemeinschaftsleben war nach der Katastrophe zerstört.

Die Forschung zu einer Anzahl vergleichbarer Katastrophen hatte gezeigt, dass sich das persönliche und soziale Leben etwa nach einem Jahr wieder normalisiert. Am Buffalo Creek dagegen stellten die Forscher nach weit über einem Jahr immer noch Lethargie, Depression, Angst fest und das Gemeinschaftsleben lag brach.

Die Ergebnisse dieser Forschung dienen dazu, auch künftig realistisch abzuschätzen, wie nachhaltig eine Katastrophe auf Betroffene wirkt und über welchen Zeitraum hinweg sozial unterstützende Maßnahmen notwendig sind.

3.3.2.2 Das Quasi-Experiment

Das Quasi-Experiment kommt der Idee eines Experiments deutlich näher als das natürliche Experiment. Beim Quasi-Experiment wird das Verhalten einer Gruppe von Personen, die einer spezifischen Bedingung ausgesetzt sind, mit dem einer Kontrollgruppe ähnlicher Personen ohne diese Bedingung verglichen. Falls die beiden Gruppen ansonsten übereinstimmen, kann jeder Unterschied zwischen ihnen auf diese Bedingung (die unabhängige Variable) zurückgeführt werden. Allerdings wird die Kontrollgruppe erst im Nachhinein, anhand der aus der Versuchsgruppe bekannten Kriterien gebildet (z.b. nach Geschlecht und Alter). Deshalb die Bezeichnung als „Quasi"-Experiment.

Es sind allerdings einige Fehlerquellen nicht auszuschließen: Zum einen taucht die Problematik auf, zwei (sozial) ähnliche Gruppen zusammenzustellen (anhand welcher ausgewählter Kriterien sollen die Gruppen ähnlich sein, zum Beispiel nach Alter, Geschlecht, Ausbildung etc.) und zum anderen die Schwierigkeit auszuschließen, dass in einer der Gruppen ein völlig unbekannter Faktor wirkt. Zur Vermeidung von Problemen der Selbstselektion (vgl. dazu ausführlich Punkt 1.5) müssten *die untersuchten Personen nach dem Zufallsprinzip auf die Versuchs- (oder Experimental-)Gruppe beziehungsweise Kontrollgruppe verteilt werden (Randomisierung)*. Dies geschieht aber realiter nicht, weil etwa die soziale Maßnahme, deren Wirksamkeit Untersuchungsgegenstand der Studie ist, in bereits fest bestehenden Gruppen durchgeführt wird und eine „künstliche" Zusammensetzung der Gruppe weder sinnvoll noch möglich erscheint (z.B. weil es sich um feste Arbeitsteams handelt oder um Schulklassen). Die Vergleichsgruppe wird dann ex post facto gebildet.

Beispiele: Eine Gruppe von Sozialabeiter/-innen nimmt an einer berufsqualifizierenden Fortbildung oder Personaltrainingsmaßnahme teil und der Erfolg oder Nicht-Erfolg wird dann anhand einer Gruppe von Kolleg/-innen nachgewiesen, die an dieser Fortbildung nicht teilgenomen hat.

Weiteres Beispiel: In einer groß angelegten Schuluntersuchung an deutschen Hauptschulen in so genannten Problemvierteln wurde getestet, ob sich der Einsatz von zusätzlichem Lehrpersonal, wie etwa von Erzieher/-innen und Sozialarbeiter/-innen, günstig im Unterricht auf das Leistungsverhalten der Schüler und Schülerinnen auswirkt. Dazu wurden mehrere Klassen mehrerer Jahrgangsstufen ausgewählt. Es zeigte sich bald, dass der Notendurchschnitt der personalintensiver betreuten Klas-

sen messbar anstieg. Das Leistungsniveau in den üblich betreuten Klassen blieb hingegen im Untersuchungszeitraum unverändert.

Das Quasi-Experiment ist ein Design, das innerhalb der Sozialen Arbeit häufiger eingesetzt wird und zwar vor allem im Kontext der Evaluationsforschung (vgl. dazu ausführlicher weiter unten Punkt 3.3.5). In der Methodenliteratur firmiert die Evaluation sozialer Maßnahmen unter quasi-experimentellem Design auch unter dem Etikett „Sozialexperiment" (z.B. bei Hunt 1991, 63). Es handelt sich dabei um eine Form der angewandten Sozialforschung, die vorgeschlagene Sozialprogramme auf ihre Leistungsfähigkeit hin überprüfen soll. Es geht also um Wirksamkeitsforschung.

So gibt es großangelegte (über viele Jahre hinweg finanzierte) Sozialexperimente, in denen die Effizienz sachlicher gegenüber geldlicher Leistungen bei Sozialhilfebeziehern getestet wurde. Ein anderes Beispiel liefern die Teilnehmer an so genannten *Man-power-trainings* in den USA, welche danach untersucht wurden, ob sie es vergleichsweise leichter schaffen, aus der Armut herauszukommen (Kontrollgruppe ist dann eine nach Alter, Einkommensverhältnissen und Geschlecht ähnliche Gruppe, die nicht an diesem Training teilgenommen hat). Ähnliche Beispiele gibt es im Gesundheitsbereich, wo etwa im Rahmen eines Dritte-Welt-Projekts getestet wird, ob in der Provinz lebende Südafrikaner/-innen an einem Gesundheitscheck eher teilnehmen, wenn die Behandlung in Form eines zur Miniklinik umfunktionierten Zuges zu ihnen in die Dörfer kommt (ganz in der Tradition der dort üblichen „Barfuß-Ärzte") oder wenn in Holland groß aufgelegte Methadonprojekte beweisen sollen, dass sie der effektivere Weg aus dem Suchtverhalten sind.

3.3.2.3 Das wahre Experiment

Zuverlässige Schlussfolgerungen über die Ursachen von Sozialverhalten soll das so genannte wahre Experiment liefern. Durch eine im vorhinein bewusst vorgenommene Stichprobenaufteilung nach dem Zufallsprinzip wird der Nachweis eines kausalen Wirkungszusammenhanges sichergestellt. Zur Durchführung bedarf es daher einer künstlich geschaffenen Situation, einer „Laborsituation".

Im Laborexperiment wird eine soziale Situation im kleinen geschaffen und die Forscher beobachten die freiwilligen Teilnehmer/-innen. Sie teilen die Freiwilligen in zwei Gruppen, Experimental- und Kontrollgruppe, ein und setzen nur die Experimentalgruppe einem besonderen Reiz aus.

Da die besondere Behandlung (das Treatment) der einzige Unterschied zwischen den zwei Gruppen ist, muss es die Ursache für einen etwaigen Verhaltensunterschied zwischen ihnen sein. Der Hawthorne-Effekt (vgl. dazu weiter oben Punkt 3.3.2) wird durch ein Ablenkungsmanöver oder eine „Cover-Story", welche die Zwecke des Experiments und des zu untersuchenden Treatments verschleiern, vermieden. Der Vorteil von Laborexperimenten ist, dass die Wirkung einer Reihe von unabhängigen Variablen kontrolliert wird, dabei jedoch nicht die Vermutung ausgeräumt werden kann, dass sich die Versuchspersonen mit und ohne „Treatment" in ihrer sozialen Umgebung anders verhalten hätten.

Beispielhaft soll das experimentelle Vorgehen anhand des Cooper Experiments erläutert werden (vgl. dazu Hunt 1991, 61f.): Der Sozialpsychologe Joel Cooper wollte seine Hypothese testen, nach der alle Personen, die sich einer bestimmten Maßnahme unterziehen eine Verhaltensänderung zeigen, wenn diese Maßnahme eine gewisse Anstrengung für sie darstellt.

Als zu messende Verhaltensvariable einer Person wählte er deren Selbstbewusstsein. In einer Anzeige warb er um freiwillige Teilnehmer/-innen, die für zwei Dollar Entschädigungsaufwand an einem Experiment zur Steigerung des Selbstbewusstseins teilnehmen wollten. Von den sich meldenden Leser/-innen wählte Cooper diejenigen 50 aus, die in einem Eingangstest die niedrigsten Werte für Selbstbewusstsein erzielten. Diese Gruppe wurde in zwei Untergruppen unterteilt, von denen in der einen erzählt wurde, dass die folgenden Tests sehr anstrengend und unter Umständen peinlich sein könnten. Der anderen Gruppe wurde nichts von der Anstrengung und Peinlichkeit erzählt. 40 Personen waren zur weiteren Teilnahme bereit. Diese 40 Personen wurden in vier Untergruppen unterteilt: Zehn davon wussten, dass die anschließenden Tests anstrengend werden und wurden einer intensiven Verhaltenstherapie unterzogen, zehn weitere wussten ebenfalls, dass die Tests anstrengend sein würden und wurden einer schlichten Gymnastik unterzogen, die übrigen zwanzig Teilnehmer/-innen wurden in jeweiligen 10er Gruppen – ohne vorherige Ankündigung – einer Verhaltenstherapie beziehungsweise der Gymnastik unterzogen.

Die Steigerung des Selbstbewusstseins wurde anhand des individuellen Reklamationsverhaltens getestet. Nach dem Experiment wurden an alle Teilnehmer nicht die versprochenen zwei Dollar, sondern nur ein Dollar ausgezahlt.

Falls nun jemand den einen Dollar nahm und ging, erhielt sein Selbstbewusstsein eine 0

- *falls er der Meinung war, dass das nicht genug wäre und sich dann aber doch begnügte eine 1*
- *falls er lauthals protestierte eine 2*
- *und falls er hartnäckig auf den zwei Dollars beharrte eine 3*
- *und falls er sich beim Leiter melden wollte, um das Missverständnis aufzuklären eine 4.*

Das stärkste Selbstbewusstsein konnte schließlich denjenigen bescheinigt werden, die sich trotz der angekündigten anstrengenden Prozedur für die Teilnahme entschieden hatten und zwar sowohl dann, wenn sie eine Verhaltenstherapie als auch ein schlichtes körperliches Training absolviert hatten. Deutlich weniger selbstbewusst waren die Testpersonen aus den Gruppen, welchen keine Anstrengung angekündigt worden war.

3.3.3 Explorative Studien, Feldforschung und Ethnomethodologie

In der ersten Blütephase der amerikanischen und der deutschsprachigen empirischen Sozialforschung in den 1930er Jahren entstanden eine Reihe von Studien ganz in der Tradition des Ethnologen B. Malinowski (1884–1942), die sich die „Beschreibung eines Volkes", einer Gruppe oder eines Stammes zur Aufgabe machen und die noch relativ mühsam zwischen theoretischer Ausgangsbasis und geeignetem Methodenapparat lavieren. Sie werden hier im Kontext der *explorativen Studien* behandelt, weil es dabei galt, sowohl Methode als auch Instrumente erst zu entwickeln beziehungsweise gerade neu entwickelte zu prüfen. Vielfach ist bei Explorativstudien ein Methodenmix in Gebrauch, die Studien firmieren stellenweise auch unter dem Oberbegriff *Feldforschung.*

Unter **Feldforschung** versteht man solche Studien, bei denen die Untersuchten während der Studie nicht aus ihrer natürlichen Umgebung herausgelöst sind, das heißt die untersuchte Gruppe wird in ihrer natürlichen Lebens-Umgebung beforscht (Beispiel: Marienthal-Studie unter Punkt 2.3).

Die Forscher/-innen nehmen bewusst den Blick auf das Fremde, das Exotische ein, auch wenn sie sich dabei durchaus auf alltäglich vertrautem Terrain (z.B. in einer deutschen Großstadt) bewegen. Innerhalb der Sozialarbeitsforschung beginnt sich nun neuerdings ein weiterer Ausleger der Feldforschung, die so genannte *ethnographische Feldforschung* zu etablieren (vgl. Friebertshäuser 2000, 34f.). Auch hier geht es um den Einblick in fremde Lebenswelten, die scheinbar vertraut wirken (z.B. um Jugendkulturen), es geht um die Erforschung von Haltungen, Gruppenstrukturen, Verhaltensweisen und die Praktiken, das alltägliche Leben zu meistern.[13]

Zu den berühmtesten Klassikerstudien in der Feldforschung zählen die Studien von Margaret Mead, von denen beispielhaft die so genannte Bali-Studie, die sie zusammen mit ihrem Mann, dem Psychoanalytiker Gregory Bateson, durchführte, vorgestellt werden soll. Zentrales Anliegen der Studie war, den „Balinesischen Charakter" herauszuarbeiten (so jedenfalls lautet der dazugehörige Buchtitel). Die Forschungsarbeiten begannen schon in den 1940er Jahren, jedoch verzögerte die Kriegssituation in Europa für viele Jahre deren Rezeption in der Fachwelt. Ziel der Studie war es, das, was die Balinesen als ihre Kultur bezeichnen, praktisch nachzuvollziehen. Der Forscher(innen)blick war dabei von Anfang an auf die soziale Ordnung innerhalb dieser Kultur gerichtet. Der Kulturbegriff wurde sehr weit gewählt. Es ging um den Umgang der Balinesen mit ihren Kindern, um die soziale Funktion der Hahnenkämpfe, um religiöse Riten und Gebräuche und um die Organisation der tagtäglichen Arbeit.

„Die Balinesen werden als Agenten der Reproduktion ihrer Kultur behandelt und die Forscher sehen ihnen zu, wie sie diese Kultur in einem ganz elementaren Sinn machen" (vgl. Wolff 1991: 136).

Besonders hervorgehoben haben Mead und Bateson das spezifische Ethos in der Lebensführung der Balinesen, welches auf Harmonie durch die Vermeidung sowohl positiver als auch negativer Höhepunkte zielt. Ob im Umgang mit den Kindern, in der Gamelan-Musik oder in den balinesischen Dramen, überall wird versucht, die Aufschaukelung von Emotionen und Konflikten zu vermeiden. Das alltägliche Handeln zielt auf ein Gleichgewicht zwischen extremen Gemütszuständen.

Um die Kultur selbst sprechen zu lassen, wählten Mead und Bateson als Untersuchungsmethode die *Photographie und den Film*. Zum Teil ließen

---

[13] Friebertshäuser u.a. untersuchten mittels ethnographischer Feldforschung zwei Jugendbanden in Berlin, die „Chicagos" und die „Guardian Angels", die zuvor durch etliche gewalttätige Auseinandersetzungen in öffentliche Erscheinung getreten waren (vgl. Friebertshäuser 2000, 42ff.). Ein weiteres Studienbeispiel aus dieser Reihe (Türkische Straßengang) wird weiter unten in Kap. 5 vorgestellt werden.

sie diese szenischen Produkte dann von den Protagonist/-innen wiederum kommentieren. Photographien und Filme werden als Spiegelbilder der Wirklichkeit gesehen, welche allerdings ohne spätere interpretierende Analyse blind bleiben. Die photographische Analyse wurde nach folgenden Punkten vorgenommen: Es erfolgte eine Ordnung der Bilddokumente nach räumlichen Gesichtspunkten (am Strand, im Tempel, vor dem Haus), nach personalen Beziehungen, welche sie beinhalteten (Eltern und Kinder, Geschwister) und nach der Lebensphase, in der die Akteure gerade stehen (zum Beispiel unterschiedliches Alter der abgebildeten Kinder). Bei der Auswertung des umfangreichen Bildmaterials wurde nach der so genannten Kontrastierungstechnik vorgegangen: Zunächst werden möglichst viele Variationen eines Themas beziehungsweise einer spezifischen Handlungssituation gesammelt (z.B. Mütter im Umgang mit weinendem Kind) und danach mit möglichst kontrastierenden Verhaltenssituationen verglichen (etwa Mütter im Umgang mit freudestrahlendem Kind). In der Bilder-Folge selbst wurde immer die tatsächliche zeitliche Reihenfolge eingehalten. Jeder Szene wurden verbale Erläuterungen und Kommentierungen der Handelnden hinzugefügt. Auf diese Weise fanden Mead und Bateson heraus, dass balinesische Mütter dieselben Beschwichtigungsgesten sowohl in Situationen der Trauer als auch der Freude anwenden.

Die photographische Methode blieb lange Zeit umstritten und ist – nicht zuletzt wegen des enormen Einsatzes, den sie erfordert – später kaum mehr eingesetzt worden.

Eine moderne Nachfolgestudie von Marianne Wex dagegen greift dieses abbildende Vorgehen auf und stellt über photographische Darstellungen die typische Körpersprache von Frauen und Männern dar. Damit belegt sie sehr eindrücklich, dass sich die kulturelle Dominanz von Männern bereits in den raumgreifenden Sitz- beziehungsweise Stehhaltungen von Männern in öffentlichen Räumen nachweisen lässt (Wex 1980). Da ich die photographische Methode gerade im Kontext von Sozialarbeit für gut einsetzbar halte, möchte ich im Folgenden noch etwas ausführlicher auf diese Studie eingehen.

Marianne Wex entwickelte ihr Interesse an der unterschiedlichen Körpersprache von Frauen und Männern aus der Malerei herkommend. Sie fing an, sich über die Grundmuster dieser Körperhaltungen Gedanken zu machen und begann zu fotografieren – Frauen und Männer, draußen, auf Bänken sitzend, an der Ampel auf grünes Licht wartend, am Strand usw.

Dabei ging es ihr zunächst weder um die bewusste Pose noch um die durch Sprache unterstützte Gebärde, sondern um das unwillkürliche, eher unbewusste Einnehmen von Haltungen in alltäglicher Umgebung. Sie sammelte insgesamt zwischen 2.500 und 3.000 Abbildungen von Körperhaltungen und begann diese nach ähnlichen Körperhaltungen und jeweils getrennt nach Geschlecht zu ordnen. Diese immer noch großen Bildgruppen wurden dann weiter aufgeschlüsselt nach Beinhaltungen, Fuß-, Knie-, Hüft-, Ellbogen-, Schulter- und Kopfhaltungen. Da sie schon bei der ersten Sichtung des Bildmaterials in jedem Detail eindeutige Unterschiede zwischen den Geschlechtern ausmachte, schob sie noch einmal weitere 2500 Aufnahmen nach, um jede Detailhaltung eindrücklich belegen zu können.

„Sicher sind 5.000 bis 6.000 Fotos noch zu wenig, um ein annähernd vollständiges Bild aller Varianten unserer Körpersprache zeigen zu können, doch wie sehr unsere Körpersprache durch die Geschlechtszughörigkeit bedingt ist, wird deutlich sichtbar" (Wex 1980: aus dem Vorwort).

Zusätzlich fotografierte Wex Körperhaltungen aus der Werbung, Zeitschriften und verwendete Bildmaterial aus dem Fernsehen, weil sie von einer wichtigen Leitfunktion der Medien – was die Körpersprache anbelangt – ausging. Interessanterweise stellte sie dann auch keine gravierenden Unterschiede zwischen real auf der Straße vorgefundenen Körperhaltungen und denen aus der Werbung und dem TV-Bereich fest. Die Bildanalyse kommt zu folgenden Schlüssen:

Die Körperhaltungen von Frauen sind im Allgemeinen gekennzeichnet durch eng aneinanderliegende Beine, gerade oder nach innen gestellte Füsse sowie eng am Körper gehaltene Arme, das heißt letztlich, die Frau macht sich schmal und nimmt wenig Raum in Anspruch. Die Körperhaltungen von Männern sind allgemein zu kennzeichnen durch breite Beinhaltungen, nach außen gestellte Füsse, die Arme im Abstand zum Körper gehalten, das heißt der Mann macht sich breit und nimmt wesentlich mehr Raum in Anspruch als die Frau.

Marianne Wex entwickelte die These, dass Frauen wie Männer diese spezifische Körpersprache von klein auf lernen und dass sich diese Körpersprache in Übereinstimmung mit den übrigen gesellschaftlichen Rollenzuweisungen befindet. Durch die Körpersprache wird also nicht nur eindeutig signalisiert, welchem Geschlecht jemand angehört, sondern auch welches Geschlecht das dominante ist. Frauen wirken demnach schon durch ihre Körperhaltungen sich klein machend, verniedlichend, verharmlosend, demütig, sich versteckend, zurückgezogen, eingeschüchtert und angstbestimmt.

Die für Frauen so typische Haltung hat M. Wex auch bei einigen männlichen Wesen angetroffen, aber dabei handelte es sich ausschließlich um Kinder, um alte Männer und um offensichtlich unterprivilegierte Männer. Die weiblichen Körperhaltungen hängen auch davon ab, ob Männer anwesend sind oder nicht, das heißt Frauen geben und halten sich gelöster in reinen Frauenkontexten. Die unabhängigsten weiblichen Körperhaltungen fotografierte Marianne Wex in der Umgebung der Universität und im Frauenzentrum.

Nun zu einem Beispiel aus der Feldforschung, das mit einer völlig anderen Methode, dem so genannten Krisenexperiment arbeitet. Dieser methodische Zugang wurde innerhalb der so genannten Ethnomethodologie, der ideologischen *Nachfolgerin der Feldforschung entwickelt.*

> Die **Ethnomethodologie** ist ein praxisorientierter, soziologischer Untersuchungsansatz, der von Harold Garfinkel begründet wurde und der herauszufinden versucht, wie konkrete Handelnde so etwas wie Struktur oder Ordnung in ihren Alltag bringen. Ethnomethodologische Forschung liefert präzise Beschreibungen der Methoden, die von Mitgliedern einer Gesellschaft, Gruppe oder Gemeinschaft verwendet werden, um das zu tun, was auch immer sie tun. Es kann sich um hochspezialisierte, technische Tätigkeiten handeln, aber auch um tagtägliches Verhalten. Jede Psychologisierung wird bei der Interpretation abgelehnt. Es geht um die Eruierung der Kategorien und Schemata, an denen sich die Handelnden selbst orientieren.

Die ersten Studien dieser Richtung beschäftigten sich vor allem mit tagtäglichen Arbeitsvollzügen im konkreten beruflichen Kontext (etwa Krankenhaus oder Sozialamt). Diese Gruppe von Studien wurde auch unter dem Stichwort „Studies of Work"[14] zusammengefasst und ist wesentlich mit dem Namen *Harold Garfinkel* verbunden. Die zentrale und untersuchungsleitende Annahme in der Ethnomethodologie ist, dass soziale Akteure im Vollzug von Handlungen zahlreiche Techniken einsetzen, um

---

[14] Garfinkel untersuchte dabei Arbeitsvollzüge bei Astronomen, Biologen, Jazzmusikern und Heimwerkern (vgl. Mullins 1981: 119).

eben diese Handlungen erkennbar, verstehbar, darstellbar, letztlich also erklärbar zu machen (vgl. Bergmann 1991: 269). Es geht also um die subjektive Konstruktion von Wirklichkeit.

Ausgangspunkt von Garfinkels Studien war seine erste Untersuchung von Geschworenen an der University of Chicago. Er befasste sich mit der Frage, in welcher Weise die Geschworenen wussten, was sie taten, wenn sie sich als Geschworene betätigten, zumal sie ja nicht als solche ausgebildet waren. Garfinkel war beeindruckt von der Fähigkeit der Geschworenen, Beweismaterial einzuschätzen und Entscheidungen unter Zuhilfenahme des gesunden Menschenverstandes zu treffen. Die Verfahrensweise der Geschworenen waren allerdings nur solange nicht problematisch, bis Garfinkel anfing, dieses Wissen beziehungsweise die Praktiken der Geschworenen zu hinterfragen. Das war der Beginn seiner später sogenannten *Krisenexperimente*.

Garfinkel kreiste in seinen ersten Arbeiten vor allem um die zwei folgenden Fragen:

(1) Woher nehmen die Handelnden in einer konkreten Situation ihre kognitive Orientierung für ihre Tätigkeit?

(2) Wie verleihen Menschen einer konkreten Handlungssituation Sinn?

Als eine der Hauptantworten fand er heraus, dass die Individuen ihr Handeln an von ihnen im vorhinein getroffenen Situationsdefinitionen orientieren, dass sie dies ständig tun und großenteils unbewusst. In jeder konkreten Situation wird diese Definition geleistet und unter Umständen auch verändert. Beispiel: Ein Student und eine Studentin beginnen ein Gespräch in dessen Verlauf einer der Gesprächspartner anfängt zu flirten. Die Adressatin muss sich, so sie dies wahrnimmt, neu auf die Situation einstellen, wird Körperhaltung und Körperdistanz unter der neu getroffenen Situationsdefinition regulieren.

Garfinkel belegte durch seine Krisenexperimente ganz deutlich, dass diese ständigen Situationsdefinitionen völlig automatisch ablaufen und dass die bewusste Konfrontation mit diesem Vorgehen, die Leute in der Regel erzürnt. Wenn jemand ständig um Erläuterung gebeten wird, was er gerade tut und warum, sind wütende Reaktionen die Folge. Diese Aggression resultiert daraus, dass eine Situation nicht als selbstverständlich geteilt und damit „unnötig" verkompliziert wird. So schickte Garfinkel seine

Studenten los und ließ sie sich im Haus der Eltern wie Gäste betragen oder ließ sie irritierende Nachfragen in Freundesgesprächen stellen.

Fall 1

Die Versuchsperson erzählte dem Experimentator, da die beiden Mitbenutzer desselben Wagenparks waren, gerade davon, dass sie am vorhergehenden Tag während der Fahrt zu Arbeit eine Reifenpanne gehabt habe.

(VP) Ich hatte eine Reifenpanne.

(E) Was meinst du damit, dass du eine Reifenpanne hattest?

Der Student berichtet: Sie erschien im Augenblick wie betäubt. Dann antwortete sie mit feindseligem Unterton: „Was meinst du mit deiner dummen Frage: ‚Was meinst du damit?‘ Eine Reifenpanne ist eine Reifenpanne. Genau das meine ich und nichts sonst. Was für eine verrückte Frage!"

Fall 2

(VP) Hallo Ray, wie fühlt sich deine Freundin?

(E) Was meinst du mit der Frage, wie sie sich fühlt? Meinst du das körperlich oder geistig?

(VP) Ich meine: Wie fühlt sie sich? Was ist denn mit dir los? (Er wirkte eingeschnappt.)

(E) Nichts. Aber erklär doch mal ein bisschen deutlicher, was du meinst.

(VP) Lassen wir das. Was macht deine Zulassung für die medizinische Hochschule?

(E) Was meinst du damit: „Was macht sie?"

(VP) Du weißt genau, was ich meine.

(E) Ich weiß es wirklich nicht.

(VP) Was ist los mit dir? Ist dir nicht gut?

Fall 3

Freitag Abend saßen mein Mann und ich gerade vor dem Fernseher. Mein Mann bemerkte, er sei müde. Ich fragte: „In welcher Hinsicht bist du müde? Körperlich, geistig oder nur gelangweilt?"

(VP) Ich weiß es nicht genau. Ich nehme an, hauptsächlich körperlich.

(E) Meinst du, dass deine Muskeln schmerzen beziehungsweise deine Knochen weh tun?

(VP) Ich nehme an. Sei nicht so spitzfindig.

(Nach weiterem Zuschauen):

(VP) In all diesen alten Filmen gibt es dieselbe Art von Eisenbettgestell.

(E) Woran denkst du dabei? Meinst du alle alten Filme, oder nur einige von ihnen, oder gerade nur diejenigen, die du selbst gesehen hast?

(VP) Was ist mit dir los? Du weißt, was ich meine.

(E) Ich wünschte, du würdest mehr ins Einzelne gehen.

(VP) Du weißt genau, was ich meine. Hör bloß auf!

Fall 4

Mein Freund sagte zu mir: Beeile dich oder wir kommen zu spät. Ich fragte ihn, was er mit „zu spät" meine und von welchem Blickwinkel aus er von „zu spät" sprechen wolle. Ein Ausdruck von Verwirrung und Zynismus lag auf seinem Gesicht: „Warum stellst du mir solche blöden Fragen? Eine solche Feststellung brauche ich wohl nicht zu erklären. Was stimmt denn heute mit dir nicht? Warum sollte ich mich damit aufhalten, solch eine Fragestellung zu analysieren? Jeder versteht meine Darlegungen, und du solltest da auch keine Ausnahme machen."

Fall 5

Das Opfer winkte freundlich.

(VP) Wie steht's?

(E) Wie steht es mit was? Meiner Gesundheit, meinen Geldangelegenheiten, meinen Aufgaben für die Hochschule, meinem Seelenfrieden, meinem ...

(VP) (Rot im Gesicht und plötzlich außer Kontrolle.) Hör zu. Ich unternahm gerade den Versuch, höflich zu sein. Offen gesprochen kümmert es mich einen Dreck, wie es mit dir steht (vgl. Garfinkel 1980, 206f.).

Besonders viele Ungereimtheiten entstehen in Handlungssituationen, bei denen die Interaktionspartner aus verschiedenen Kulturen stammen. Was hierzulande eine harmlose Verabredung zum Tanzen ist, kann anderswo als erste Einwilligung zur Aufnahme sexueller Beziehungen missinterpretiert werden. Dazu gibt es auch eine Studie über vorprogrammierte Missverständnisse zwischen amerikanischen Besatzungssoldaten und jungen britischen Frauen während der letzten Kriegsjahre im II. Weltkrieg. Während in den USA das Küssen als Einwilligung für intime Beziehungen gewertet wurde, galt dasselbe in Großbritannien als völlig harmlose Unterhaltung bei den Mädchen.

3.3.4 Dunkelfeldstudien

Dunkelfeldstudien werden immer dann eingesetzt, wenn über das tatsächliche Ausmaß eines spezifischen Sozialverhaltens Unklarheit herrscht, weil dieses Sozialverhalten unerwünscht, stigmatisiert oder sogar kriminell ist und angenommen werden muss, dass nur ein Teil davon tatsächlich bekannt ist.eine besonders lebhafte Diskussion wurde dabei in der Bundesrepublik in den letzten Jahren um das Thema „sexueller Missbrauch"[15] von Kindern und sexuelle Gewalt gegen Mädchen und Frauen ausgetragen. Man geht davon aus, dass diese Form der Gewalt in der Offizialstatistik (dies ist das sog. Hellfeld), wie zum Beispiel der Kriminalstatistik völlig unzureichend erfasst wird, das heißt das tatsächliche Ausmaß der von Frauen und Mädchen beziehungsweise Jungen erfahrenen Gewalt wesentlich höher liegt, als diese Delikte zur Anzeige oder Verurteilung kommen. Die meisten Dunkelfeldstudien arbeiten mit der Methode der sogenannten „Ex-Post-Befragung", also einer im Nachhinein-Befragung potentieller Opfer oder seltener auch von Tätern. Bei solch einer Befragung werden dann zum Beispiel Frauen einer bestimmten Altersgruppe und aus unterschiedlichen sozialen Schichten zu ihren zurückliegenden sexuellen Missbrauchserfahrungen befragt (sog. Prävalenzstudien). Dunkelfeldstudien zielen auf die Eruierung einer so genannten *Dunkelfeldziffer.*

Eine **Dunkelfeldziffer** wird wie folgt berechnet: Gibt ein/e Befragte/r aus einer Stichprobe an, sexuell misshandelt worden zu sein, wird er/sie zusätzlich um die Information gebeten, ob dieses Delikt zur Anzeige gebracht wurde oder nicht. Die in dieser Befragung eruierten Angaben von aufgedeckten zu nicht-aufgedeckten Fällen werden mit den offiziell bekannten Fällen (derselben Deliktart) multipliziert. Das bedeutet, wenn eine Dunkelfeldbefragung ergeben hat, dass nur ein einziger von zwanzig Fällen zur Anzeige ge-

---

[15] Obwohl sich in der einschlägigen Fachliteratur der Begriff „sexueller Missbrauch" durchgesetzt hat, erscheint mir die Begriffswahl nicht adäquat. Es geht hier ja nicht um den falschen „Gebrauch" einer Sache. Deutlicher wird das, worum es tatsächlich geht, wenn von sexueller Gewalt gegen Kinder gesprochen wird.

bracht wurde, ergibt das multipliziert mit den offiziellen Missbrauchsfällen von hier beispielhaft angenommenen 20.000 pro Jahr ein tatsächliches Niveau von $20 \times 20.000 = 400.000$ Missbrauchsfällen pro Jahr. Die Dunkelfeldziffer basiert also auf einer Verhältnishochrechnung von tatsächlich ereignetem Missbrauch zu offiziell registriertem Missbrauch, wobei die Ziffern je nach Deliktart stark variieren. So geht man etwa beim Bundeskriminalamt davon aus, dass die Fälle von Inzest ein wesentlich höheres Dunkelfeld aufweisen als Fälle von Exhibitionismus.

Häufig hat auch schon der in den Massenmedien ausgetragene Streit um verschiedene Dunkelfeldziffern aus unterschiedlichen Studien zur Diffamierung von Dunkelfelduntersuchungen geführt. Tatsächlich hängt die Zuverlässigkeit der in einer Dunkelfeldstudie zutage geförderten Dunkelfeldziffer u.a. ab von

- der Definition des in der Studie untersuchten Deliktes (hier: enge oder weite Fassung des Begriffs sexuelle Gewalt; beginnt die Gewalt bereits bei den so genannten Non-Kontakthandlungen oder erst bei einer erfolgten Penetration),

- der Art der Stichprobe (handelt es sich um eine klinische Stichprobe, zum Beispiel das Klientel einer Beratungsstelle oder um Student(inn)en oder um eine Stichprobe aus der Allgemeinbevölkerung),

- der Art des eingesetzten Instruments (so zeigt sich eine unterschiedliche Auskunftsbereitschaft von Befragten je nachdem, ob sie schriftlich oder mündlich befragt werden, ob sie sich frei artikulieren können oder nur aus vorgegebenen Antwortkategorien auswählen können),

- der Definition von Täterschaft (in einigen Studien werden als Täter prinzipiell nur solche angesehen, die einen erheblichen Altersunterschied zum Opfer aufweisen, sexuelle Handlungen zwischen beinahe Gleichaltrigen werden als konsensuell vorausgesetzt).

In der Forschung und Beratungspraxis, aber auch in der Politik haben sich allerdings Dunkelfeldstudien als unverzichtbare Argumentationsgrundlage erwiesen.

1996 wurden vom Bundeskriminalamt statistisch etwa 23.000 Fälle sexuellen Missbrauchs an Kindern registriert. Dabei wird das Offizialdelikt entlang der gesetzlichen Bestimmungen nach Exhibitionismus, Pädophilie (pädosexuelle Fixierung auf Kinder), Pornographie, sexuelle Ausbeutung durch Fremde und Täter aus dem sozialen Nahraum sowie Prostitution aufgeschlüsselt (Baurmann 1997). Das tatsächliche Geschehen in den einzelnen Deliktbereichen wird durch die spezifische Dunkelfeldziffer errechnet, welche je nach dem Vertrautheitsgrad des Täters schwankt (je vertrauter der Täter, desto wahrscheinlicher die Vertuschung des Delikts). Die Dunkelfeldschätzungen des BKA gehen von einem tatsächlichen Tatniveau von 145.000 Fällen jährlich aus (vgl. nachfolgende Tabelle, Baurmann 1997, 41).

Grafik: Straftaten gegen Selbstbestimmung mit kindlichen Opfern und die jeweiligen geschätzten Dunkelfelder

Berechnete Hellfelder für die verschiedenen Fallgruppen

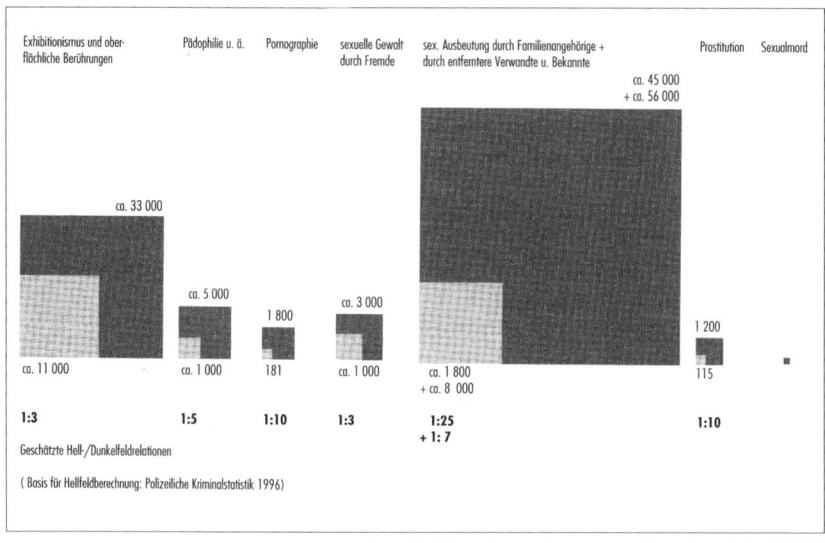

Entgegen der landläufigen Meinung ist sexuelle Gewalt gegen Kinder und Jugendliche kein wissenschaftlich gut erfasstes Phänomen. Lediglich in den USA existieren einige großangelegte Studien, vor allem zur sexuellen Gewalt gegen Mädchen (weniger gegen Jungen). Für den deutschen Raum lag über sehr lange Zeit keine einzige repräsentative Dunkelfeldstudie vor, die einzige Retrospektiv-Untersuchung von Belang wurde an Student/-innen der Dortmunder Universität im Jahr 1992 (n = 861 Studentinnen) (Bange) durchgeführt. Jenseits davon existieren klinische Stichprobenauswertungen (medizinisch dokumentierte Fälle und Fälle aus Beratungsstellen) und die Offizialstatistik der Polizei (über angezeigte und verurteilte sexuelle Gewalttäter/-innen[16]).

Einen neuen Typus von Dunkelfeldstudien stellen sog. Täteruntersuchungen dar. In den USA wurden 3.000 männliche Studenten anonym zu ihren begangenen sexuellen Gewalttaten befragt: Sie gestanden insgesamt 1.700 solche Delikte und zwar 187 vollendete Vergewaltigungen, 327 versuchte Vergewaltigungen und der Rest die ganze Palette von aufgezwungenen Sexualkontakten. 26 % der Befragten gaben zu, mindestens einmal versucht zu haben, eine Frau zum Geschlechtsverkehr zu zwingen. Die ersten sexuellen Übergriffe wurden im Alter von 14 Jahren berichtet. Weitere Studien in Neuseeland bestätigten diesen Trend (vgl. Brockhaus/Kolshorn 1993, 36ff.).

Deegener (1995) hat elf qualitative Intensivinterviews mit rechtskräftig verurteilten Tätern geführt. Dabei zeigen sich immer wieder so genannte Strategien der Verantwortungsabwehr (vgl. Deegener 1995: 9ff.). Es drängt sich ein umfassender Eindruck von Schuldverschiebung, Verleugnung, Verneinung, Verharmlosung und auch Wahrnehmungsverzerrung sowie Rechtfertigung auf. In der Täterarbeit sind diese Abwehrmechanismen bereits hinlänglich bekannt. Sie dürften auch die Täteraussagen in Dunkelfelduntersuchungen verzerren, wohingegen in den bisher unternommenen Untersuchungen auf die offensichtliche Freimütigkeit in den Täterberichten aufgrund der zugesicherten Anonymität verwiesen worden ist.

Im Bereich „Gewalt gegen Frauen im sozialen Nahraum" gibt es seit dem Jahr 2005 eine erste aussagekräftige Dunkelfeldstudie, die im Auftrag des Bundesministeriums für Familie, Senioren, Frauen und Jugend (BMFSFJ) durchgeführt worden ist und auf einer repräsentativen Stich-

---

[16] Die Forschungslage suggeriert bis heute, dass in der überwiegenden Mehrheit von männlichen Tätern ausgegangen werden muss, auch bei männlichen Opfern. Allerdings steht hier die Empirie noch am Anfang und erst allmählich wendet sich das Forschungsinteresse auch Täterinnen zu.

probe aus der Allgemeinbevölkerung beruht. Dazu wurden 10.000 Frauen aus der deutschen Allgemeinbevölkerung, inclusive ausgewählte Gruppen von Migrantinnen, Flüchtlingen, inhaftierten Frauen und Prostituierten befragt. Demnach ist davon auszugehen, dass 37 % der Frauen körperliche Gewalt vom männlichen Partner oder Ex-Partner erfahren haben, 13 % haben sexuelle Gewalt, 25 % beide Gewaltarten erlitten. Die Gewaltraten in den ausgewählten Gruppen liegen sogar noch höher. Nur 9 % der Frauen geben an, überhaupt keine Form von Gewalt erlebt zu haben. Die erhobenen Prävalenzraten liegen damit im innereuropäischen Vergleich im mittleren bis oberen Bereich (vgl. BMFSFJ 2005, 13).

3.3.5 Aktionsforschung, Frauenforschung und Evaluationsstudien

Die amerikanische *Aktionsforschung* („action research" nach Kurt Lewin 1968) sollte Wegbereiterin für die später sich etablierenden Evaluationsstudien und Begleitforschungsprojekte werden.[17]

> **Aktionsforschung** ist zielstrebig eingesetzte, anwendungsorientierte Forschung, welche als Ergebnis zu einem konkreten Lösungsvorschlag beziehungsweise einem ganzen Maßnahmenkatalog bezüglich der untersuchten sozialen Probleme führen soll.

Lewin selbst stellt sich unter Aktionsforschung so etwas wie ein „natürliches Experiment" im sozialen Kontext (vgl. Punkt 3.3.2.1) vor, Forschung solle nicht nur weitere Theorie produzieren, sondern die Beforschten sollen sich gemeinsam mit den Untersuchenden auf „den Weg der Erkenntnis machen" (vgl. Burghardt 1998, 92). Aktionsforschung will zu gesellschaftskritischer Kompetenz führen, zu politischer Mündigkeit und letztlich zur Emanzipation des Individuums. Lewin postuliert also die bewusste Einflussnahme auf die Forschungssubjekte und verstößt damit wissenschaftstheoretisch betrachtet gegen das Kriterium der wissenschaftlichen Unabhängigkeit und mit seinem „dialogischen Wahrheitsbegriff" gegen den Primat der intersubjektiven Überprüfbarkeit in der empirischen Forschung (vgl. Burghardt 1998, 105). Implizit bleibt die Aktionsforschung dem Ideal der bürgerlichen Demokratie verpflich-

---

[17] Wellenreuther weist darauf hin, dass die Begriffe Aktionsforschung, Handlungsforschung, Evaluationsforschung und Entwicklungsforschung in der einschlägigen Literatur synonym verwendet werden (vgl. Wellenreuther 2000, 221). Ziel ist immer die Optimierung eines sozialen Programms.

tet, lehnt es aber ab, ihr Vorgehen vor dem Hintergrund einer einheitlichen kritischen Gesellschaftstheorie zu reflektieren.[18]

Das Programm der Aktionsforschung hat die Diskussion um das Verhältnis von Theorie und Praxis nachhaltig beeinflusst, der Anwendungsbezug beziehungsweise der Verwertungszusammenhang von empirischer Forschung steht dabei im Vordergrund und wird radikalisiert.

Ursprünglich stammt die Aktionsforschung aus der Sozialpsychologie und soll zur Verbesserung gestörter Intergruppenbeziehungen beitragen. Es wurden vielfältige Untersuchungen in zahlreichen Betrieben durchgeführt, etwa zu den Machtstrukturen, den Führungsstilen und den Rollenkonflikten am Arbeitsplatz. Es wurden auch konkrete Integrationsprogramme für Neueinsteiger/-innen in Betrieben entwickelt. Aktionsforschung findet in der Regel unter Einbindung aller wichtigen Betriebsgruppen und konkret vor Ort statt. In den 70er Jahren werden diese Betriebsuntersuchungen (bei denen es etwa darum geht, wie die zunehmende Unfallhäufigkeit am Arbeitsplatz abzubauen sei) um die klientenbezogene Forschung und Beratung in anderen Sozialbereichen ergänzt: Es geht um Familien, Kliniken und um Soziale Arbeit. Umstritten bleibt allerdings aus oben ausgeführten Gründen die geforderte Interessen-Neutralität des Forschungsteams, denn es ist eine praktizierte Ausgangsbedingung von Aktionsforschung, alle Beteiligten zu einer Kooperation zu bewegen und das bedeutet, vom obersten Manager über die Verwaltung bis hin zu den direkten Vorgesetzten und verschiedenen Untergebenen alle einzubinden. Wegen der im Hinblick auf die Arbeitsgestaltung oft konträren Interessen von Management und Belegschaften scheiterte das Konzept von Aktionsforschung oft genug von Anfang an. Die Sozialforscher/-innen gerieten auch oft in den Verdacht, „Herrschaftswissen" zu produzieren, welches sich die Führungsriege im Betrieb unter Ausnutzung genuiner Arbeitgeberinteressen aneignen wolle.

In Deutschland versteht sich die Aktionsforschung weder im Sinn der Managementforschung noch im Sinn revolutionärer Aktionspraxis, wie zum Beispiel in Italien. Die übliche Variation ist, sich als wissenschaftliche Hilfeleistung für die progressiven Momente, die viele Sozialwissen-

---

[18] Einige Aktionsforscher haben sich allerdings von Anfang an explizit der marxistisch-leninistischen Ideologie verschrieben, was ihre Forschung schnell in den Geruch des Umstürzlerischen und Revolutionären brachte, andere dagegen stellen sich in die Tradition des Symbolischen Interaktionismus (vgl. Heinze 2001, 79ff.), wobei die Verfahren der Hermeneutik angewendet und verfeinert werden.

schaftler/-innen in den 70er Jahren sehen und mittragen wollen, zu begreifen (vgl. Kern 1980: 262). Aktionsforschung in diesem Sinne betrieben, zielt auf Aufklärungs- und Veränderungsprozesse in den sozialen Einheiten ab, mit denen sie es gerade zu tun hat. Auch der konkrete Forschungsprozess bleibt vom Konzept der Aktionsforschung nicht unberührt: Die Sozialwissenschaftler/-innen sehen sich immer mehr gezwungen, ihre Untersuchungsgruppen nicht als Nummern oder Objekte wahrzunehmen, sondern als bewusste und artikulationsfähige Subjekte. Es wird also eine intensivere Kommunikation zwischen Forscher/-innen und Beforschten notwendig, in deren Verlauf sich die Beteiligten auf Vorgehensweisen, Detailaspekte, Ziele und konkrete Maßnahmen einigen müssen (eine weitgehende Distanz zwischen Forscher/-innen und Untersuchten, die bis dahin offensichtlich von einigen angestrebt wurde, war so nicht mehr aufrechtzuerhalten). Dieses Konzept wird später sogar als neues didaktisches Modell in der Pädagogik verankert.

Das Programm der Aktionsforschung, vor allem deren emanzipativer und politischer Impetus, ist auch der Ausgangspunkt der *Frauenforschung*, nur geht es der Frauenforschung von vornherein ausschließlich um die Belange der Frauen, so dass das Motiv von Anfang an ein feministisches ist. Die Frauenforschung hat die Position der Aktionsforschung insofern radikalisiert, als sie die Forschung primär als Prozess einer sozialen Beziehung zwischen Subjekten begreift: Die Beforschten werden damit zu Expertinnen ihrer eigenen Lebenssituation und Alltagspraxis erhoben. Die Frauenforschung verfolgt das Ziel der Aufklärung und damit letztlich die Aufhebung sozial ungleicher Lebensverhältnisse von Frauen und Männern. Maria Mies (1978) formulierte in diesem Kontext unter anderem die „Parteilichkeit" und die „gemeinsame Betroffenheit" als Grund-Prinzipien der Frauenforschung.

Frauenforschung versteht sich an ihrem Start als genuin neue Forschungsperspektive, die Ungleichheiten im Geschlechterverhältnis thematisiert. Dabei kritisiert sie vor allem den Androzentrismus der bis dahin dominanten Wissenschaften. Schwerpunktmäßig werden sozial ungleiche Lebenslagen von Frauen und Männern untersucht, Theorien zu deren Entstehung und politischer Funktion entwickelt sowie nach geeigneten Indikatoren für die Kategorie Geschlecht gesucht. Es stellt sich die Frage, wie und zu welchem sozialen Zweck Geschlechter konstruiert werden.

Sowohl die Forscherinnen als auch die beforschten Frauen sind Objekte einer gesellschaftlichen Realität, die durch patriarchalische Frauenunterdrückung gekennzeichnet ist. Diese Unterdrückung beeinflusst die Realitätswahrnehmung sowohl der Forscherin als auch der Forschungssubjekte. Die Kritik der Frauenforschung richtet sich ganz vehement auf den männlichen „Bias" in den Sozialwissenschaften und dort vor allem auf die empirische Praxis, die – in einzelnen Studien bis in die 80er Jahre hinein und mit nur wenigen Ausnahmen[19] – den Mann als „Normalfall Mensch" und die Frau bestenfalls als Abweichung behandelt. Gezielt wird fortan empirische Forschung über Frauen und von Frauen betrieben, es kommen neue Themen auf (etwa „Die Wirklichkeit der Hausfrau" von Helge Pross [1975] oder „Die Mutterliebe" von Elisabeth Badinter [1982]).

Die Frauenforschung hat sich im Verlauf ihrer Etablierung mit den von Maria Mies formulierten Postulaten von der Betroffenheit und Parteilichkeit nicht immer leicht getan: Ganz offensichtlich besteht hier die Gefahr, das eigene Modell und den eigenen Weiblichkeitsentwurf (also den der Forscherin) zur allgemein gültigen Perspektive zu erheben. Zu Recht wurde deshalb der Frauenforschung auch bald der Vorwurf des Ego- und Eurozentrismus gemacht. Die postulierte gemeinsame Betroffenheit muss der differenzierten Analyse höchst unterschiedlicher Lebenslagen von Frauen weichen und die Parteilichkeit wird zunehmend vorsichtiger interpretiert, so dass ein reflektierter Abstand zwischen den Zielen der Forscherinnen und den Zielen der untersuchten Frauen sichtbar wird. Allerdings sind durch das methodologische Programm der Frauenforschung vor allem in Form der von M. Mies formulierten Postulate – auch im internationalen Rahmen betrachtet – eine Reihe sehr konstruktiver Feldstudien entstanden (vgl. Mies 1994, 110ff.), das heißt es wurden vielfach Problemlösungen für Frauen in ganz unterschiedlichen Lebenskontexten aus diesen Studien abgeleitet.

Direkte Ausleger beziehungsweise Nachkommen der von Lewin bereits in den 40er Jahren begonnenen Aktionsforschungsprojekte sind die heutigen Formen der *Begleitforschung* oder allgemeiner ausgedrückt von *Evaluationsstudien*. Mit Begleitforschungsvorhaben werden Sozialar-

---

[19] Eine dieser Ausnahmen stellt beispielsweise eine Studie zur industriellen Lohnarbeit von Frauen an der Schwelle des 19. Jh. bis ins 20. Jh. dar (vgl. Jurczyk, K./Ostner, I./Tatschmurat, C. 1981) sowie einige frühe Studien zu Industriearbeiterinnen aus dem Umfeld der Volkswirtschaft und der Sozialgeschichte.

beiter/-innen in der Praxis immer wieder konfrontiert, denn gerade auf dem Arbeitssektor der sozialen Dienstleistungen werden Evaluationen sehr breit eingesetzt (etwa Umbau von hierarchisch strukturierten Arbeitsabläufen in Teamarbeit, Verbesserung des Arbeitsklimas, Aufbau eines Netzwerkes für neu angebotene soziale Dienste etc.). Wissenschaftliche Evaluation fungiert dabei immer auch als Nahtstelle zwischen praktischer Sozialarbeit und dem dahinterstehenden wissenschaftlich-theoretischen Konzept.

> **Begleitforschung** stellt eine praxisorientierte Sozialforschung dar, in der wissenschaftliche Bestandsaufnahme, Entwicklung und Erprobung praktischer Lösungsmodelle und allgemeine Umsetzung der Projektergebnisse eng miteinander verknüpft sind.

Häufig stehen die großen Bundesministerien als Auftraggeber hinter groß angelegten Begleitforschungsprojekten (z.B. das Bundesministerium für Familien, Frauen und Senioren). Beispielhaft kann hier das Würzburger HALMA-Projekt genannt werden, ein Modellprojekt, das unterstützend und beratend zur Vernetzung verschiedener gerontopsychiatrischer Dienste beitrug (vgl. Oppl/Weber 1996).

Hintergrund des Projektes sind demographische Veränderungen, die einerseits stadtteilspezifisch die Anteile betagter und hochbetagter Menschen ansteigen lassen, andererseits aber bedingt durch den Anstieg kinderloser Paare sowie von Haushalten mit Frauen in Erwerbsposition eine eventuelle Pflege älterer Familienangehörige im familialen Kontext immer unwahrscheinlicher machen. Zielgruppe des Projektes sind dementiell Erkrankte, deren Anteil mit zunehmendem Lebensalter steigt. Das Modellvorhaben soll eine angemessene häusliche Betreuung durch die Vernetzung vorhandener stationärer, teilstationärer und ambulanter Einrichtungen, die gerontopsychiatrische Dienstleistungen anbieten, sicherstellen. Aufgabe der wissenschaftlichen Begleitevaluation ist es, den Modellverlauf zu dokumentieren, ihn zu unterstützen, sowie das Modellvorhaben in Bezug auf seine Zielvorgaben, seinen Wirkungsbereich und seine Umsetzung in der Übertragbarkeit auf Regionen mit anderen strukturellen Voraussetzungen zu prüfen und zu bewerten (vgl. Oppl/Weber 1996, 6f.). Als empirische Erhebungsinstrumente kommen unter anderem teilnehmende Beobachtung, Aktenanalyse, Protokollanalysen, vollstandardisierte schriftliche Interviews (zur Bedarfserhebung), teilstandardisierte mündliche Interviews (mit Angehörigen und Experten) sowie Telefoninterviews zum Einsatz. Dieses gewählte Beispiel veranschaulicht sehr gut, mit welcher methodischen Vielfalt innerhalb des Rahmens eines bestimmten Designs gearbeitet werden kann und wie stark der praktische Verwertungsertrag einer Begleitevaluation im Vordergrund steht.

> „**Evaluieren** heißt ganz allgemein auswerten, bewerten und damit zugleich auch empfehlen, beraten und bei der Entscheidungsfindung unterstützen. Dies geschieht auf der Grundlage von Informationen, die mit den Methoden der empirischen Sozialforschung gesammelt und interpretiert werden. Als anwendungsorientierte Forschung will die Evaluationsforschung zuverlässige Daten und Informationen liefern, um die Beurteilung von Programmen und Projekten im Bildungs-, Gesundheits- und Sozialwesen zu ermöglichen" (Heiner 1996, 20).

Seit der Mitte der 90er Jahre sind Evaluationsstudien im Bereich der Sozialen Arbeit im Zuge der einsetzenden Debatte um Qualitätsstandards, Qualitätssicherung und Qualitätsmanagement nicht mehr wegzudenkende anerkannte Verfahren. Maja Heiner unterscheidet nach externer Evaluation (externe Fachleute begutachten die Arbeit der Sozialarbeiter/-innen), interner Evaluation (Mitglieder der Organisation führen Evaluation ihrer Arbeit selber durch), die Selbstevaluation (das eigene berufliche Handeln und seine Konsequenzen erforschen) und Fremdevaluation (Personen aus derselben Organisation auf der gleichen oder anderen Hierarchieebene erforschen berufliches Handeln) (vgl. Heiner 1996, 34). Der Gegenstand der Evaluation kann also das individuelle berufliche Handeln sein, aber auch das kollektive berufliche Handeln, die Kooperation im Team oder zwischen den Teams verschiedener Abteilungen und die kollegiale Zusammenarbeit.

Bei der Evaluation von sozialen Maßnahmen entspricht das Design sehr häufig dem des Quasi-Experiments, das im Kern ein Experiment darstellt, das auf die zufällige Verteilung der Proband/-innen auf die Untersuchungs- und Kontrollgruppe verzichtet (keine Randomisierung) (vgl. Punkt 3.3.2.2). Deshalb gibt es auch keine Garantie, dass Drittvariableneffekte neutralisiert wurden (vgl. dazu die Probleme der Selbstselektion unter Punkt 1.5). Diekmann (1999) weist unter anderem auf zwei Probleme bei der Maßnahmenevaluation hin: Erstens werden die Maßnahmen aufgrund von Regressionseffekten bei der Evaluation meist überschätzt[20] und zweitens findet die Evaluation im Spannungsfeld divergierender Interessen statt (zwischen Untersuchungsteam, Auftraggebern und weiteren Interessengruppen). Es werden allerdings auch Evaluationen mit nicht-experimentellem Design durchgeführt, zum Beispiel wenn die Qualität der an einer sozialen Einrichtung erbrachten Dienstleistungen vor dem Hintergrund ihrer personellen Ausstattung, ihres Stellenprofils, ihrer materiellen Ausstattung und ihres Klient/innenumfangs analysiert wird und bei den von Maja Heiner weiter oben genannten Formen der Arbeitsevaluation.

Regression lässt sich in vielen verschiedenen Bereichen und nicht nur in Bezug auf soziale Ereignisse beobachten, z.B. in der Biologie und auch in der Physik und meint eine statistische Tendenz zur Mitte. Wird beispielsweise in einem Jahr mit hoher Gewaltkriminalität eine Erhöhung der Strafmaße beschlossen und kommt es darauf hin zu einem Absinken der Gewalt im folgenden Jahr, wird dies politisch oft als Triumph der Abschreckung gefeiert, tatsächlich aber war das Ausgangsjahr ein statistischer Ausreißerwert und die Kriminalitätsrate wäre ohnehin wieder gesunken – auch ohne neue gesetzliche Maßnahme.

---

[20] Verzerrungen durch Regression sind immer dann wahrscheinlich, wenn sich die Werte der Vorher-/Nachhermessung stark unterscheiden. Bei sozialen Prozessen wird nach Galton eine statistische Tendenz zur Mitte als Axiom unterstellt, das heißt Ausreißerwerte sind vorübergehende Phänomene und tendieren dann zur Mitte. Erst Wiederholungsuntersuchungen zu späteren Zeitpunkten können solche Extremwerte als solche entlarven (viele Beispiele dazu bei Diekmann 1999, 313–323).

4

Die Wahl der Untersuchungsmethode

4.1 Direkte Beobachtung

4.1.1 Offen teilnehmende Beobachtung

Die offen teilnehmende Beobachtung ist eine Methode – die wie bereits weiter oben unter dem Untersuchungsdesign Feldforschung (vgl. Punkt 3.3.3) ausgeführt wurde – im Rahmen anthropologischer Studien entwickelt wurde (man spricht auch von der ethnographischen Methode) und der Erforschung fremder, zumeist exotischer Kulturen und Bevölkerungsgruppen dient beziehungsweise bei der zumindest der Blick des Fremden auf das scheinbar Vertraute eingenommen wird. In dieser Tradition entsteht auch in den 60er Jahren die weiter unten vorgestellte Studie, die unter dem Titel „Tallys Corner" veröffentlicht wurde und einige Berühmtheit erlangte.

Offen teilnehmende Beobachtung bedeutet, dass sich die Forscher/-innen in das natürliche Lebensumfeld der untersuchten Personen begeben und ihre Identität dabei nicht verschleiern. Dabei wird davon ausgegangen, dass sich die Untersuchten aufgrund der Anwesenheit der Forscher/-innen höchstens kurzfristig anders verhalten, dann aber zu ihren üblichen Verhaltensweisen zurück kehren und das Forschungsteam als „normalen" Bestandteil ihres Alltags akzeptieren.

Das gemeinsame Merkmal der direkten Beobachtungsstudien besteht darin, dass sich die Forscher/-innen also selber am Untersuchungsort befinden und Daten sammeln, indem sie am täglichen Leben der Untersuchten teilnehmen (vgl. Hunt 1991: 22ff.). In diese Reihe von Untersuchungen gehören auch zwei der weiter oben bereits vorgestellten Studien, wie die Bali-Studie von M. Mead und die Marienthal-Studie von P. Lazarsfeld, M. Jahoda und H. Zeisel (vgl. die Punkte 2.3 und 3.3.3), aber auch die in jüngerer Zeit entstandenen Studien von R. Girtler etwa über die „Sandler" oder die Prostituierten in Wien, über jugendliche Fußballfans, über Wilderer im Salzkammergut und die Gefangenen in österreichischen Haftanstalten (vgl. zusammenfassend Girtler 1996). Häufig verbringen die einzelnen Forscher/-innen oder ganze Forschungsteams mehrere Jahre im Untersuchungsgebiet, eignen sich Sprache und Kultur der Untersuchten an, versuchen durch bewusste Empathie die soziale Wirklichkeit der Untersuchtengruppe zu teilen, deren Erfahrungen nachzuspüren, ihre Wertvorstellungen zu dokumentieren und ihr gesamtes soziales Leben darzustellen. Oft gleichen die Forschungsberichte farbigen Schilderungen, reich an Details und Merkwürdigkeiten. Die „im Feld" eingesetzten Instrumente sind äußerst vielfältig, denn in der Regel sind die Forscher/-innen auf ihre eigene Kreativität angewiesen, mit welchen Mitteln sie beobachten und vor allem, wie sie das Beobachtete systematisieren. Von Anfang an wurde innerhalb der wissenschaftlichen Fachdiskussion die mangelnde Distanz zwischen Forscher/-innen und Untersuchungspopulation kritisiert, andererseits wird von den Forscher/-innen selbst immer wieder darauf verwiesen, wie wichtig es für ein vertieftes Eintauchen in die soziale Wirklichkeit anderer ist, diese Distanz aufzugeben und von den Untersuchten als selbstverständlicher Teil ihres tagtäglichen Zusammenlebens akzeptiert zu werden.

Feststehen dürfte, dass Feldstudien wohl zu den spannendsten Forschungsunternehmungen zählen und kaum eine andere Untersuchungsmethode an ihre inhaltliche Tiefenschärfe und Detailgenauigkeit heranreicht. Girtler nannte denn auch in bewusster und bildreicher Replik auf Kritiker/-innen von Feldforschung die Mehrheit der Sozialforscher/-innen, die sich als reine Schreibtischforscher/-innen betätigen, etwas abschätzig die „Veranda-Soziologen" (Girtler 1996, 231).

Nun zur ausgewählten Beispielstudie, vom Typus der „offenen teilnehmenden Beobachtung", die unter dem Titel Tallys Corner berühmt werden sollte (zum Folgenden vgl. Hunt 1991: 20f.):

An einem Nachmittag des Winters 1962 saßen einige ärmlich gekleidete Schwarze in Tallys Corner, einer düsteren Bar in den Slums von Washington. Sie tranken Bier, redeten und machten Späße. Ein Mann, dessen weiße jüdische Gelehrtengestalt hier fehl am Platze wirkte, saß mit einem schwarzen Begleiter an einem Tisch und plauderte angeregt mit ihm. Einige der schwarzen Barbesucher starrten den weißen Mann an, andere ignorierten ihn. Ein Mann kam misstrauisch an den Tisch und fragte den Begleiter schroff, wer denn der weiße Mann sei. „Das ist Ellix" sagte der Schwarze, „Er ist mein Freund und er ist okay, Mann, er ist okay. Zuerst dachte ich er sei ein Bulle, aber er ist keiner. Er ist okay."

Elliot Liebow, genannt Ellix, war in der Tat kein „Bulle", sondern Kulturanthropologe und Soziologe und arbeitete an einem Projekt über die Erziehungspraktiken in der schwarzen Innenstadt. Da es den Behörden (es handelte sich um einen staatlichen Auftrag) nicht gelang, irgendwelche Daten – so genanntes Feldmaterial aufzutreiben – ging Liebow selber ins Feld. Dabei sammelte er einfach alles an Informationen, was er aufnehmen konnte. Er verbrachte für mehr als ein Jahr die meiste Zeit des Tages und viele Abende damit, mit seinem schwarzen Freund (Tally) in diesem Café herumzuhängen. Ellix verhielt sich dabei fair: Er erzählte seinem Freund und jedem, der ihn danach fragte, dass er an einer Untersuchung über das Familienleben in der Stadt arbeitete. Er unternahm keinen Versuch, seine Herkunft zu verschleiern. Nach und nach lernte Liebow diese Menschen kennen und wurde von ihnen als Teil der lokalen Szene akzeptiert. Er aß, trank, redete und machte Witze mit ihnen. Er spielte wie sie am Flipper und ging samstags Abend zum Tanz. Allerdings verhielt er sich den schwarzen Frauen gegenüber äußerst zurückhaltend, um keine Feindseligkeiten aufkommen zu lassen. In der später daraus entstandenen Untersuchung stand dann zwar wenig über die Erziehungspraktiken, aber umso mehr über das in der Bar vorfindliche gesellschaftliche Leben. Das Hauptergebnis der so entstandenen, sehr eindringlichen Fallstudie betraf die Bedeutung, welche die Bar für das Ghetto hatte. Obgleich deren Besucher eindeutig zu den sozialen Verlierern gehörten und fast wurzellos waren, half ihnen die Vertrautheit des Lokals und des dort aufgebauten Netzwerkes sich an ihre Lebenssituation anzupassen. Das Zusammengehörigkeitsgefühl gab ihnen auch die emotionale Basis, ihren Misserfolg nicht verstecken zu müssen. Dieses Netzwerk wirkte nur von außen chaotisch, in Wirklichkeit war es sehr fein organisiert und jeder hatte einen bestimmten Platz. Soziologisch ausgedrückt hatten sich die Schwarzen in Tallys Corner eine Primärgruppe geschaffen, die sie ihre Entfremdungen leichter ertragen ließ.

Als Primärgruppe wird in der Soziologie zum Beispiel die Familie verstanden, die durch die unmittelbaren emotionalen Beziehungen ihrer Mitglieder gekennzeichnet ist und von der prägende Sozialisationseinflüsse ausgehen. Das „Herausschälen" solcher subjektiver Bedeutungen, wie sie die Barbesucher aus der Studie einander zuschreiben, sind nur durch eine einfühlsame, verstehende Forschungsperspektive möglich. Einem nicht integrierten Außenstehenden dürften also solche Bedeutungen verschlossen bleiben. Andererseits besteht auch die Gefahr für die Forscher/-innen, zu sehr in das Geschehen involviert zu werden und die immer wieder notwendige Distanzierung nicht mehr vollziehen zu können. Wichtig bleibt auch anzufügen, dass alle Beobachtungen mit bereits existierenden empirischen Daten und theoretischen Erklärungsansätzen in Verbindung gebracht werden müssen, da sonst das eruierte Material einer bloßen Erlebnisschilderung gleicht und nur für die untersuchte Subkultur gelten kann, während das Ergebnis von Feldforschung nach Aussagen zur verallgemeinernden Gültigkeit verlangt.

4.1.2 Verdeckt teilnehmende Beobachtung

Aufgrund bestimmter Ausgangsbedingungen greifen Sozialforscher/-innen manchmal zu Methoden der verdeckten Beobachtung, wobei sie eine bestimmte Gruppe, die sie beobachten wollen, unterwandern und dabei ihre Identität verschleiern (vgl. Hunt 1991: 26). Dies ist zum Beispiel dann der Fall, wenn die Mitglieder einer Gruppe ihr Verhalten nicht wissentlich einem Außenstehenden zeigen würden oder wenn die Gefahr besteht, dass ein offenes Forschungsansinnen mit einem bewussten Täuschungsmanöver seitens der Untersuchten beantwortet würde.

> Verdeckt teilnehmende Beobachtung bedeutet, dass das Forschungsvorhaben zwar im Untersuchungsfeld stattfindet, die Forscher/-innen jedoch ihre Identität verschleiern und sich als „normale" Gruppenmitglieder ausgeben.

Die verdeckte Forschung ist nicht zuletzt wegen ihrer ethischen Problematik sehr umstritten, andererseits haben oft gerade solche Forschungsprojekte erstaunliche und aufdeckenswerte Ergebnisse zutage gefördert.

Ein Beispiel dafür ist die Studie, bei der eine Sekte, die den baldigen Weltuntergang predigte, von einem verdeckt arbeitenden Forscher/-innenteam untersucht wurde. Es ging dabei um die inneren Funktionsmechanismen in der Sekte und insbesondere darum, wie es funktioniert, dass die Sekte trotz des prognostizierten, aber real nicht eingetretenen Weltuntergangs bestehen bleibt. Es stellte sich heraus, dass diejenigen, die bestimmte Erklärungen für das Nicht-Eintreffen der Katastrophe fanden, sich in ihrer Anhängerschaft sogar noch mehr bestätigt fühlten. Vor allem überzeugte etwa das Argument, dass die Welt gerade wegen der Existenz der Gruppe verschont worden war (vgl. Hunt 1991, 27–28).

Ein weiteres Beispiel ist die Studie, bei der sich Sozialforscher/-innen mit der Diagnose „schizophren" in die Psychiatrische Klinik einweisen ließen. Sie hatten dabei dem Arzt gegenüber angegeben, Stimmen zu hören.

Obwohl sie sofort nach ihrer Einweisung nicht mehr vorgaben, Stimmen zu hören und sich völlig normal verhielten, sah sie das Krankenhauspersonal weiterhin als schizophren an und setzte entsprechende Therapien ein. Dass es sich um keine echten Patienten handelte merkten nicht die behandelnden Ärzte, sondern die anderen Patienten (vgl. ebenda, 29).

Obgleich die verdeckt teilnehmende Beobachtung es Forscher/-innen ermöglicht, Gruppen zu untersuchen, die ihnen auf anderem Wege nicht zugänglich wären, stellt sie doch hohe Anforderungen und ist kompliziert. Dies beginnt schon bei der Anforderung an die Forscher/-in, sich mit einer falschen Identität an eine Gruppe anzunähern und diese Identität kontinuierlich mit Leben zu füllen und im Verlaufe des Kontaktes auch zu wahren. Es besteht die Gefahr, dass sich die Forscher/-innen zu stark mit einer Gruppe identifizieren und damit die notwendige Beobachtungsdistanz verlieren. Sowohl bei extremer innerer Distanz wie auch bei zu großer Nähe zur Untersuchungsgruppe in der Haltung der verdeckten Forscher/-innen steht jedenfalls fest, dass die in Unkenntnis der Betroffenen gesammelten Informationen missbraucht werden, indem sie später veröffentlicht werden. Der ethische Vorbehalt gegen ein solches Tun ist auch der wichtigste Grund, die verdeckt teilnehmende Methode abzulehnen.

4.1.3 Nicht teilnehmende Beobachtung

Die nicht teilnehmende Beobachtungsmethode vermeidet Effekte der Präsenz von Beobachter/-innen, indem mehr oder minder diskret und aus sicherer Distanz oder nicht einmal persönlich (etwa mit Videokamera) öffentliches (auf der Straße und auf Plätzen) oder halböffentliches Verhalten (etwa im Fußballstadion, im Zug oder im Restaurant) beobachtet wird. Selbstverständlich gerät dabei nur das beobachtbare, äußere Verhalten von Personen oder Gruppen in den Blick, allerdings kann in Verknüpfung mit einem theoretischen Erklärungsansatz eine durchaus vertiefte Analyse von sozialem Verhalten erfolgen.

> **Nicht-teilnehmende Beobachtung** bedeutet, dass die Forscher/-innen keine aktiv-handelnde, sondern eine rein passive Rolle im Untersuchungsfeld einnehmen und beispielsweise Strichlisten führen, Zeiten mit der Stoppuhr festhalten oder auch fotografieren beziehungsweise filmen.

Der Soziologe Erving Goffman gebrauchte die nicht teilnehmende Beobachtung um die von ihm sogenannte „Dramaturgie" des sozialen Lebens zu untersuchen. Er entdeckte damit auch, dass jede Person von einer Art „persönlichem Raum" umgeben ist, dessen Durchbrechung durch Blicke oder zu nahen Körperkontakt verletzt wird. Dieser „personal space" einer Person ist interkulturell verschieden ausgeprägt (vgl. Goffman 1974). Während die Nordamerikaner gerne eine weitläufige Distanz um sich herum aufrechterhalten, gehen beispielsweise Indonesier fast distanzlos miteinander um, ja es erschiene geradezu als unhöflich, nicht auf Tuchfühlung gehen zu wollen. Diese Beobachtungen konnte ich selber auf Reisen durch Java und Bali machen, wo etwa in einem öffentlichen Bus die Passagiere so eingepfercht werden, dass sie über- und untereinander zu sitzen kommen oder wo man einer Fremden an einem weitgehend unbesuchten Strand sofort auf deren Badedecke Gesellschaft leistet. Wenn das persönliche Distanzbedürfnis Fremden gegenüber wissentlich oder kulturell bedingt nicht gewahrt wird, beginnt sich der oder die Betroffene unwohl zu fühlen und versucht durch die Veränderung der Blickrichtung oder körperliche Abwendung die adäquate Distanz wiederherzustellen. Das Aufrechterhalten von Distanz oder das Zulassen von körperlicher Nähe ist außerdem als ein Regulativ für die Vertrautheit und Sympathie zwischen Interagierenden zu betrachten: Je sympathischer und je vertrauter mir jemand ist, desto eher kann ich seine konkrete körperliche Nähe auch zulassen. Natürlich spielt auch der konkrete Schauplatz und die Uhrzeit eine Rolle, wie ausgeprägt das Bedürfnis nach persönlichem Raum ist, das heißt auf einem nächtlichen Parkspaziergang fühle ich mich unwohl, wenn mir jemand im Abstand von drei Metern folgt, während dagegen derselbe Abstand bei Tag und im Kaufhaus eher groß erscheint.

Eine weitere kleine Geschichte kann das, was mit persönlichem Raum gemeint ist ebenfalls als ein soziales Konstrukt entlarven. In einer südamerikanischen Bar, auf deren Terrasse immer sehr geschäftiger Betrieb herrschte, kam es immer wieder dazu, dass einer der nordamerikanischen Besucher rückwärts über die Ballustrade stürzte. Bei einer nicht teilnehmenden Beobachtung fand ein Forscher heraus, dass dies immer dann passierte, wenn ein Nord- und ein Südamerikaner ins Gespräch kamen und der Südamerikaner auf Tuchfühlung ging, der Nordamerikaner dagegen zurückwich. Die subjektiven Distanzräume sind verschieden ausgeprägt und während der eine ausweicht, rückt der andere nach. Auf diese Weise konnte die Balustrade als Hindernis häufig nicht mehr rechtzeitig bemerkt werden und es kam zu den „Unfällen".

4.2 Indirekte Beobachtung

„Es ist möglich, eine Menge über das Sozialverhalten einer Personengruppe zu erfahren, ohne mit ihr zu leben, sie zu interviewen oder sie auch nur von weitem zu beobachten" (Hunt 1991, 35). Eine Reihe von Forschungsmethoden stützt sich gänzlich auf einen physischen oder schriftlichen Nachweis von sozialem Verhalten oder auf Daten, die im Kontext anderer empirischer Studien erhoben wurden. Diese Methoden werden zum einen eingesetzt, um jegliche Verfälschung durch die Anwesenheit eines Beobachters/einer Beobachterin zu vermeiden, zum anderen, wenn es um historische Forschung geht (und beispielsweise die untersuchte Population gar nicht mehr existiert), viel häufiger aber wohl, weil diese indirekten Beobachtungs-Methoden kostengünstiger und weit weniger zeitintensiv sind als direkte Beobachtungsverfahren. Was sich hinter dem physischen Nachweis von Sozialverhalten verbirgt und was unter Sekundäranalysen zu verstehen ist, wird im Anschluss ausführlich behandelt werden, zwei weitere indirekte Beobachtungsmethoden, die Befragung und die Analyse von schriftlichem, musikalischem oder gegenständlichem Material werden sehr ausführlich unter Punkt 4.2.3 „Befragungen" beziehungsweise unter Punkt 4.2.6 „Inhaltsanalysen" vorgestellt werden.

4.2.1 Physische Nachweise menschlichen Sozialverhaltens

Unter dieser Rubrik indirekter Beobachtungsmethoden gilt es, ein geradezu detektivisches Gespür zu entwickeln, denn ähnlich wie der Kriminalist nach Fingerabdrücken und der Tatwaffe sucht und die Täterschaft anhand dieser nachzuweisen versucht oder sich von einem gefundenen Haar am Tatort Hinweise auf körperliche Merkmale eines Gesuchten erhofft (z.B. Geschlecht, Alter, bestimmte Krankheiten, Rauchen, illegale Drogenabhängigkeit etc.), wird auch im Bereich der Sozialforschung nach tauglichen physischen Nachweisen für ein bestimmtes Verhalten, nach *Verhaltensspuren*, gefahndet.

> Die Erhebung von Verhaltensspuren (physische Nachweise wie Abnutzung, Abdrück oder Abfall) wird als **nicht-reaktives Verfahren** bezeichnet, weil Einflüsse durch die Untersuchungspersonen und die Beobachter/-innen ausscheiden, gleichwohl aber Rückschlüsse auf erfolgtes Sozialverhalten möglich werden.

Eine Methode, die in diese Palette gehört, zählt nicht gerade zu den appetitlichsten: Es geht um die *Abfallanalyse*, wobei von der Annahme ausgegangen wird, dass von dem in einem Haushalt produzierten Müll auf die Lebensgewohnheiten seiner Mitglieder geschlossen werden kann, wie etwa deren Essgewohnheiten (z.B. Konsum von Fertiggerichten und industriell produzierter Kindernahrung) oder auch deren ökologisch bewusstes Verhalten (etwa Anteil von Papier, Alu und Glas oder auch Höschenwindeln im Restmüll). In einer amerikanischen Studie wurde anhand einer Abfalluntersuchung gemessen, ob sich der Alkoholkonsum in einer Kommune nach der Eröffnung eines neuen Spirituosenladens erhöht hat oder aber auf gleichem Niveau blieb (vgl. Hunt 1991, 37). Teilweise wird der physische Nachweis von Sozialverhalten auch als eine Art Kontrollmethode verwendet, wenn eine direkte Befragung zu erwartbar verzerrten Antworten führen würde. So konnte beispielweise durch Abfallanalysen nachgewiesen werden, dass die Befragten mit höherem Bildungsstand genauso wenig getrennte Papierentsorgung vornehmen wie andere Befragte, obwohl sie dies bei einer mündlichen Befragung behauptet hatten. Der physische Nachweis hat hier die Aussagen eines Teils der Befragten als bloße Rhetorik entlarvt (vgl. Diekmann 1999, 537). In historischen Studien konnte mittels Abfallanalyse nachgewiesen werden, dass Frauen und Männer vor einigen Jahrtausenden vermutlich in getrennten Gruppen und sogar in unterschiedlichen Regionen lebten, denn der „prähistorische" Müll, der hier seine konservierten Verhaltensspuren hinterließ, belegte die These wonach die „Frauenhorden", die sich als Sammlerinnen betätigten und die „Männerhorden", die sich als Jäger betätigten, strikt voneinander getrennt blieben. Offensichtlich trafen die Geschlechter nur zu festgelegten Ritualen aufeinander, einmal zur Zeugung von Nachkommen und dann auch, um die in der Frauengruppe verbliebenen, herangewachsenen Jungen an die Männer zu übergeben (vgl. Badinter 1988).

Ein weiteres Beispiel bei der Fahndung nach Verhaltensspuren: In einem Naturkundemuseum wurde über die anfallende Häufigkeit auszuwechselnder Fliesen unterhalb der Ausstellungsvitrinen auf die Beliebtheit bestimmter Objekte beziehungsweise generell auf die Präferenzen der Besucher/-innen geschlossen: Die weitaus beliebteste Vitrine war die von gerade ausschlüpfenden Küken unter einer Wärmelampe. Diese (ehrliche) Antwort wäre bei einer Umfrage bei den (bildungsbürgerlich ambitionierten) Besucher/-innen wohl kaum zu erwarten gewesen (vgl. Hunt 1991, 36).

Auch eine Untersuchung zur Beliebtheit ausgeliehener Bücher aus einer öffentlichen Bücherei bis hin zu den in denselben beliebtesten, das heißt am meisten abgegriffenen Seiten und unterstrichenen Stellen gehört in dieselbe Kategorie von Untersuchungsmethode. Eine reine Frequenzanalyse (zum Beispiel Computeranalyse der Verleihhäufigkeit) der ausgeliehenen Bände kann nicht beweisen, dass die entliehenen Titel auch tatsächlich gelesen worden sind (vgl. ebenda).

Die Eruierung solcher physischen Nachweise menschlichen Sozialverhaltens ist besonders dann sinnvoll, wenn eine direkte Beobachtung zu aufwändig wäre oder zu erwartbar verfälschten Ergebnissen führen würde, beziehungsweise zu viel Raum für subjektive Schätzfehler ließe (z.B. individuelle Angaben zum Fernseh- oder Alkoholkonsum).

4.2.2 Sekundäranalysen

Die bei weitem gebräuchlichste Form der Sozialforschung, die sich auf indirekte Beobachtung stützt, ist die erneute Analyse bereits bestehender Datensammlungen, die im Rahmen amtlicher Statistiken (z.B. Daten der Volkszählung, des Bundesamtes für Statistik, des Instituts für Bevölkerungsforschung, der Gebäude- und Wohnungszählung, der Statistik der Meldeämter, der Polizei, des Bundeskriminalamts und der Gesundheitsämter etc.) oder auch nicht-amtlicher Statistiken (etwa Statistiken von Krankenkassen, Versicherungen, verschiedener Clubs und Vereine, von Krankenhäusern und von Industriebetrieben etc.) erhoben wurden (vgl. Friedrichs 1990, 353). Eine der prominentesten Untersuchungen diesen Zuschnitts ist die *Selbstmordstudie* von Emile Durkheim (zuerst 1897 veröffentlicht). Diese Studie ist bis heute beispielhaft dafür, was durch die systematische Analyse von Selbstmordraten und ihre Bezugsetzung zu Region, Religionszugehörigkeit, Geschlecht, Familienstand et cetera über das Phänomen Selbstmord zutage gefördert werden kann. Die Studie wird anschließend noch ausführlicher vorgestellt, um einen genaueren Eindruck davon zu vermitteln, zu welch überraschenden Folgerungen eine auf Sekundärstatistik aufgebaute Untersuchung führen kann.

Sekundäranalysen sind erneute Analysen und Auswertungen bestehender Daten, die im Rahmen amtlicher oder auch nicht-amtlicher Statistiken erhoben werden. In gewisser Weise kann die Sekundäranalyse auch als Analyse von Verhaltensspuren interpretiert werden, denn die in amtlichen Registern erfassten Ereignisse, wie Heirat, Wohnungswechsel, Arbeitslosigkeit et cetera stellen Verhaltensspuren im sozialwissenschaftlichen Sinne dar.

Bei der von Emile Durkheim durchgeführten Studie handelt es sich um die erste, empirische und soziologische Untersuchung des Selbstmordes im interkulturellen und historischen Vergleich. Ihre Ergebnisse sind in mancher Hinsicht bis heute nicht überholt (vgl. Korte 1993: 71). Durkheim suchte nach Gründen für Selbstmord, indem er zunächst die unbestreitbaren Unterschiede in den Selbstmordraten in verschiedenen Staaten oder in den verschiedenen Entwicklungsphasen einer Gesellschaft herausfilterte. Er prüfte alle denkbaren Fakten aus Sekundärstatistiken – von geographischen über ökonomische bis zu psychologischen – mit dem Ergebnis, dass nur eine soziologische Antwort befriedigen kann.

So erscheint es Durkheim nachdenkenswert, warum immer wieder persönliche Gründe für den Selbstmord angeführt werden, wie zum Beispiel Liebeskummer, Ehescheidung oder ungerechte Behandlung, die zwar durchaus als Gründe im Einzelfall erkannt werden können, was aber nicht zu erklären vermag, warum die relative Selbstmordhäufigkeit in einer bestimmten Region oder auch Nation über viele Jahre hinweg konstant bleibt.

> „Der eine ist begütert, wenn er aus dem Leben scheidet, der andere arm; der eine führte eine unglückliche Ehe und der andere hatte sich scheiden lassen, weil seine Ehe ihn unglücklich machte. Hier verzichtet ein Soldat auf sein weiteres Leben, weil man ihn bestraft hatte, woran er keine Schuld trägt, dort tötet sich ein Verbrecher, dessen Verbrechen ungestraft geblieben ist. Die verschiedensten und sogar die widersprüchlichsten Ereignisse im Leben können unterschiedslos als Vorwand für den Selbstmord dienen. Daher ist keines davon die spezifische Ursache" (Durkheim 1973: 343–344).

Durkheim erkannte, dass psychologische Gründe nicht als verallgemeinerbare Faktoren herangezogen werden können, denn der eine bringt sich beim geringsten Anlass um, der andere lebt weiter, obwohl seine Lebensumstände selbst Außenstehenden unerträglich erscheinen.

Vielmehr sieht Durkheim die verallgemeinerbare Ursache für Selbstmord in der Gesellschaftsform selbst.

„Eher ist das Wohlleben dazu geeignet, dem Menschen die Waffe gegen sich selbst in die Hand zu drücken. Zu Zeiten und in Gesellschaftsschichten, in denen das Leben am wenigsten hart ist, tötet man sich am leichtesten" (Durkheim 1973: 344).

In seinen umfassenden Akten-Studien über Selbstmordfälle schied Durkheim nacheinander auch „rassische", klimatische, psychische, genetische und biologische Faktoren aus, denn es zeigt sich kein durchgehender Zusammenhang zwischen spezifischen ethnischen Gruppen, extremen geographischen Bedingungen, Familiengeschichte oder gesundheitlichen Schädigungen und der Neigung zum Selbstmord. Ganz andere Resultate erzielte Durkheim jedoch, wenn er vom einzelnen Fall absah und bestimmte soziale Faktoren in Betracht zog, die für den Selbstmord anfällig machen beziehungsweise eher immun dagegen. Er fand heraus, dass der Selbstmord der Frau seltener ist als der des Mannes, der des Kindes und des Hochbetagten seltener als der einer Person mittleren Alters und die Verheirateten immuner sind als die Unverheirateten. Außerdem ergab sich ein Zusammenhang zwischen den Selbstmordraten und der Konfession: In den katholischen Regionen Bayerns (z.B. Niederbayern) sind die Selbstmordraten geringer, als in anderen, eher protestantisch dominierten Regionen. Diesen Zusammenhang wies er auch im Ausland, etwa in der Schweiz, sortiert nach katholischen, gemischten und protestantischen Kantonen nach. Zusammenhänge zwischen der Höhe der Selbstmordrate und der Konfessionszugehörigkeit findet Durkheim eindeutig bei zwei weiteren Konfessionen: Die Juden neigen noch weniger als die Katholiken zum Selbstmord und die Protestanten begehen am häufigsten von allen Konfessionen Selbstmord. Diesen Umstand erklärt Durkheim so, dass das Judentum und der Katholizismus stärkere soziale Integrationskraft besitzen als der Protestantismus, der auch zusätzlich viele Glaubensteile der Auslegung den Gläubigen überlasse.[21] Nach Durkheim bie-

---

[21] Es wäre allerdings denkbar, dass Durkheim an dieser Stelle einem statistischen Artefakt aufsitzt. Da den Katholik/-innen der Selbstmord verboten ist, könnte die Meldepraxis verfälscht worden sein, etwa dergestalt, dass entweder nicht „Selbstmord", sondern schlicht „Herzstillstand" in den Totenschein eingetragen wurde oder aber die Konfession bei einer Selbsttötung weggelassen wurde.

ten also bestimmte Konfessionen einen festeren und strikteren Orientierungsrahmen als der Protestantismus und erhöhen so die Immunität gegenüber dem Selbstmord.

Durkheim betrachtete nun auch die Auf- und Abbewegungen der Selbstmordraten über die Zeit. Er fand einen Zusammenhang zwischen dem Zeitpunkt des Selbstmordes und dem Jahresrhythmus einer Gesellschaft (demnach sind die Raten im ersten Halbjahr höher als im zweiten). Er interpretiert die Daten dahingehend, dass vor allem diejenigen selbstmordgefährdet sind, die sich den Anforderungen der Gesellschaft (vor allem dem Arbeitsprozess) besonders ausgesetzt fühlen und dass dieses Risiko in der ersten Jahreshälfte, die als die arbeitsintensivere gilt, höher ist als in der zweiten Jahreshälfte.

Durkheim folgert aus seinen kulturvergleichenden Analysen, dass es einen Zusammenhang gibt zwischen der spezifischen Verfasstheit einer Gesellschaft und der in ihr vorfindlichen Selbstmordrate. Er nimmt an, dass jede Gesellschaft eine spezifische „Kollektivanfälligkeit" für Selbstmord ausprägt und zwar aus den Elementen der sozialen Strömungen von Egoismus, Altruismus oder Anomie. Die moralische Verfassung der Gesellschaft ist es also, die den einzelnen zum Selbstmord treibt und auch seine ganz persönlichen Verhältnisse überformt.

Durkheim beobachtete weiter, dass die Zahl der Selbstmorde relativ konstant bleibt, solange sich die Gesellschaft nicht verändert.

> „Die Einzelglieder, aus denen sich eine Gesellschaft zusammensetzt, wechseln von Jahr zu Jahr, trotzdem ist die Zahl der Selbstmorde gleichbleibend, solange sich die Gesellschaft nicht ändert" (Durkheim 1973: 356).

Die der jeweiligen Selbstmordrate einer Gesellschaft oder eines bestimmten Teiles dieser Gesellschaft zugrunde liegenden Ursachen müssen also vom einzelnen unabhängig sein, weil sie ihre Wirksamkeit unabhängig davon entfalten können, wer ihre Opfer sind. Insofern kann der Selbstmord auch nicht einfach aus einer bestimmten Lebensweise abgeleitet werden, weil sich auch diese als zu instabil und wechselhaft erweist.

> „Es gibt nicht nur jedes Jahr Selbstmorde, sondern man kann allgemein sagen, dass es jedes Jahr genau so viele gibt wie im Vorjahr. Nicht der Geisteszustand, der den Menschen bestimmt, sich den Tod zu geben, wird ganz einfach weitergegeben, sondern, und das ist viel

bemerkenswerter, er wird an eine gleiche Anzahl von Leuten weitergegeben, die alle den nötigen äußeren Umständen ausgesetzt sind, welche zur Tat Anlass geben" (Durkheim 1973: 358).

Daraus schließt er, dass man doch an das Walten eines unpersönlichen Kausalnexus glauben muss, der über all den Einzelfällen schwebt. Es handelt sich bei der Selbstmordrate um eine „soziale Tatsache".

Durkheim verweist darauf, dass sein Material für die Behauptung, es gäbe keine Gesellschaft in welcher der Selbstmord nicht vorkommt, nicht ausreiche. Allerdings kann er dies für die europäischen Völker nachweisen, und darüber hinaus, dass es je nach den historischen Phasen mehr oder weniger intensive selbstmordfördernde Strömungen gegeben hat. Der Selbstmord bildet nach Durkheims Überzeugung ein Element der normalen Verfassung europäischer Staaten und zwar ihrer sozialen Verfassung.

Durkheim untersucht rituelle Selbstmorde in Japan, China, Siam, Tibet und bei einigen Indianerstämmen. In all diesen Kulturen wird es als Tugend par excellence betrachtet, sich nicht an sein irdisches Dasein zu klammern, sondern beim geringsten Anlass sein Leben wegzuwerfen. Es gibt also eine über-individuelle, kollektive Haltung zum Selbstmord.

„Die Geringachtung des eigenen Lebens gehört zum Bild des Menschen, und wenn er sich so wenig daraus macht, muss es dazu kommen, dass ihm jeder Vorwand recht ist, sich seiner zu entledigen. Es besteht also ein enger Zusammenhang zwischen dem Brauch des Selbstmordes und der moralischen Organisation dieser Gesellschaften" (Durkheim 1974: 429).

Dasselbe Prinzip gilt nach Durkheim für gesellschaftliche Sondergruppen, die ein besonders fanatischer Gruppengeist zusammenhält (etwa radikale fundamentalistische Gruppen, radikale religiöse Gruppen mit kollektiven Selbsttötungen, IRA; Soldatengruppen verschiedener Nationen, vor allem innerhalb der Elitetruppen).

In extrem individualistischen Gesellschaften – und diesem Typus sind praktisch alle hochindustrialisierten Gesellschaften westlichen Zuschnitts zuzurechnen – kommt es dagegen nach Durkheim zum *egoistischen Selbstmord*. Hier ist sich das Individuum selbst zum Gott geworden, es gibt kein höheres und erstrebenswerteres Ziel als das der Ich-Überhöhung. Dem Einzelnen fehlt es an kollektiven Zielen außerhalb seiner eigenen Person. Für narzisstische Kränkungen und daraus resultierende Selbsttötungen ist unter dieser moralischen Verfasstheit der Gesellschaft Tür und Tor geöffnet. Besonders anfällig für Selbsttötungen sind hier die Angehörigen aus den so genannten Intelligenzberufen (und dabei wiederum diejenigen protestantischer Herkunft).

Zum *anomischen Selbstmord* kommt es hingegen, wenn sich eine Gesellschaft rasch wandelt und die rückhaltlose Anpassung seiner Mitglieder verlangt (Beispiele: um das Mehrfache erhöhte Selbstmordraten bei Wirtschaftskrisen und Börsenkrächen, aber auch in Zeiten wirtschaftlicher Prosperität oder nach siegreichen Feldzügen, die ein neues Zeitalter einläuteten; kurioser Weise vervielfachten sich die Selbstmorde auch in genau den sechs Monaten der Weltausstellung in Paris im Jahr 1878 oder auch in Deutschland Anfang der 90er Jahre nach der Wiedervereinigung).

> „Jede Störung des Gleichgewichts, sogar wenn sie einen größeren Wohlstand zur Folge hat oder eine Stärkung der allgemeinen Vitalität, treibt die Selbstmordzahlen in die Höhe. Jedes Mal wenn es im sozialen Körper tiefgreifende Umstellungen gibt, sei es infolge plötzlichen Wachstums oder nach unerwarteten Erschütterungen, gibt der Mensch der Versuchung zum Selbstmord leichter nach" (Durkheim 1973: 278-279).

Die Zahl der Unzufriedenen und Unruhigen bewegt sich sowohl in wirtschaftlichen Hoch- als auch Tiefphasen unweigerlich nach oben. Als Ursache sieht Durkheim vor allem den Regelverlust des bisherigen Lebens, das den Ausschlag zum anomischen Selbstmord gibt. Die anomischen Selbstmörder entstammen in der Regel der Industrie- und Geschäftswelt. Einen weiteren Zusammenhang zieht Durkheim zwischen den höheren beziehungsweise niedrigeren Selbstmordraten in Ländern mit hoher beziehungsweise niedriger Scheidungsrate. Länder mit protestantischem Hintergrund und hohen Scheidungsziffern weisen in den Statistiken die höchsten Selbstmordraten aus. Auch die Scheidung hat nach Durkheim einen Zustand der Anomalie – der Regellosigkeit – zur Folge und wirkt dadurch selbstmordauslösend.

Die Selbstmordraten steigen mit dem zunehmenden Zivilisierungsgrad einer Gesellschaft, aber die steigende Flut der Selbstmorde ist nicht als Zeugnis für den Vormarsch der Zivilisation zu werten, sondern als Signal einer Krise.

Durkheim plädiert dafür, den Selbstmord unter Strafe zu stellen, um eine abschreckende Wirkung zu erzielen. So sollten dem, der Selbstmord verüben wollte zum Teil seine bürgerlichen Rechte aberkannt werden, denn sonst gäbe es keine moralische Empfindlichkeit mehr gegen den Selbstmord. Durkheim setzt also voll auf die abschreckende und diskreditierende Wirkung von Strafe.

Wie immer man/frau zu den Argumenten Durkheims heute stehen mag, seine empirische Genauigkeit im Vorgehen ist bestechend.

Nachträglich soll noch angefügt werden, dass heute nach einschlägigen Schätzungen weltweit etwa 3.000 Datenbanken existieren, die sekundärstatistisches Material zur Verfügung stellen (vgl. Hunt 1991, 44). Es liegt also noch eine große Fülle von Daten zu den unterschiedlichsten menschlichen Verhaltensbereichen vor, die ihrer Auswertung unter den verschiedensten sozialen Aspekten harren.

Abschließend seien noch weitere Beispiele für sekundärstatistische Auswertungen genannt, die auf Daten der amtlichen Statistik und den Ergebnissen von Volkszählungen beruhen. Beispielsweise kann eine schlichte Scheidungsstatistik danach ausgewertet werden, in welchen Ehejahren das Scheidungsrisiko am höchsten ist, ob kinderlose Ehen häufiger geschieden werden als Ehen mit Kindern, ob nach ethnischer Herkunft gemischte Ehen scheidungsanfälliger sind als andere usw. Durch den Vergleich von Statistiken aus einem bestimmten Bereich mit den Daten aus anderen Bereichen können beispielsweise auch aktuelle Trends abgebildet werden, wie etwa der Verlauf der Arbeitslosenstatistik im Verbund mit der Entwicklung von Krankheitsraten.

Wenn die Fragen, die ich stelle, über solche einfache Durchschnittswertberechnungen oder Zusammenhangstestungen hinausgehen, sind anspruchsvollere statistische Rechenoperationen gefordert (z.B. kann die Varianzanalyse[22] eruieren, ob die Einkommensunterschiede zwischen Frauen und Männern auf die Variable Geschlecht zurückzuführen sind oder auf die unterschiedlichen Arbeitsmarktsegmente und Positionen von Frauen und Männern am Arbeitsmarkt; die Regressionsanalyse be-

---

[22] In der beschreibenden Statistik wird häufig mit Mittelwertangaben gearbeitet, was aber nur bei Zahlenreihen sinnvoll ist, die keine Extremwerte, sogenannte Ausreißer aufweisen. So kann sich etwa das Durchschnittseinkommen eines Inders durchaus moderat ausnehmen, weil eine große Mehrheit fast nichts verdient, aber eine hauchdünne Oberschicht von Multimillionären existiert. Um also zu erfahren, wie breit die einzelnen Werte um den errechneten Durchschnittswert streuen, wird die Standardabweichung sämtlicher Messwerte berechnet. Die Standardabweichung ist die Wurzel aus der durchschnittlichen quadratischen Abweichung vom Mittelwert. Die Varianz einer Variablen ist das Quadrat der Standardabweichung (vgl. dazu genauer Punkt 5.5.1.5).

zieht sich auf die Normalverteilung in einer Gruppe und erklärt die Abweichungen unter Variation des Faktors Geschlecht als signifikant oder nicht).

4.2.3 Befragungen

Befragungen gehören bis heute zu den meistverwendeten Methoden in der Sozialforschung, nicht ganz zu Unrecht besteht also in der Öffentlichkeit das Vorurteil, dass sich empirische Methoden schlechthin in dieser Methode erschöpfen. Vorausgeschickt sei, dass die Befragung beziehungsweise das Interview als eine ausgesprochen *reaktive Erhebungsmethode* gelten muss, das heißt bedeutsame Einflüsse kommen sowohl durch die asymmetrische *Interviewsituation*, das *Interviewer/-innenverhalten* sowie durch die Art und Weise der Konstruktion des Fragebogens oder Frageleitfadens zustande.

4.2.3.1 Formen der Befragung

Nach der Art der Kommunikationssituation können vor allem drei Typen von Befragungen unterschieden werden (vgl. dazu auch Diekmann 1999, 373):

> (1) das persönliche *Face-to-face*-Interview,
>
> (2) das telephonische Interview,
>
> (3) die schriftliche Befragung.

Befragungen können ferner danach unterschieden werden, wie stark sie jeweils strukturiert sind und ob sie eher dem *qualitativen* oder dem *quantitativen* Methodenlager zuzurechnen sind. Die vollstandardisierte Befragung – die im Prinzip in allen drei Kommunikationssituationen eingesetzt werden kann – wird den quantitativen Methoden zugerechnet. Sie stellt das starrste Instrument dar, weil sie sowohl die Art der Frage, die jeweiligen Antwortmöglichkeiten als auch deren Reihenfolge exakt festlegt. Die Konstruktion eines *vollstandardisierten Befragungsinstruments* setzt ein erhebliches Vorwissen über die zu untersuchenden sozialen Verhaltensdispositionen voraus, weil ja bereits vorab über alle möglichen Frage- und Antwortaspekte theoretisch entschieden werden muss. Wenn also weder über die Frageaspekte noch über das Spektrum möglicher

Antworten sehr genaue Kenntnisse vorhanden sind, wird nicht nur der Verlust von Informationen, sondern auch von vorneherein eine gewisse Verzerrung in Kauf genommen. Dadurch dass die Befragten unter Umständen im Fragebogen beziehungsweise im Interview weder subjektiv bedeutsame Fragen gestellt bekommen, noch eine ihnen spontan gemäße Antwortvorgabe entdecken, sind sie notgedrungener Weise dazu gezwungen, die gestellten Fragen zu beantworten und bei den Antwortmöglichkeiten eine ihrer ursprünglichen Einstellung höchstens nahekommende Antwort auszuwählen beziehungsweise die Antwort zu verweigern. Ein zusätzlicher Informationsverlust in Form von nicht auswertbaren Daten tritt ein, wenn sich ein größerer Anteil der Antworten in den so genannten *Ausweichkategorien* (z.B. „Weiß nicht" oder „Bin noch unentschlossen") oder *Auffangkategorien* (z.B. „Anderes als oben genanntes" oder „Sonstiges") wiederfindet. Das entsprechende Vorwissen, um ein adäquates vollstandardisiertes Instrument zu entwickeln, ist sowohl theoretischer als auch empirischer Natur. Wenn in einem Forschungsbereich weder theoretische noch empirische Befunde vorliegen, dürfte ein voll standardisierter Fragebogen kaum das angemessene Instrument zur ersten empirischen Annäherung an die Fragestellung darstellen, denn die theoretischen und/oder empirischen Vorkenntnisse zu einem sozialen Problem geben dann die relevanten Themenkomplexe und deren Operationalisierung in Einzelfragen (oder entsprechende standardisierte Testbatterien, zum Beispiel Tests zur spontanen Aggressivität) vor.

> Vollstandardisierte Fragebögen können nur dann entwickelt werden, wenn in einem Untersuchungsbereich bereits erhebliches theoretisches sowie empirisches Vorwissen vorhanden ist, so dass alle relevanten Frage- und Antwortaspekte zu einem Thema berücksichtigt werden können.

Das Vorgehen, zunächst anhand von theoretischen Erkenntnissen auf Hypothesen zu stoßen, die dann anhand eines Fragebogens zu testen sind, ist ein klar deduktives, aber es soll an dieser Stelle auch problematisiert werden, ob *Befragungen* (gleichviel ob qualitativ oder quantitativ orientiert) überhaupt die geeignete *Methode zum Hypothesentesten* darstellen. In der Literatur wird dies höchst kontrovers diskutiert, ich meine, es kommt ganz auf die seriöse Umsetzung der vorab konsultierten theoretischen Konzepte und deren Reichweite sowie auf die sorgfältige, intersub-

jektiv nachvollziehbare Operationalisierung an, ob eine Hypothesentestung mittels Befragung möglich ist oder nicht. Besonders ist darauf zu
achten, dass eine höchst problematische „Konfundierung von unabhängigen und abhängigen Variablen" (Wellenreuther 2000, 326) im Befra-
gungsinstrument ausgeschlossen wird. Dies bedeutet beispielsweise,
dass ich nicht von den Befragten selber abschätzen lassen kann, weshalb
sie sich so und nicht anders im Hinblick auf ein im Interview angeschnit-
tenes Thema oder Problem (z.B. Einsetzen von Schlägen als Erziehungs-
mittel) verhalten (typisch dafür: Warum-Fragen im Fragebogen oder im
Interview). Es liegt auf der Hand, dass ich dann lediglich das Reflexions-
vermögen und/oder das subjektive Erinnerungsvermögen der befragten
Person, letztlich ihre Plausibilisierungen und Alltagstheorien erhebe, bei
sozial erwünschtem Verhalten kann die befragte Person zu „Heldenge-
schichten" animiert werden, bei sozial unerwünschtem Verhalten wird
sie sich möglicher Weise in Rechtfertigungen verstricken, abwiegeln
oder die Auskunft verweigern. Wenn ich also tatsächlich einem Ursache-
Wirkungsverhältnis auf der Spur bin, muss ich sicherstellen, dass abhängige und unabhängige Variablen im Fragebogen in völlig separaten Be-
fragungsteilen erhoben werden, so dass von den Befragten nicht unbedingt ein Sinnzusammenhang hergestellt werden kann und muss einkal-
kulieren, dass ich nicht unbedingt auf die Zuverlässigkeit von Retrospektivfragen vertrauen kann (zum Beispiel wie hoch ist das Erinnerungsvermögen bei der Erfahrung von körperlicher Gewalt in der Kindheit der Befragten). Es kann auch thematisch von vorneherein indiziert sein, dass
durch eine Befragung, gerade wenn es um sozial erwünschtes (z.B. um-
weltgerechte Müllentsorgung) oder sozial unerwünschtes Verhalten (z.B.
Gewalt gegen Kinder, erhöhter Alkoholkonsum) geht, allenfalls die rhe-
torischen Kapazitäten der Befragten zutage gefördert werden und auch
die Funktion, die das Interview für den oder die Befragte hat (z.B. mal
„Dampf abzulassen", „sich etwas von der Seele reden"). Diese Argumen-
te zeigen vor allem die Begrenztheit des Einsatzes von Befragungen und
die gegebenenfalls notwendige Ergänzung durch weitere Methoden (z.B.
teilnehmende Beobachtung) beziehungsweise Absicherung des Vorgehens durch eine entsprechende Stichprobenbildung (durch Stichprobenbildung sicherstellen, dass ein breites Motivspektrum für die Teilnahme
an der Befragung vorhanden ist).

Eine weitere Möglichkeit, mit einem weitgehend standardisierten Fragebogen trotz geringer Vorkenntnisse zu einzelnen Untersuchungsaspekten
zu arbeiten, besteht darin, ihn mit so genannten *offenen Fragen,* das sind

Fragen, die vom Befragten in eigenen Worten zu beantworten sind, zu ergänzen. Der Nachteil von zu vielen offen gestellten Fragen ist der spätere erhöhte Auswertungsaufwand. Denn dann müssen übergeordnete Kategorien gefunden werden, welche die Palette der erfolgten Antworten nachträglich in eine Systematik überführen.

Die Erarbeitung eines weitgehend standardisierten oder voll-standardisierten Fragebogens bedeutet also einen erheblichen Aufwand, der sich normalerweise nur dann lohnt, wenn die Stichprobe entsprechend umfangreich ist (also etwa bei mehreren hundert oder tausend Befragten). Die voll-standardisierte Befragung bietet dabei den zusätzlichen Vorteil, dass die im Einzelnen erfassten Variablen in Nummerncodes übersetzt werden und damit der elektronischen Datenverarbeitung zugeführt werden können. Den Sozialwissenschaften beziehungsweise der Sozialarbeitsforschung stehen dazu inzwischen eine ganze Reihe von hochfunktionsfähigen Softwareprogrammen zur Verfügung.[23]

Eine weit geringere Standardisierung erfahren dagegen die so genannten *qualitativen Befragungsmethoden* (teilstandardisierte Interviews), die fast ausschließlich als persönliche *Face-to-Face-* Interviews geführt werden und in seltenen Ausnahmen auch als telefonisches Interview. Das Erkenntnisinteresse bei qualitativen Untersuchungen ist auf den Nachvollzug des subjektiven Sinns, die Deskription oder Rekonstruktion sozialen Handelns und sozialer Milieus und die Rekonstruktion von Strukturen, Mustern und Schemata der Untersuchten gerichtet (vgl. Steinert 2000, 54f.). Es geht also um die konkrete Lebenspraxis einer ausgewählten sozialen Gruppe und dabei vor allem darum, implizite Regeln, die den Alltag strukturieren und leiten herauszuarbeiten, unabhängig davon, ob den Untersuchten diese Regeln bewusst sind oder nicht.

> Qualitative, teilstandardisierte und in der Regel mündlich geführte Interviews werden dann verwendet, wenn es um die Beschreibung des alltäglichen Lebens und der Beziehungen von Befragten innerhalb deren spezifischem Lebensmilieu oder um individuelle Lebensgeschichten geht. Im Vordergrund stehen die Erlebniswelt und die subjektiven Deutungen der Befragten.

---

[23] Zur Fragebogenkodierung und Erstellung einer Datenmaske mit SPSS siehe die sehr detaillierte Darstellung bei Kirchhoff u.a. 2000, 37ff. oder auch Wosnitza/ Jäger 2000, 153ff. und spezialisiert auf standardisierte Tests unter SPSS Lamberti 2001, 54ff.

Qualitative Interviews bestehen je nach Typus in der Regel aus einer Abfolge von offenen Fragen, auf welche die Befragten völlig frei reagieren können. Auch die Reihenfolge der Fragen ist in der Regel keine starre, sondern die Interviewer/-innen folgen dem Artikulationswillen der Befragten möglichst flexibel. Es muss allerdings sichergestellt werden, dass allen Befragten dieselben Fragen (wenn auch nicht in derselben Reihenfolge) gestellt worden sind, um die spätere Vergleichbarkeit der Interviews zu gewährleisten. Die gering strukturierten Interviews sollen den Befragten möglichst viel Raum geben, die Dinge aus ihrer subjektiven Sicht und Wahrnehmung heraus darzustellen, diese Sichtweisen in eigene Deutungen einzubinden und zu plausibilisieren. Die Befragten stehen als Subjekte, mit ihren gewachsenen und gelebten Verhaltensdispositionen im Zentrum der Untersuchung, gleichviel ob es sich um ein problemzentriertes, themenfokussiertes oder biographisches Interview handelt.

Die qualitativen, teilstandardisierten Interviews werden immer dann eingesetzt, wenn noch sehr wenig über ein Forschungsfeld bekannt ist (explorativ) oder es um entsprechend komplexe Themen, wie etwa die individuelle Verarbeitung von kritischen Lebensereignissen oder die Darstellung innerfamilialer Beziehungsstrukturen geht. Qualitative Interviews werden in der Regel auf Tonband mitgeschnitten und anschließend wortwörtlich transkribiert. Wie bereits beim vollstandardisierten Interview angeschnitten, stellt die Auswertung qualitativer Interviews einen nicht unerheblichen Aufwand dar, weil bei der Datenauswertung all die mehr oder minder diffusen Einzelaussagen in eine (intersubjektiv) nachvollziehbare Ordnung gebracht werden müssen. Die rein zahlenmäßigen Verhältnisse von bestimmten wiederkehrenden Aussagen oder Beobachtungen spielen dabei eine nur untergeordnete Rolle, viele Forscher/-innen greifen deshalb als Auswertungsmethode auf die Systematisierung durch Typenbildung (s. auch Marienthal-Studie mit den vier Haltungstypen der „Resignierten", „Ungebrochenen", „Verzweifelten" und „Apathischen") zurück oder auf die Anordnung von Einzelphänomenen auf einem Kontinuum zwischen zwei Extremhaltungen. Das genauere Auswertungsvorgehen wird weiter unten anhand eines Beispiels demonstriert (vgl. Punkt 5.5.2).

Aufgrund des explorativen Zuschnitts von qualitativen Studien versuchen diese in der Regel nicht ihre Gültigkeit durch die Größe der Stichprobe zu erlangen, sie betreiben in der Regel auch keine Hypothesentestung, aber sie streben über den Einzelfall hinausgehende, generalisierbare Aussagen an. Die breitere Gültigkeit, die Generalisierbarkeit der Ergebnisse wird mit der vertieften, genauen und komplexen Kenntnis weniger Einzelfälle begründet, weil anhand von Einzelfällen das Exemplarische und Typische eines zuvor definierten sozialen Problems, dessen Entstehungskontext und Verlauf oder auch das Milieu einer sozialen Problemgruppe (z.B. Lebenskarrieren von wohnungslosen Jugendlichen) analysiert und beschrieben werden kann (vgl. zum „induktiven Schließen" auch Punkt 1.4). In qualitativen Interviews kommt es vorrangig auf das (Einzel-)Fallverstehen an und nicht so sehr auf die Prüfung einer Forschungsfrage. Allerdings variiert auch die Intention des qualitativen Interviews je nach Typus. Darauf wird weiter unten noch näher eingegangen, aber an dieser Stelle soll schon einmal vorausgeschickt sein, dass sich beispielsweise das problemzentrierte Interview in eine eher deduktive Logik begibt und durchaus die Überprüfung einer zuvor (theoretisch) entwickelten Forschungsfrage im Auge hat. Ein Sonderproblem stellt dann allerdings die Zusammensetzung der Stichprobe dar: Es muss theoretisch begründet werden, wer sich und warum in der Stichprobe befindet (etwa weibliche und männliche Jugendliche mit unterschiedlichen Verweildauern in der Wohnungslosigkeit und/oder Typ von Wohnungslosigkeit). Diese bewusste Stichprobenauswahl wird in der Literatur als „purposive sample" (Friedrichs 1990, 130) bezeichnet. Viele qualitative Studien folgen auch dem Prinzip des „theoretical sampling" (Glaser 1978), wobei die Stichprobe möglichst mannigfaltig zusammengesetzt wird und so lange aufgefüllt wird, bis sich bestimmte Muster ergeben oder das Forschungsinteresse auf andere Weise befriedigt ist (vgl. Hitzler 2000, 21). Heinze (2001) spricht im Kontext der Stichprobenbildung im Rahmen qualitativer Studien und deren Verallgemeinerbarkeit von der „sozialökologischen Repräsentativität" (Heinze 2001, 47). Ausgehend von Untersuchungsziel und zugrunde liegender Theorie wird auf die Zusammensetzung der Stichprobe nicht nur nach Personen und Personengruppen geachtet, sondern auch auf soziale Umwelten, soziale Situationen und/oder bürokratische Organisationen. Die Verallgemeinerbarkeit der Ergebnisse wird dann beispielsweise auf eine spezifische Gruppe in einer spezifischen Situation und aus einem spezifischen Milieu eingeschränkt. Für welche Stichprobenbildungsstrategie sich auch immer ein Untersuchungsteam entscheidet, die Stichprobenwahl ist zu begründen und zu beschreiben und es gilt, über die Reichweite der getroffenen Aussagen vor dem Hintergrund dieser Auswahl zu reflektieren.

Eine qualitative Studie, die mit entsprechend offenen und teilstandardisierten Interviewformen arbeitet und die der Hauptuntersuchung vorgeschaltet wird, ist immer dann unersetzliche Vorbedingung, wenn in einem Arbeitsfeld der Sozialen Arbeit keine, nur wenige oder nicht gesicherte empirische Erkenntnisse vorliegen, um an das nötige Vorwissen für die Konstruktion eines vollstandardisierten Fragebogens zu gelangen.

Teilstandardisierte Interviews bilden auch das Grundgerüst von *Gruppeninterviews*, sehr häufig handelt es sich dabei um sogenannte Expert(inn)engespräche (z.B. eine Runde aus Leiter/-innen von Kindertagesstätten oder von Sozialdienstleiter(inne)n aus dem Bereich der Altenhilfe). Dabei übernehmen die Interviewer/-innen eine Art Moderator/-innen-Rolle, welche die Teilnehmer/-innen immer wieder auf den Leitfaden des Gesprächs zurückführen.

> Bei **Gruppeninterviews** geht es nicht so sehr um individuelle Positionen, als vielmehr darum, wie Argumentationsmuster entstehen, wie sie sich im Gruppenprozess verändern und was schließlich als Gruppenresultat erzielt wird.

Gruppeninterviews werden zum Beispiel dann eingesetzt, wenn einige Expert/-innen aus einem bestimmten Berufsfeld versammelt werden und etwa zu einer neu eingeführten Maßnahme Stellung beziehen sollen. Oder aber die Befragtengruppe teilt nicht persönlich aber erlebnismäßig einen bestimmten Wirklichkeitsausschnitt, wie etwa einen einjährigen Aufenthalt in einer Rehabilitationseinrichtung und soll nun eine Art Erfahrungsaustausch liefern. Gruppeninterviews sind eine geeignete Methode um sich ein bestimmtes Forschungsfeld zu eröffnen oder einen wenn auch recht oberflächlichen Eindruck von den möglichen Dimensionen eines sozialen Problems zu erhalten.

Grundsätzlich soll noch einmal als Resümee gelten, dass sich der Einsatz von Befragungen zum Zweck der Hypothesentestung, im Sinne des Nachweises des Wirkens einer Variablen (unabhängige Variable) auf eine andere (abhängige Variable) nur sehr eingeschränkt oder überhaupt nur eignet, wenn bestimmte Voraussetzungen erfüllt werden. So müssen abhängige und unabhängige Variablen völlig getrennt voneinander erhoben werden und dürfen nicht aus der Einschätzung der Befragten abgeleitet sein (es sei denn es geht um die Wirkung solcher Alltagstheorien). Wenn es um die Erfassung von konkretem Verhalten und nicht um Einstellungen geht, gilt es andere Methoden einzusetzen (z.B. Beobachten oder nicht reaktive Verfahren) und/oder spezifische Designs (z.B. das Experiment), denn an dieser Stelle schlagen die weiter oben angesprochenen, reaktiven Konstitutionsmerkmale der Befragung sehr nachteilig durch.

4.2.3.2 Voraussetzungen bei vollstandardisierten und teilstandardisierten Befragungen

Ein Interview ist eine Erhebungsmethode, welche das Untersuchungssubjekt durch gezielte Fragen zu verbalen Äußerungen veranlassen soll. Auf den ersten Blick erscheint das Interview als einfache Methode, nicht zuletzt wegen seiner Nähe zur alltäglichen Unterhaltung. Fragen zu stellen, liegt nahe und mutet problemlos an. Bei näherem Hinsehen entpuppen sich dann eine Reihe von Schwierigkeiten, angefangen dabei, dass die Fragen so gestellt sein müssen, dass sie das, was es zu untersuchen gilt auch tatsächlich erfassen. Dazu kommt, dass es sich bei einem Interview mit wissenschaftlicher Zielsetzung stets um eine künstlich geschaffene soziale Situation handelt, die durch ein asymmetrisches Verhältnis zwischen Interviewer/-in und interviewter Person gekennzeichnet ist, denn die wie auch immer geartete persönliche „Selbstenthüllung" wird ausschließlich der oder dem Befragten abverlangt. Zwischen den an einem Interview beteiligten Personen herrscht in den meisten Fällen völlige Fremdheit, im Fall von intensiveren qualitativen Interviews kommt es jedoch auch häufiger zu ausführlichen Vorgesprächen zwischen Befrager/-in und zu befragender Person. Da in Interviews vom qualitativen Typus in der Regel sehr persönliche und intime Details aus dem Leben der Untersuchungsperson eruiert werden, ist ein gezielter Aufbau eines Vertrauensverhältnisses vonnöten. Bei der Stichprobenbildung wird, wenn möglich, auf sogenannte *Door-opener* zurückgegriffen, das sind Vermittlungspersonen, die sowohl den Forscher/-innen als auch der Untersuchungsperson bekannt und vertraut sind (z.B. kann sich eine Sozialpädagogin aus dem sozialen Beratungsdienst als ideale Vermittlungsperson für ausgewählte Klient/-innen erweisen). Bei Interviews, die durch die vollkommene Fremdheit der daran Beteiligten charakterisiert sind, kann sowohl die *Anonymität* als auch die Gewissheit, sich später nicht mehr zu begegnen, durchaus von Vorteil sein. Die Befragten gehen dann mit großer Sicherheit davon aus, dass das was sie sagen werden, für sie auch folgenlos bleibt. Entsprechend dieser unterschiedlichen Ausgangssituationen bei persönlichen Interviews ist im Falle des qualitativen Typus eine sozial annehmende, verstehende und bestätigende Haltung der Interviewer/-in anstrebenswert, während alle anderen Interviewformen auf eine möglichst neutrale Haltung der Interviewer/-in zielen. Selbstverständlich ist bei allen Interviews darauf zu achten, dass sich *keine Interviewer/-innen-Effekte* einstellen, das heißt Verzerrungen, die aufgrund zu drastischer Reaktionen oder Kommentierungen der Interviewer/-in entstehen (Beispiele für emotional aufgeladene Kommentierungen: „Was, so machen Sie das?", „Also so läuft das bei Ihnen?", „Das darf doch nicht wahr sein!"). In der Praxis dürfte ein strenges *Neutralitätspostulat* allerdings nicht nur schwer zu verwirklichen, sondern nicht immer nur von Vorteil sein. Empathische und in der einschlägigen Literatur als „weiche" Reaktionen der Interviewer/-in beschriebene Verhaltensweisen, sind überall dort gefragt, wo es den Befragten nicht leicht fällt zu sprechen, also bei auftretenden themenspezifischen Barrieren, wie etwa bei sozial unerwünschtem, tabuisiertem oder gar kriminalisiertem Verhalten. Auch jenseits der von der Interviewer/-in bewusst eingesetzten Signale, wie etwa verbalen Äußerungen, werden deren Mimik, Gestik und Körpersprache als Zeichen der Zustimmung oder Ablehnung interpretiert werden. Das Neutralitätspostulat erscheint also als eine nur sehr begrenzt realisierbare Verhaltensmaxime. Gleichzeitig muss bewusst sein, dass die Person der Interviewer/-in nicht nur über ihre mehr oder minder kontrollierten Gesten und Kommentare von der befragten Person interpretiert wird, je nach Alter, Geschlecht, Aussehen und Kleidung wird die befragte Person Vermutungen anstellen, Ad-hoc-Theorien über die Interviewer/-in entwickeln, besonders was deren Einstellung und Haltung zu den im Interview angeschnittenen Themen anbetrifft. Es ist – wie weiter unten noch erläutert werden wird – davon auszugehen, dass sich die befragte Person in ihren Äußerungen an diesen subjektiven Vermutungen orientieren wird, weil sie wie die meisten Menschen in sozialen Interaktionen um Konsens bemüht ist, Dissens dagegen vermeidbaren Stress auslöst.

> Interviewer/-innen-Effekte kommen durch die persönliche Präsenz des Interviewers beziehungsweise der Interviewerin zustande. Es geht um die Wirkung von Geschlecht, Alter, Kleidung, (Körper)Sprache, Gestik und Mimik in Bezug auf die Reaktionen der/ des Interviewten.

Eine weitere *Grundvoraussetzung für alle Formen von Interviews* ist die gemeinsame Sprache beziehungsweise ein allgemeinverständliches Sprachniveau. Da die Frageinstrumente in der Regel von Wissenschaftler/-innen oder berufsfachlichen Spezialist/-innen entwickelt werden, liegt hier meist von Anfang an ein sogenannter *Mittelschicht-Bias* vor, das heißt die Sprache orientiert sich oft unreflektiert an einem gewissen schulischen Bildungsniveau und/oder es wird mit Fachbegriffen hantiert. Missverständnisse sind damit unter Umständen vorprogrammiert. Dem Mittelschicht-Bias auf Befrager-/innen-Seite wäre noch ein *Subkultur- oder Lebensalter-Bias auf Befragtenseite* hinzuzufügen, das heißt es wird auch abhängig vom Milieu und von der Einbindung in bestimmte soziale Gruppierungen ein bestimmter Sprachcode verwendet, der dann wiederum vom Forscher-/innenteam verstanden und übersetzt werden muss (Beispiel: die Sprache bestimmter Musikfans oder von Jugendlichen ganz generell).

Ein weiteres Problem von Interviews ist eine mögliche Antwortverzerrung durch Antwortverweigerung oder wissentliche Falschaussage. Beide Problemaspekte treten umso wahrscheinlicher auf, als es bei einem Interview um sozial prekäre Themen geht. Dabei wird davon ausgegangen, dass – kulturspezifisch und sozialisationsbedingt – vor allem zwei motivationale Grundbedürfnisse das *Antwortverhalten der Befragten* bestimmen: *soziale Anerkennung und Vermeidung von Missbilligung* (Esser 1975). Es kann vermutet werden, dass je prekärer die Fragen sind, desto bedeutungsvoller werden die situativen Bedingungen des Interviews und zwar die Fremdheit zwischen Interviewer/-in und Interviewten, die Anonymität der Befragten (durch Stichprobenziehung sicherzustellen) und die Reaktionen der Interviewer/-innen.

Eine weitere Variante des Problems, dass Befragte unter Umständen nicht „die Wahrheit sagen", liegt in der Eigenart des menschlichen Gedächtnisses begründet. Unsere Erinnerung an das Vergangene ist stets durch die Gegenwart, durch die aktuelle Befindlichkeit und Lebenszufriedenheit hindurch getönt. Das bedeutet, zu dem Problem der *wissentlichen Falschaussage* tritt das Problem der *subjektiv getönten Erinnerung* hinzu, und ein Großteil der in einem Interview erhobenen Daten zielt auf die Retrospektive.

Inzwischen gibt es einen eigenen Zweig der Methodenforschung, der sich ausschließlich mit den Fehlerquellen im Interview und deren Kontrolle sowie weitergehender Vermeidung befasst (vgl. Diekmann 1999, 382f.). In dem hier gesetzten Rahmen sollen die bisherigen Hinweise zu den Problemen genügen.

4.2.4 Die quantitative Orientierung: Wissenswertes zur Fragebogenkonstruktion

4.2.4.1 Aufbau und Inhalte von Fragebögen

Wie weiter oben bereits angeschnitten stellt die Konstruktion eines validen vollstandardisierten Fragebogens nicht nur eine Technik, sondern schon fast so etwas wie eine Kunstform dar. Nicht immer erweist es sich dabei von Vorteil, sich selber für die „Ur-Schöpfer/-innen" von geeigneten Fragen in einem Untersuchungsbereich zu halten, sondern es empfiehlt sich auf jeden Fall, den empirischen Teil bereits veröffentlichter und einschlägiger Studien nach den dort verwendeten Instrumenten zu durchforsten. Zu einigen Themenbereichen wurden auch inzwischen erprobte Standard-Fragelisten oder Testbatterien entwickelt (z.B. im Bereich der Freizeitforschung eine Liste mit den häufigsten Freizeittätigkeiten von Jugendlichen), die sich als reliabel und valide (vgl. dazu Punkt 1.5) erwiesen haben und es scheint nicht eben viel (arbeitsökonomischen) Sinn zu machen, das „Rad" immer wieder neu zu erfinden. Fragebogenkonstruktion muss außerdem im Team erfolgen, die Gefahr einer subjektiven und unreflektiert selektiven Konzeption ist ansonsten viel zu groß (vgl. auch Wellenreuther 2000, 328).

Bei einer schriftlichen Befragung ist auch auf die sorgfältige Gestaltung des Deckblatts zu achten. In kurzen aber präzisen Sätzen soll die Absicht beziehungsweise der Zweck der Befragung erläutert werden sowie ihr Verwertungszusammenhang (Auftraggeber, Absichten bzw. Motivation der Forscher/innen, geplanter Veröffentlichungskontext). Es muss zudem erklärt werden, wie die Befragten ausgewählt wurden und eine Anonymitätszusicherung erfolgen. Nicht nur als höfliche Geste, sondern als vertrauenssteigernd kann sich das Angebot erweisen, die späteren Ergebnisse in Form eines Berichts zur Verfügung zu stellen beziehungsweise zuzusenden, wenn ein separater, abtrennbarer Abschnitt ausgefüllt wird (es darf nicht der Eindruck entstehen, der oder die Befragte sei rückverfolgbar). Unter Umständen wird es auch nötig sein, die Befragten zur Teilnahme zu motivieren, oft geschieht dies in Form eines Appells (z.B. als Eltern daran interessiert sein, wie die Mehrheit der Eltern über Erziehung von Kindern denkt, auch wenn dies nicht die zentrale Untersuchungsabsicht ist). Die Rücklaufquote wird in der Umfragepraxis durch „Anmahnen" gesteigert, das heißt alle ausgewählten Personen (oder Haushalte) erhalten nach dem Verstreichen weniger Wochen ein Standardschreiben, in dem noch einmal an den Fragebogen erinnert und seine dringliche Beantwortung erbeten wird. Auch die persönliche Abgabe des Fragebogens am ausgewählten Haushalt kann die Verbindlichkeit und damit den Rücklauf erhöhen.

Im Großen und Ganzen wird bei einer Fragebogen-Konstruktion folgender Aufbau berücksichtigt:

(1) Zu Beginn steht das so genannte *Warming-up* (in der Methodenliteratur wird auch von „Eisbrecherfragen" gesprochen), das sind eine Reihe von Fragen, auf welche die Befragten relativ einfach und ohne zu zögern antworten können und in einen ungehemmten Redefluss bringen sollen. Im Idealfall handelt es sich dabei um Fragen, die das Interesse wecken und zu denen sich jedermann und jede Frau mühelos äußern kann. Diese Fragen sind auch nicht unbedingt untersuchungsrelevant, sie dienen vorrangig dem guten Einstieg.

(2) Die aus der Untersuchungsabsicht heraus wichtigsten Fragen werden am besten in der Mitte des Fragebogens platziert, weil hier die nervöse Einstiegsphase überwunden ist, gleichzeitig aber die Erregungskurve bei den Befragten noch so hoch ist, dass ein entsprechendes Aufmerksamkeitsniveau garantiert scheint.

(3) Fragen, die thematisch zusammengehören werden auch in ein und demselben Block abgetastet, es sei denn hier wären Halo-Effekte (vgl. Punkt 4.2.4.4) zu gewärtigen, denn die Themenabfolge muss für die Befragten nachvollziehbar sein. Bei abrupten Themenwechseln empfiehlt sich ein zwischengeschalteter kurzer Erläuterungsblock, der den thematischen Richtungswechsel ankündigt und überleitet. Bei logisch zu unübersichtlich geplanten oder sprungartigen Fragereihenfolgen kommt es häufiger zu Verweigerungen und damit vorzeitigen Interviewabbrüchen.

(4) Die sozialstatistischen oder soziodemographischen Daten zur befragten Person werden in der Regel in einem separaten Fragenkomplex und voll standardisiert am Ende eines Interviews beziehungsweise einer schriftlichen Befragung erhoben. Dies hat gleich zwei Vorteile: Zum einen erhöht das bereits aufgebaute Vertrauensverhältnis während des vorangegangenen Interviews zwischen der befragten Person und dem Interviewer die Auskunftsbereitschaft und zum anderen macht man/frau sich hierbei den subjektiven Druck der Befragten zunutze, die Situation auch zu Ende zu bringen (die Psychologie spricht hier vom subjektiven Schließungszwang).

Die voll-standardisierten Frage-Antwortbatterien gelingen umso besser, je mehr Vorwissen etwa in Form bereits zur Thematik durchgeführter Studien existiert. Häufig werden auch Fragen aus bereits durchgeführten in neue Studien übernommen (dies macht Studien auch direkt vergleichbar!). Trotzdem ist nicht unbedingt darauf Verlass, dass damit ein erschöpfendes Antwortenspektrum zur Verfügung steht. Wenn es beispielsweise um die verschiedenen Motive von Studierenden geht, ein bestimmtes Studienfach zu wählen, können mit Sicherheit entsprechende Fragen aus vorhandenen Studentenwerkserhebungen hilfreich sein, es bleibt aber zu berücksichtigen, dass sich Motive – nicht zuletzt soziokulturell bedingt – wandeln. Insofern sind Auffangkategorien („Anderes und zwar…") sicher zu empfehlen. Die Fragebogen-Konstruktion sollte immer – wie eingangs schon angeschnitten – Teamarbeit sein, denn die Anmerkungen, Perspektiven und Assoziationen in einer Gruppe sind oft nicht nur spannend, sondern auch essentiell um einen Untersuchungsaspekt zu erfassen. Zu Recht weisen Kirchhoff u.a. darauf hin, dass die optische Gestaltung des gesamten Fragebogens nicht vernachlässigt werden darf (z.B. auch Einsatz von Farbe bei thematisch zusammengehörenden Fragekomplexen). Von der ansprechenden und übersichtlichen grafischen Gestaltung hängt sehr oft der Erfolg einer Befragungsaktion ab (vgl. Kirchhoff u.a. 2000, 27).

4.2.4.2 Art der Frageformulierung

Bei jeder Art von Frageformulierung gilt zunächst einmal grundsätzlich:

> Einfach, präzise und kurz und bündig formulierte Fragen, also keine hypotaktischen, unübersichtlichen Satzkonstruktionen, keine Fremdworte, keine Fachsprache, keine Oder-Fragen und keine mehrdimensionalen Fragen stellen. Jede Frage gezielt auf einen einzigen, eindeutigen Frageinhalt beziehen (besser mehrere kurze als eine zu komplexe Frage stellen). Das Problem einer „Oder-Frage" liegt darin, dass sie regelrechte Verwirrung stiften kann und die Antwortmöglichkeit nicht eindeutig nur einen Frageaspekt abdeckt.

Frage-Beispiel

Sind Sie für eine Beibehaltung des Betäubungsmittelgesetzes oder sollte es verschärft werden?

□ ja

□ nein

Bei den mehrdimensionalen Fragen werden mehrdimensionale Frageinhalte übersehen und es ist nicht mehr einschätzbar, ob der/die Befragte auf den ursprünglich intendierten Inhalt geantwortet hat.

Frage-Beispiel

Sind Sie momentan mit ihrem Leben zufrieden?

□ hoch zufrieden

□ mittelmäßig zufrieden

□ weniger zufrieden

□ völlig unzufrieden

Weder aus der Art der Frageformulierung noch aus den Antwortitems geht hervor, auf welcher inhaltlichen Dimension der/die Befragte geantwortet hat. War die Zufriedenheit in beruflicher, persönlicher, gesundheitlicher Hinsicht et cetera gemeint? Auch die Eingrenzung der Frage auf die berufliche Zufriedenheit kann sich noch als zu wenig eindeutig erweisen: Geht es um die kollegiale Atmosphäre, um die Gehalts- und Aufstiegsmöglichkeiten oder um die Ausstattung des Arbeitsplatzes et cetera? Zunächst also erst einmal ganz gezielt festlegen, worum es geht und dann die entsprechende Frage formulieren.

Frage-Beispiel

Wie zufrieden sind Sie mit der momentanen technischen Ausstattung an Ihrem Arbeitsplatz?

Antworten Sie bitte durch Ankreuzen auf der Skala! (1 = völlig unzufrieden, 2 = wenig zufrieden, 3 = einigermaßen zufrieden, 4 = völlig zufrieden)

1 _____ 2 _____ 3 _____ 4

> Die Verwendung von Dialekten oder von Subkultursprache soll wegen der offensichtlichen Anbiederungsabsicht vermieden werden.
>
> Eine doppelte Verneinung in der Fragestellung ist wegen der Unübersichtlichkeit der Fragelogik nicht sinnvoll.

Frage-Beispiel

Sind Sie gegen die Einstellung des Methadon-Versuchs?

☐ ja

☐ nein

Eindeutiger wäre dagegen:

Sind Sie für die Fortsetzung des Methadon-Versuchs?

☐ ja

☐ nein

> Wertbesetzte Begriffe in der Frageformulierung sind tabu, weil sie das Antwortverhalten beeinflussen können.

Frage-Beispiele

Wie ernst beurteilen Sie *Bagatelldelikte* wie etwa einen Kaufhausdiebstahl?"

Wie sind Sie gegenüber *kriminellen Straftaten* wie etwa Kaufhausdiebstählen eingestellt?

> Zahlen- oder mengenmäßige Angaben sind am verlässlichsten und präzise auf einen kurzen Zeitraum eingeschränkt und retrospektiv abzufragen, also nicht „Wie viel rauchen Sie denn so?", sondern „Wie viele Zigaretten haben Sie gestern geraucht?"
>
> Keine überlastenden Fragen stellen, die zu viele Vorkenntnisse oder Detailwissen voraussetzen.

Frage-Beispiel

„Halten Sie die kommunalpolitische Umsetzung der Asylbewerberpolitik durch das Flüchtlingsamt für angemessen?"

Sollen Einstellungen zu solch spezifischen Themen und besonders zu alternativen Vorgehensweisen eruiert werden, muss der Informationsstand der Befragten zunächst gezielt, neutral und systematisch erhöht werden. Dies geschieht in Form von informierenden Blöcken, die den betreffenden Fragen vorgeschaltet werden. Diese Infoblöcke sollen möglichst umfassend und neutral über einen Sachverhalt informieren, also zum Beispiel dass zu Fragen der Immigration nach Deutschland von verschiedenen Seiten sehr unterschiedlich diskutiert wird und diese verschiedenen Positionen dann in Kurzform vorstellen. Anschließend kann dann die befragte Person ihre Sympathie für eine der Positionen bekunden.

Die Interviewdauer sollte die Dauer von einer Stunde möglichst nicht überschreiten, weil dann nicht nur auf Befragtenseite die Konzentrationsfähigkeit rapide abnimmt, sondern ebenso auf Interviewer/-innenseite.

4.2.4.3 Art der Fragestellung

Vor allem bei schriftlichen Befragungen werden drei Arten von Fragen gestellt:

- offene Fragen, auf welche die Befragten völlig frei und mit eigenen Worten antworten können;
- geschlossene Fragen, die alle Antwortmöglichkeiten vorgeben;
- halboffene Fragen, die ebenfalls alle Antwortmöglichkeiten vorgeben plus eine offene Ausweichkategorie („Anderes und zwar ...").

Alle Fragen werden linksbündig auf dem Fragebogen angeordnet und fortlaufend durchnummeriert. Bei den geschlossen konzipierten Fragen ist, wie bereits weiter oben erwähnt, ein sehr detailliertes Vorwissen über alle theoretisch möglichen Antworten vonnöten. Die einzelnen Items aus der Palette der Antworten müssen aber nicht nur erschöpfend sein, sondern auch präzise und disjunkt (nicht überlappend).

Filterfragen werden denjenigen Fragen oder Frageblöcken vorgeschaltet, die zweckmäßigerweise nur von einem Teil der Befragten beantwortet werden.

Frage-Beispiel

„Sind Sie zur Zeit erwerbstätig?"

☐ ja

☐ nein

Wenn nein, überspringen Sie bitte folgende Fragen und gehen gleich zu Frage ... (Fragenummer angeben).

In vielen Fragebögen wird auch nach wie vor die so genannte Trichter-Konstruktion verwendet, dabei gehen die Fragen inhaltlich vom Allgemeinen zum Besonderen oder auch vom Harmlosen zum Heiklen. Dahinter steht das Anliegen, erst eine Art Vertrauensbasis beim Befragten aufzubauen und auch den Widerstand zu erhöhen, das Interview vorzeitig abzubrechen (nach dem Motto: „Jetzt bin ich schon so weit gekommen!").

Die Art der Fragestellung muss auch jeweils zur Art der Antwortvorgaben passen.

Frage-Beispiel

Haben Sie Probleme mit Ihrem Kind, wenn es um das Hausaufgabenmachen geht?

☐ immer

☐ manchmal

☐ selten

☐ nie

Abgesehen davon, dass für den oder die Befragte mit mehreren Kindern sichergestellt werden müsste, bezogen auf welches Kind er/sie antwortet, ist die Frage logisch auf eine Ja/Nein-Frage hin formuliert worden. Besser wäre es also, präzise auf ein Kind hin und von vornherein nach der Häufigkeit (in einem festgelegten Zeitraum) des Auftretens der Probleme zu fragen.

4.2 Indirekte Beobachtung

Frage-Beispiel

Wie oft kommt es vor, dass Sie mit Kind XY Probleme haben, wenn es um das Hausaufgabenmachen geht?

☐ täglich
☐ zwei- bis dreimal pro Woche
☐ höchstens einmal pro Woche
☐ höchstens einmal in zwei Wochen
☐ nie

Bei der Gestaltung der Antwortitems ist auch sicherzustellen, dass die Befragten von vornherein wissen, ob sie nur eine oder mehrere Antwortmöglichkeiten ankreuzen können, zum Beispiel wenn es um die Auswahl aus einer Liste geht (so genannte *Listenfragen*). Dies geschieht dadurch, dass die Befragten unterhalb der gestellten Frage dazu aufgefordert werden, sich für eine oder aber für mehrere Antworten zu entscheiden.

Prinzipiell ist bei jeder Frage-Antwort-Konstruktion darauf zu achten, dass die Befragten eindeutig wissen, wie sie sich beim Antworten verhalten sollen beziehungsweise welche Antwortmöglichkeiten ihnen offen stehen und was diese genau bedeuten, zum Beispiel wenn auf einer Skala von 1 bis 4 geantwortet werden kann, muss jeder dieser Werte getrennt definiert werden, also zum Beispiel 1 = nicht effektiv, 2 = eher effektiv, 3 = ziemlich effektiv, 4 = sehr effektiv oder aber 1 = trifft nicht zu, 2 = trifft etwas zu, 3 = trifft überwiegend zu, 4 = trifft voll zu oder anderes mehr.

Beispiel: Listenfrage

Welche der folgenden Sender werden im Nachmittagsfernsehen von Ihrem Kind XY[24] genutzt (Mehrfachnennungen möglich)?

☐ ARD
☐ ZDF
☐ Kinderkanal
☐ RTL
☐ Pro7
☐ Sat1

---

[24] Die Bezeichnung Kind „XY" soll ausdrücken, dass durch vorherige Filterfragen sichergestellt wurde, dass die antwortende Mutter oder der antwortende Vater mehrerer Kinder weiß, auf welches der Kinder sich die Frage bezieht (zum Beispiel ausschließlich auf das älteste oder jüngste Kind) bzw. dass für jedes Kind getrennt die Fernsehgewohnheiten erhoben werden müssen.

123

Um spätere Auswertungsprobleme mit Mehrfachnennungen (es gibt mehr Nennungen als Personen in der Stichprobe, das heißt die Zahl der Nennungen übersteigt 100%) zu umgehen und auch weil es unbefriedigend ist, schlichte Nennungen statt Intensitäten zu erfassen, können diese Listenfragen auch mit *Häufigkeits- oder Intensitätsskalen* verbunden werden.

Wie häufig werden die folgenden Sender von Ihrem Kind XY genutzt? (Bitte für jeden Sender beantworten):

	täglich	2-3 Mal pro Woche	1 Mal pro Woche	seltener	nie
ARD					
ZDF					
Kinderkanal					
RTL					
Pro7					
Sat1					

Werden solche Listenfragen im Fragebogen häufiger verwendet, sollte immer auf dasselbe Schema rekurriert werden, dies erleichtert die Orientierung für die Befragten.

Aus der obigen Darstellung heraus wird klar, wie stark die Wahrnehmungsfähigkeit der Befragten u.U. strapaziert wird, mit Ungenauigkeiten ist deshalb von vornherein zu rechnen. Wird auf eine große Genauigkeit dieser Angaben Wert gelegt, werden an anderer Stelle im Fragebogen sog. *Kontrollfragen* eingebaut. Im Falle der Fernsehgewohnheiten[25] könnte beispielsweise eine Liste mit verschiedenen Kindersendungen (verschiedener Sender, zu verschiedenen Sendezeiten und verteilt auf die gesamten Wochentage) präsentiert werden und die befragte Person soll ankreuzen, welche der Sendungen das Kind kennt. Damit erhalte ich eine gewisse Gegenkontrolle, ob etwa die Angabe „2–3 Mal pro Woche" realistisch ist (z.B. wenn Sendungen aus dem gesamten Wochenverlauf bekannt sind).

---

[25] Bei der Erfassung von Fernsehgewohnheiten liefert der sog. Physische Nachweis (vgl. Punkt 4.2.1) die verlässlichsten Daten, also wenn ein Messinstrument an das TV-Gerät angeschlossen wird.

Weitere detaillierte Angaben zur Gestaltung von Fragen und auch Antwortitems können einschlägigen Veröffentlichungen entnommen werden (vgl. beispielsweise Kirchhoff u.a. 2000, 20ff. und auch Wellenreuther 2000, 329ff.). Grundsätzlich gilt auch, dass das Forschungsteam vor der Feldphase (hier Umfragephase) einen so genannten Pretest durchführt. Dabei wird das eingesetzte Instrument auf Verständlichkeit, Handhabbarkeit und Stimmigkeit getestet.

Der Pretest ist ein Test des eingesetzten Instruments, hier des Fragebogens, um die inhaltliche und formale Stimmigkeit (z.B. Filterfragen) zu testen. Danach können noch einmal Korrekturen und Nachjustierungen vorgenommen werden. Erst nach dem Prestest geht ein Instrument in die Feldphase.

4.2.4.4 Frage-Effekte

Es kann schon fast als Allgemeinwissen gelten, dass die Art und Weise der Frageformulierung die Antwortreaktion erheblich beeinflussen kann. Extrembeispiel dafür sind die berühmten Suggestiv-Fragen, nach dem Motto „Sie sind doch wohl auch der Meinung ...?!" oder noch verschärfter „Sie sind doch – wie im Übrigen fast 90% der Leute – der Meinung, dass ...?!". Besser getarnt bleiben mögliche Antworteffekte, wenn es um die Verwendung logischer Äquivalente geht, wie zum Beispiel „verboten" und „nicht erlaubt". Beide Formulierungen können als logisch äquivalent gelten, aber ein Versuch zeigt, dass je nachdem, welche Formulierung gewählt wurde, das Antwortverhalten völlig anders ausfiel.

Als Beispiel wurden in einem so genannten Fragesplit-Experiment folgende Fragen geschaltet (vgl. Krämer 1991):

„Glauben Sie, dass die USA öffentliche Angriffe auf die Demokratie verbieten sollten?"

Ja	54 %
Nein	45 %

„Glauben Sie, dass die USA öffentliche Angriffe auf die Demokratie nicht erlauben sollten?

Ja	75 %
Nein	25 %

Es zeigt sich selbst bei dieser scheinbar harmlosen Frageformulierung ein nicht unbeträchtlicher Unterschied im Antwortverhalten um immerhin 20 %.

Nicht vernachlässigbar sind Schwankungen im Antwortverhalten, die durch die so genannten *Rating-Verfahren* und *Ranking-Verfahren* zustande kommen. Bei den *Rating-Verfahren* werden innerhalb einer vollstandardisierten Fragebatterie die Antwortmöglichkeiten auf einer Skala von „sehr wichtig" bis „völlig unwichtig" oder von „sehr häufig" bis „nie" angeordnet (s. Frage-/Antwortbeispiele weiter oben). Bei einem *Ranking-Verfahren* wird den Befragten auf Kärtchen eine Reihe von Stichworten vorgelegt, die sie in eine Reihenfolge nach subjektiv geschätzter Wichtigkeit bringen müssen. Die Anwendung beider Verfahren kann bei ein und derselben Ausgangsfrage höchst unterschiedliche Ergebnisse zeitigen. Als Beispiel eine Untersuchung, bei der es um die geschätzte Wichtigkeit von Umweltproblemen ging. Während die überwiegende Mehrheit beim Rating die Umweltprobleme in Deutschland als sehr wichtiges Problem sah, fand sich das Umweltproblem beim Ranking an drittletzter Stelle (vgl. Diekmann 1999, 394).

Grundsätzlich gilt auch, dass das Antwortverhalten umso mehr verfälscht wird, je stärker den Befragten eigene subjektive Schätzungen etwa im Hinblick auf Kosten oder zeitliche Dauer abverlangt werden. Wer kann schließlich relativ exakt angeben, wie viel Geld er/sie pro Woche nur für Lebensmittel oder pro Monat für Körperpflegeartikel ausgibt. Individuelle Umdeutungen sind erst recht zu erwarten, wenn es um vermeintlich unerwünschtes Sozialverhalten geht, wie etwa den täglichen Alkoholkonsum oder Fernsehkonsum.

Neben den Effekten der Frageformulierung und subjektiver Schätzfehler, kann auch die *Positionierung einer Frage* innerhalb einer Fragebatterie auf die Art der Antwort ausstrahlen. Dieser Effekt wird als *Halo-Effekt*[26] *beschrieben. Dabei muss davon ausgegangen werden, dass etwa die Vorschaltung einer Reihe von Fragen, die sich um das Problem des Ausmaßes von Gewalt gegen Frauen drehen, das Antwortverhalten bezüglich der an späterer Stelle gestellten Frage nach einer Verschärfung der Strafmaße beeinflussen, wenn bedacht wird, wie die Antwort ausfiele, wenn das Gewaltproblem zuvor nicht angeschnitten worden wäre. Ein Verdacht bezüglich auftretender Fragereiheneffekte kann nur durch Positionie-*

---

[26] Dieser Fragereiheneffekt wird in der Methodenliteratur auch häufiger als Kontext-Effekt beschrieben.

rungswechsel der betreffenden Frage und die jeweilige Überprüfung der Reaktionen in Pretests entkräftet werden.[27]

4.2.4.5 Interviewer/-in und Interviewsituation

Der Einfluss äußerer Effekte, wie Geschlecht, Alter und weitere Merkmale der Person der Interviewer/-in wurde weiter oben bereits angeschnitten und gilt in der Methodenliteratur bereits als vielfach untersucht. Auch in diesem Problemkontext gilt es, dass umso größere Effekte zu erwarten sind, je prekärer oder peinlicher die gestellten Fragen für eine(n) Befragte(n) sind und umso geringere je harmloser und alltäglicher die gewählten Themen. Am unmittelbarsten wirken Interviewer/-innen-Effekte bei persönlichen Interviews, etwas gedämpfter treten sie im Telefoninterview auf und völlig ausgeschaltet sind sie nur bei der schriftlichen Befragung.[28]

Zusätzlich müssen Ergebnisverfälschungen durch von den Interviewer/-innen selbst ausgefüllte oder vervollständigte Interviews mitbedacht werden. Weder die Abrechnung von Interviews nach deren zeitlicher Dauer noch nach Stückzahl oder eine gute Bezahlung verunmöglichen solche Fälschungsaktionen. Bei persönlichen Interviews werden deshalb häufig die Mitglieder des Forschungsteams selber „ins Feld gehen", da ihnen am meisten an möglichst unverfälschten Daten liegen dürfte oder es wird ein kleines Team von Interviewer/-innen ins Feld geschickt, die sich gegenseitig kontrollieren. Bei telefonischen Interviews wird häufig eine Laborüberwachung der Interviewsituation vorgezogen, das heißt das Interview wird aus einem in Supervision überwachten Raum heraus geführt (vgl. Diekmann 1999, 401). Bei schriftlichen Befragungen dagegen entstehen Fehler am ehesten aus Missverständnissen auf Seiten der Befragten, die nicht aufgeklärt werden können, was bedeutet, dass die Befragten nicht stets den gemeinten Sinn einer Frage erkennen können. Ein Sonderproblem bei der schriftlichen Befragung ist, dass nicht kontrolliert werden kann, wer letztlich den Fragebogen ausgefüllt hat und/oder mit wem sich die ausgewählte Befragungsperson dabei beraten hat.

---

[27] Teilweise wird auch dieser mögliche Effekt zum Gegenstand der Endauswertung, so dass ein Teil der Fragebögen bewusst unter oben beschriebenen Positionswechseln der Fragen ausgewertet wird.

[28] Dafür ist bei schriftlichen Befragungen nicht sicherzustellen, ob die für die Stichprobe ausgewählte Person auch tatsächlich und tatsächlich alleine die Fragen beantwortet hat.

Bei einer mündlichen Befragung ist zu berücksichtigen, welche Personen außer der oder dem Befragten und der Interviewer/-in während des Interviews anwesend sind. So dürfte eine Befragung zu den Freizeitgewohnheiten eines jungen Mannes sehr unterschiedlich ausfallen, je nachdem, ob etwa ein Elternteil anwesend ist oder er alleine interviewt wird.

Schließlich sind neben vorgenannten Frage-Effekten auch noch sogenannte *Sponsorship-Effekte* bei allen Arten von Befragungen zu berücksichtigen, das heißt individuelle Beeinflussungen der Befragten, welche sich aus der Kenntnis des oder der Auftraggeber der Studie ergeben. Beispiel: Wird eine Mutter im Auftrag einer Kommunalbehörde wie dem Jugendamt, der Caritas oder des Kinderschutzbundes zu ihrem Erziehungsstil befragt und welche mögliche Aufgeschlossenheit aber auch, welche Widerstände und Blockaden tauchen dabei von vorneherein bei ihr auf?

4.2.4.6 Durchführung der Befragung

Vor der Befragungsphase, bei der dann die Interviewer/-innen ausschwärmen und die auch als Erhebungsphase (oder Feldphase) bezeichnet wird, steht in der Regel eine Interviewer/-innen-Schulung. Dabei werden die herangezogenen Interviewer/-innen in die Untersuchungsabsicht und in die Logik und Besonderheiten des Erhebungsinstruments eingewiesen.[29] Häufig wird diese Interviewer/-innen-Schulung auch gleich mit dem sog. Pretest (vgl. dazu Punkt 4.2.4.3) verbunden, also mit der Versuchsphase, in der das Erhebungsinstrument selbst noch getestet wird. Dabei erproben sich dann auch gleich die Interviewer/innen und nehmen atmosphärische Tücken (die etwa im geplanten Befragungsort begründet liegen können), unverständliche oder uneindeutige Fragen und eventuell „widerständige" Reaktionen der Befragten wahr. Nach dem Pretest werden die Reaktionen und Kommentare der Befragten gesammelt und deren Stichhaltigkeit im Fragebogenteam diskutiert.

Bei allen schriftlichen Fragebogenaktionen empfiehlt es sich zusätzlich den potentiellen Befragten durch ein Vorabschreiben die geplante Untersuchung anzukündigen, die Untersuchungsabsicht und den Verwertungs-

---

[29] Bei qualitativen Interviews setzt die Interviewerschulung voraus, dass die Interviewer/ -innen über den gemeinten Sinn der gestellten Fragen gut informiert sind und eventuell auch die einzusetzenden ergänzenden Erläuterungen vorab besprochen werden. Bei den quantitativen Interviews erfolgen meist „Regieanweisungen" dergestalt, dass festgelegt wird, ob nicht verstandene Fragen lediglich wortwörtlich wiederholt werden dürfen oder aber eine verabredete Erläuterung gegeben werden darf. Dieses Vorgehen dient keineswegs der Schikane der Interviewer/-innen, sondern der späteren Vergleichbarkeit der Interviews.

zusammenhang der Studie zu schildern. Das Anschreiben sollte selbstverständlich den Namen und die Institution der Absender nennen und erklären, wie und warum die angeschriebene Person ausgewählt wurde. Den Befragten ist auch die Anonymität zuzusichern und ein Termin für die Rücksendung oder die persönliche Rückgabe (wenn die Befragung innerhalb einer Institution, zum Beispiel einer Hochschule durchgeführt wird) zu nennen. Bei postalischem Rücklauf empfiehlt es sich, ein freigemachtes Rückkuvert beizulegen. Die Kosten für die Versendungs- und Rücksendungsaktion müssen von vorneherein eingeplant werden. Um genügend Anreiz zu schaffen, den Fragebogen auch tatsächlich auszufüllen, wird häufig mit einer Belohnung in Form eines Geldgutscheins oder der Teilnahme an einer Verlosung gelockt (Beispiele dazu bei Kirchhoff u.a. 2000, 29f.).

Bei all diesen Aktionen muss bedacht werden, dass der Rücklauf bei postalisch verschickten Fragebögen sich zwischen 10 und 30% bewegt. Je nach Anspruch und Verwertungszusammenhang der Studie ist auf die Erreichung der notwendigen Stichprobengröße zu achten (vgl. Kap. 5.3.3). Die Repräsentativität von Befragungsergebnissen mit derart geringem Rücklauf ist allerdings fraglich (auch bei einer Erhöhung des Stichprobenumfangs), weil davon ausgegangen werden muss, dass sich die auskunftswilligeren Personen von den nicht-antwortenden unterscheiden, zum Beispiel im Hinblick auf ihre Motive, an der Befragung teilzunehmen (von der einmütigen Zustimmung bis zum „Dampfablassen").

4.2.5 Die qualitative Orientierung: Die wichtigsten teilstandardisierten Frageinstrumente

Teilstandardisierte Interviews werden auch als semistrukturierte oder Leitfadeninterviews bezeichnet. Sie unterscheiden sich je nach Typus darin, dass sie nur zu einem Zeitpunkt oder über mehrere Termine hinweg stattfinden, sich in der durchschnittlichen Dauer über nur wenige Minuten erstrecken oder über mehrere Stunden hinziehen und der zugrunde gelegte Leitfaden sehr locker oder aber sehr rigide gehandhabt wird. Wichtiges gemeinsames Merkmal ist, dass der/die Befragte mit seinen/ ihren Äußerungen im Mittelpunkt steht und die Art und Weise sowie die Ausführlichkeit der Beantwortung der Fragen den Befragten überlassen wird und jederzeit auch Nachfragen von Seiten der Befragten möglich sind.

In qualitativen Interviews geht es um die Erfassung von subjektiven Bedeutungsmustern, um die Alltagswahrnehmungen und Wirklichkeitstheorien der Befragten. Während des Interviews tritt die kommunikative Komponente in der Gesprächssituation stärker hervor, denn die Interviewer/-in kann Fragen erläutern, Unverständliches erklären und wird den/die Befragte durch eine Reihe von „weichen Reaktionen" (vgl. Punkt 4.2.4.5) zur Aufrechterhaltung des Gesprächsflusses animieren. Darüber hinaus lebt das qualitative Interview vom Paraphrasieren (Wiederholung des Gesagten durch die Interviewer/-in, um sich über den gemeinten Sinn zu verständigen), vertieftem Nachfragen und spontanem, vorsichtigem Interpretieren der Äußerungen durch die Interviewer/-in.

Prinzipiell gilt für qualitative Interviews, dass sie anhand eines mehr oder minder strukturierenden Frageleitfadens geführt werden, das heißt anhand eines Katalogs von offenen Fragen beziehungsweise von Fragekomplexen. Bei einigen Typen von qualitativen Interviews kann sowohl die Frageformulierung als auch die Reihenfolge der Fragen im Interviewverlauf noch variiert werden, andere halten sich relativ streng an die durch den Leitfaden vorgegebene Fragenserie. Wichtig für einen gelungenen Interviewverlauf ist eine entspannte Interviewsituation und eine permissive offene Gesprächsatmosphäre. Für die spätere Vergleichbarkeit der Interviews ist es allerdings unabdingbar, dass in allen geführten Interviews dasselbe Vorgehen eingehalten wird (also nicht einmal streng an den Leitfaden halten und dann wieder Abweichungen zulassen). Die Interviewer/-in zeigt sich interessiert-anteilnehmend und versucht ein eventuell auftretendes Misstrauen bezüglich der Absichten der Studie durch möglichst persönliche, informative Vorgespräche abzubauen. Die Interviewatmosphäre wird in der einschlägigen Methodenliteratur auch als neutral-kollegial und harmonisch beschrieben. Es erfordert sicherlich einiges an Gesprächsführungstalent beziehungsweise -technik, um ein gelungenes Interview zu führen. Immer gefragt sind dabei die Beobachtungs- und Auffassungsgabe der Interviewer/-in, Konzentrationsfähigkeit, verbale und soziale Kompetenz und das Geschick, die Befragten bei Abschweifungen in die durch den Leitfaden vorgesehenen thematischen Bahnen zurückzulenken, ohne dabei autoritär oder dirigistisch zu wirken. Gefordert sind aber auch die Befragten im Hinblick auf ihre intellektuellen und sprachlichen Fähigkeiten. Die meisten qualitativen Interviews überschreiten die Dauer von einer Zeitstunde, werden aber möglichst auf höchstens drei Stunden Dauer (z.B. beim biographischen Interview) beschränkt. Als Standard hat sich auch der Mitschnitt des Interviews auf

Tonband (Kassettenrekorder) durchgesetzt, ein schriftliches Mitproto-
kollieren seitens der Interviewer/-in führt nicht nur zu Ungenauigkeiten,
sondern sicher zu den größeren Irritationen auf Befragtenseite, während
der Bandmitschnitt meist nur anfänglich als leicht hemmend empfunden
wird. Die besten Erfahrungen in solchen Interviewsituationen habe ich
selbst mit einem relativ kleinen Rekorder und einem winzigen Wurfmi-
krophon gemacht. Die Handhabung des Geräts sollte sicher (sprich: vorher geübt werden) und die Zahl der mitgeführten Leerkassetten ausrei-
chend sein. Auf jeden Fall Teil des Vorgesprächs sind die Ankündigung
der Dauer und die Erläuterung der späteren Verwendung der Interviews.
Es ist ratsam, die Zeiten vorher großzügig zu bemessen, die Befragten
reagieren sehr leicht ärgerlich, wenn man/frau sich nicht an die verabredeten Bedingungen hält. Bei längeren Interviews empfiehlt es sich auch,
eine kurze Pause vorzusehen.

4.2.5.1 *Methodologische Prinzipien qualitativer Interviews*

Lamnek (1995) nennt zusammenfassend zehn methodologische Kriterien von qualitativen Interviews, die hier kurz wiedergegeben und dann
erläutert werden sollen:

(1) *Das Prinzip der Reflexivität von Gegenstand und Analyse.* Dies bedeutet, dass anders als bei quantitativ ausgerichteten Interviews keine
eindeutigen Hypothesen getestet werden, sondern höchstens ansatzweise
eine theoretische Vororientierung beziehungsweise berufliches Erfahrungswissen zum Untersuchungsgegenstand vorhanden ist und/oder einige Ad-hoc-Vermutungen existieren. Beim Einstieg in die Feldphase wird
durch Diskussionen im Team eine Verständigung über die Ergebnisse aus
den ersten Interviews und deren Interpretation hergestellt. Stellen sich
dabei ganz andere, neue Aspekte heraus, werden diese noch in der laufen-
den Feldphase miteinbezogen (Problem: die spätere Vergleichbarkeit aller geführten Interviews, siehe weiter oben).

(2) *Das Prinzip des Alltagsgesprächs.* Es wird versucht, eine dem Alltag
der Befragten möglichst nahekommende Gesprächssituation herzustellen, etwa indem das Gespräch im privaten Wohnumfeld der Befragten
stattfindet und sich die Interviewer/in bereits vor der Durchführung des
Interviews persönlich vorstellt, so dass keine völlige Fremdheit zwischen
den Beteiligten besteht. Die Fragen im Leitfaden werden alltagssprach-
lich und kurz formuliert, auf einen von der oder dem Befragten gespro-
chenen Dialekt wird soweit als möglich eingegangen.

(3) *Das Prinzip der Zurückhaltung.* Gerade weil die Person der Interviewer/-in beim qualitativen Interview wesentlich präsenter ist als bei vollstandardisierten Interviews, müssen Interviewer/-innen-Effekte besonders beachtet werden. Der/die Befragte soll sich in Gegenwart der Interviewer/-in möglichst akzeptiert und interessant fühlen. Auch bei geäußerten Meinungen, die dem/der Interviewer/-in unsympathisch sind, ist Zurückhaltung die einzige Methode, den/die Befragte nicht zu irritieren oder zu spontanen Meinungsumschwüngen zu veranlassen. Diese „anteilnehmende, akzeptierende Distanz" der Interviewer/-in ist sicher nicht in jedem Fall leicht einzuhalten, dürfte aber gerade für Sozialpädagog/-innen ohnehin zum professionell eingeübten Verhaltensrepertoire bezüglich ihrer Klient/-innen zählen.

(4) *Das Prinzip der Relevanzsysteme der Betroffenen.* Anders als bei quantitativ orientierten Erhebungen testen qualitative Interviews (in der Regel) nicht zuvor schon durch entsprechende Hypothesen avisierte theoretische Zusammenhänge an der Wirklichkeit, sondern sollen erst die kontextuellen Entstehungsbedingungen für Werthaltungen und Verhaltensmuster eruieren. Auf diese Weise können Zusammenhänge und Bezüge auftauchen, die zuvor theoretisch noch gar nicht bedacht worden sind. So kann es etwa bei einem biografischen Interview darauf ankommen, den ganz „persönlichen Motor" für eine individuelle Entwicklungsgeschichte erst herauszuarbeiten und dann systematische Unterschiede oder Ähnlichkeiten zu anderen erhobenen Lebensgeschichten zu entdecken.

(5) *Das Prinzip der Kommunikativität.* Im Verlauf eines qualitativen Interviews muss sich die Interviewer/-in an der sprachlichen, intellektuellen und sozialen Kompetenz der/des Befragten orientieren und nicht umgekehrt. Dies bedeutet auch, dass die Ausführlichkeit, Farbigkeit und Schilderungsart der erhobenen Erzählungen von den jeweiligen Befragten bestimmt werden. Das Verstehen wird bereits im Interviewverlauf dialogisch herzustellen versucht.

(6) *Das Prinzip der Offenheit.* In bewusster Abgrenzung zur quantitativ orientierten Forschung richtet sich eine qualitative Studie nicht eng nach zuvor ausgewählten theoretischen Konstrukten. Die Forschenden wollen vorurteilsfrei und ohne strengen Hypothesen zu folgen einen Fall verstehen. Es kann sich während der Durchführung eines qualitativen Interviews herausstellen, dass den Befragten im Themenkontext wichtige Fragestellungen fehlen, Fragen differenziert werden oder ganz andere als die

erwarteten Fragestellungen vertieft werden. Die Akzentverlagerung in den Gesprächen wird bewusst zugelassen und die aus der Sicht der Befragten fehlenden Aspekte werden nachträglich noch miteinbezogen. Die Offenheit dem Forschungsgegenstand wie den Forschungssubjekten gegenüber bedeutet nicht, theorie- oder empirielos[30] „ins Feld zu ziehen", aber offen zu bleiben für das, was eben nicht avisiert wurde (vgl. Schmidt-Grunert 1999, 53)

(7) *Das Prinzip der Flexibilität.* Wie eingangs schon beschrieben, setzen qualitative Interviews erhebliche soziale und kommunikative Kompetenzen bei den Beteiligten voraus. Dazu gehört fraglos, dass die Befragten in ihren jeweiligen besonderen Mitteilungsbedürfnissen wahrgenommen und respektiert werden. Dies kann auch bedeuten, dass bei einem Themenkomplex erheblich länger verweilt wird, als vorgesehen, oder dass Fragen nicht in der vorgesehenen Reihenfolge behandelt werden. Der/die Interviewer/-in geht soweit als möglich auf die jeweils spezifischen Artikulationsbedürfnisse der/des Befragten ein.

(8) *Das Prinzip der Prozesshaftigkeit.* Es kann nicht vorausgesetzt werden, dass sich die Befragten zum gewählten Gesprächsthema bereits Gedanken gemacht haben oder bereits eine festgefügte Deutung oder Meinung äußern. Viele Befragte entwickeln unter Umständen erst im Verlauf des Interviews eine bestimmte Sicht der Dinge, die es im Interviewverlauf zu dokumentieren gilt. Es kann auch passieren, dass für den/die Befragte völlig neue Zusammenhänge erst entdeckt werden, weil ein Thema zum ersten Mal so ausführlich, bewusst oder in einem bestimmten Kontext gestellt besprochen wird.

(9) *Das Prinzip der datenbasierten Theorie.* Durch qualitative Interviews wird, wie bereits mehrfach erwähnt, weniger eine bereits bestehende, elaborierte Theorie der empirischen Testung unterzogen, als vielmehr erst nach neuen Einsichten und Zusammenhängen gesucht. Die Ergebnisse aus qualitativen Interviews können also die Theoriebildung initiieren oder eine wenig ausdifferenzierte Theorie verfeinern. Eine so entstandene „grounded theory" kann Basis einer wichtigen Arbeitstheorie in einem ausgewählten Mikrobereich der Sozialen Arbeit werden, wo theoretische Erklärungszusammenhänge noch nicht erkannt worden sind oder

---

[30] Erkenntnistheoretisch und praktisch ist es wohl unmöglich, derart voraussetzungslos „ins Feld zu gehen", denn die forschenden Sozialarbeiter/-innen sind durch ihr Studium theoretisch vorgebildet und dieses theoretische Vorwissen wird im Verlauf ihrer Berufstätigkeit noch erweitert und modifiziert.

zur Verfügung stehen (z.B. Genese einer substanzgebundenen Sucht bei Frauen im Unterschied zu männlicher Suchtgenese).

(10) Das Prinzip der Explikation. Die Erklärungen für bestimmte Verhaltensmuster oder Verhaltensänderungen werden von den Befragten selber geliefert, das heißt durch die Interpretation des Gesagten im Interviewverlauf herausgefiltert. Diese Alltagstheorien werden vor dem Hintergrund weiterer theoretischer oder empirischer Grundlagen in eine wissenschaftliche Theorie überführt.

4.2.5.2 Verschiedene Typen qualitativer Interviews

Im Folgenden möchte ich fünf verschiedene, innerhalb der Sozialforschung gebräuchliche qualitative Interviewtypen vorstellen, die an die unter Punkt 4.2.5.1 genannten idealtypischen Prinzipien zwar angepasst sind, im Einzelfall aber auch mehr oder minder stark davon abweichen und damit Züge der quantitativen Logik von Befragungen vor allem im Hinblick auf ihre theoretische Vorstrukturierung und die Absicht der Hypothesenprüfung annehmen. Im Bereich der Sozialen Arbeit halte ich vor allem das *problemzentrierte* Interview für sinnvoll einsetzbar (dieselbe Meinung vertritt Schmidt-Grunert 1999, 40f.), das aus diesem Grund im Anschluss besonders ausführlich anhand von Beispielen vorgestellt wird, und auch das biografische Interview. Für ein detailgenaueres Einlesen in die Methodologie und Methode des qualitativen Interviews empfehle ich die beiden Bände von Lamnek (1995), an dessen Ausführungen unter anderem auch folgende zusammenfassende Kurzcharakteristika angelehnt sind und zur sehr ausführlichen praktischen Anwendung von qualitativen Interviews im Rahmen von Sozialarbeitsforschung verweise ich auf Steinert/Thiele (2000).

1. Das narrative und das biografische Interview

Der Impuls des *narrativen Interviews* besteht in der Aufforderung an die/den Befragten etwas zu einem bestimmten Thema zu erzählen (z.B. Kinderwunsch, Partnerwahl), die Interviewer/-in hält sich dann beim Erzählfluss weitgehend zurück, überlässt die Strukturierung und die Auswahl der angesprochenen Einzelheiten dem/der Befragten und versucht lediglich beim Stocken des Erzählflusses zur Wiederaufnahme desselben zu animieren. Es geht also um eine Stegreiferzählung. Beim *biografischen Interview* wird als Thema eine bestimmte Lebensphase oder auch die gesamte Lebensgeschichte vorgegeben, die dann im Rückblick erzählt werden soll. Das narrative Interview bleibt in seiner Strukturierung dem/der

Befragten überlassen und die vorgenommene Strukturierung bildet mit den Gegenstand der später vorgenommenen Analyse.

Das biografische Interview ordnet die Erzählung durch den zugrundegelegten Leitfaden, welcher in der Regel nach der chronologischen Abfolge, beispielsweise nach den Unterthemen „Kindheit", „Jugend", „Berufseintritt", „Kennenlernen des Partners beziehungsweise einer Partnerin", „Heirat", „Geburt des ersten Kindes" et cetera vorgeht. Beim narrativen wie beim biografischen Interview kommen verschiedene Auswertungsebenen in Betracht: Es geht nicht nur um die inhaltlichen/informativen Aspekte, wie verwendete Daten, Ereignisse oder die Detailgenauigkeit, sondern auch um die dabei zutage tretende *subjektive Konstruktion der erzählten Geschichte,* die Art und Weise der Verknüpfung von Ereignissen, aber auch um formale Gesichtspunkte, wie die produzierte Textart und die emotionale Tönung des Berichteten. Auswertungsrelevant kann auch sein, welche Motivstrukturen bei den Befragten deutlich werden, welche Werthaltungen und Orientierungsmuster und auch deren Wandlungen. Gesondert betrachtet werden kann auch die Einbeziehung zeitgeschichtlicher Ereignisse und deren Wirkungen auf die Untersuchungsperson. Haupteinsatzgebiet des narrativen und biografischen Interviews ist die Biografie- und Lebenslaufforschung[31] und die sog. „Oral History", im Bereich der historischen (Frauen-)Forschung.

Innerhalb der aktuellen Frauenforschung kommt der biografischen Methode eine große Relevanz zu, was wohl kaum verwundert angesichts der methodologischen Prinzipien qualitativer Forschung (vor allem die Offenheit des Forschungsprozesses und die Ganzheitlichkeit des Vorgehens), welche mit den Postulaten der Frauenforschung hoch kompatibel erscheinen. Ausgangspunkt der feministischen Biografieforschung ist die Erkenntnis, dass Biografie als soziales Konstrukt „geschlechtsgebunden" ist, das heißt niemals unabhängig von den herrschenden gesellschaftlichen Geschlechterverhältnissen begriffen werden kann. Die gesellschaftlichen Verhältnisse und hier vor allem die Tatsache der „doppelten Vergesellschaftung" (Becker-Schmidt 1987) von Frauen werden in deren konkreten Biografien produziert und reproduziert (vgl. Dausien

---

[31] Die oft in einem Atemzug genannte Biografie- und Lebenslaufforschung unterscheidet sich deutlich im Hinblick auf ihre Zielrichtung, Methodologie und auch die eingesetzten Instrumente. Während die Biografieforschung auf die erzählte Autobiografie, also die subjektive Ausdeutung einer individuellen Lebensgeschichte zielt, arbeitet die Lebenslaufforschung mit quantitativer Ausrichtung und meist aggregierten Daten: Es geht um die Struktur von Lebensverläufen ganzer (Geburts-)Kohorten.

1994, 142). Deutlich tritt auch in Frauenbiografien der Konflikt zwischen den subjektiven biografischen Perspektiven, den Beziehungsinteressen und den sozialen Erwartungen aus der Umwelt hervor (vgl. ebenda, 151).

Innerhalb der Sozialarbeitsforschung wurde vor allem im Bereich der Sozialen Arbeit mit Frauen mit biografischen Interviews gearbeitet, zum Beispiel wenn es um Gewalterfahrungen von Frauen geht oder auch um die Lebenskarrieren von wohnungslosen Frauen (vgl. Steinert/Thiele 2000, 68f. und 183f.), um die besonderen Lebenserfahrungen von allein erziehenden Frauen und um behinderte Frauen. Narratives wie biografisches Interview durchlaufen in der Regel fünf Phasen:

1. Phase

Die Modalitäten des Interviews müssen abgeklärt werden. Es erfolgt die Erläuterung des Untersuchungszwecks beziehungsweise -ziels, die Zusicherung der Anonymität, eine kurze Vorstellung der Person, die das Interview führen wird und eine Terminvereinbarung sowie die Festlegung der Gesprächsdauer. Anschließend sollte die Zustimmung zur Aufzeichnung des Gesprächs eingeholt werden. Mit einem geeigneten „Warming-up" beginnt dann das Interview. Diese Phase gilt auch als Vorlauf beim problemzentrierten Interview.

2. Phase

Jetzt beginnt der eigentliche Einstieg ins Interview mit dem Anschneiden des ersten Themenbereichs und eventuell dessen Eingrenzung auf einen bestimmten Zeitraum (z.B. Kindheit) oder Aspekt (z.B. Freundschaft, Mädchen-/Junge-Sein etc.). Der Einstieg erfolgt über eine so genannte erzählgenerierende Frage: „Erinnern Sie sich doch bitte zurück an Ihre Kindheit, als Sie gerade eingeschult wurden ...".

3. Phase

Es folgt die Erzählphase durch den/die Befragte, den es gilt möglichst interessiert, anteilnehmend, aber zurückhaltend zu begleiten. Dabei muss auch ein gelegentliches kurzes Schweigen oder eine Sprechpause ausgehalten werden, erst wenn der Erzählfluss völlig ins Stoppen gerät oder der/die Befragte völlig abschweift, schaltet sich der/die Interviewer/-in wieder ein. Die Rolle der Interviewer/-in beschränkt sich in dieser Phase auf die Eingangsfrage(n) und auf bestätigende, aufmunternde Kommentare und Gebärden (Nicken, Lächeln).

4. Phase

Nachdem der/die Befragte geendet hat, beginnt die Interviewer/-in mit der Nachfragephase: Unklar Gebliebenes oder Widersprüchliches soll geklärt und offensichtliche Lücken sollen dabei geschlossen werden.

5. Phase

In dieser letzten Phase des Interviews soll die Kommunikationssituation zwischen Interviewer/-in und der befragten Person abgeschlossen werden. Als Abschlussfrage wird sehr häufig die so genannte Bilanzierungsfrage gestellt: „Alles in allem, würden Sie es heute noch einmal so machen?" oder auch: „Was würden Sie sagen, waren für Sie die glücklichsten/schwierigsten Jahre/Ereignisse?" Die letzte Phase des Interviews fördert mitunter nicht nur spannende Nachsätze zutage, sondern soll vor allem dem/der Befragten die Gelegenheit bieten, sich emotional wieder zurückzuziehen und die Erzählsituation abzurunden.

Bei narrativem wie biografischem Interview bleibt der Detaillierungsgrad sowie der Stil der Erzählung den Befragten überlassen. Beide Interviewformen setzen nicht nur die Erzählwilligkeit, sondern auch die sprachliche Kompetenz zur Erzählung voraus. Die Erzählungen sind zugleich retrospektive Interpretationen und Plausibilisierungen des individuellen Handelns von einem Jetzt-Zeitpunkt aus. Bei der Auswertung der Interviews geht es um den Nachvollzug des subjektiven Sinns und auch um die Rekonstruktion von Mustern und Strukturen (vgl. auch Schaffer 1993, 146f.). In der Forschungspraxis wird immer wieder darauf verwiesen, dass häufig schon eine kleine Gruppe von 20–30 Klient/-innen eine erschöpfende Variationsbreite verschiedener typischer Verläufe erkennen lässt, also bereits eine „Sättigung" eintritt, das heißt sich jenseits dieser Fallzahlen bestimmte Muster bereits wiederholen.

In der Sozialarbeitsforschung werden unterschiedliche Anliegen und Ziele mit dem Einsatz biografischer und narrativer Interviews verfolgt:

- es werden unterschiedliche Kulturen, Lebens- und Weltauffassungen erschlossen, was zu einer Sensibilisierung für „das Fremde" beiträgt,
- Lebensgeschichten können das Verständnis für sozial schwer zugängliche und stigmatisierte Gruppen eröffnen beziehungsweise erhöhen,

- es kann Wirksamkeitsforschung betrieben werden, indem post-hoc nachvollzogen wird, wie und inwiefern Soziale Arbeit in das Leben der Untersuchten eingegriffen hat,
- es kann die Verarbeitung kritischer Lebensereignisse nachvollzogen werden (z.B. (Langzeit-)Arbeitslosigkeit, Aufenthalt in der Psychiatrie, im Strafvollzug, in einer Reha-Einrichtung, Verwitwung etc.).

In der sozialwissenschaftlichen wie in der Sozialarbeitsforschung werden biografisches und narratives Interview häufig auch als Mischform eingesetzt (das heißt es gibt einen sehr locker gehandhabten Leitfaden und viel Raum für die Narration, das freie Erzählen), welche möglichst nahe am Alltag der Untersuchten ansetzt und von der auch Girtler (1996) behauptet, diese habe sich besonders gut bei sozialen Randgruppen bewährt.

Bei biografischem wie narrativem Interview handelt es sich also in der Regel um retrospektive lebensgeschichtliche Erzählungen von einem Jetzt-Zeitpunkt aus. Um dagegen eine aktuelle Handlungsorientierung zu untersuchen, wird eher der nachfolgend vorgestellte Interviewtypus des problemzentrierten Interviews gewählt.

2. Das problemzentrierte Interview

Das problemzentrierte Interview konzentriert sich auf eine bestimmte oder einige wenige Problemstellungen, die von der Interviewerin eingeführt werden und auf die sie immer wieder zurückkommt. Das Forscher/-innenteam geht nicht völlig theorielos ins Feld, vielmehr wird gleich zu Beginn die Literatur nach themenspezifischen theoretischen Erklärungsansätzen sowie empirischen Befunden zur ausgewählten Problematik gesichtet. Im Bereich der Sozialen Arbeit spielen sicherlich auch das professionelle Erfahrungswissen der Untersuchenden eine wichtige Rolle. Das Forschungsfeld wird also nicht voraussetzungslos erschlossen. Die Erkenntnisse, die sich aus der theoretischen Übersicht und dem beruflichen Erfahrungswissen ergeben, beeinflussen die inhaltliche Strukturierung des Frageleitfadens. Dies bedeutet, dass beim problemzentrierten Interview die vorab herausgefilterten Problembereiche die relevanten, durch den Leitfaden abgetasteten Untersuchungsaspekte vorgeben. Damit rückt dieser Interviewtypus sehr nahe an die Konstruktionslogik eines quantitativ orientierten Erhebungsinstruments heran, unterscheidet sich aber nach wie vor davon, indem das Erzählprinzip durch ausschließlich offene Fragen aufrechterhalten wird und auch eine Erweiterung oder Modifikation der Themenfelder durch die Befragten möglich ist. Ein weiterer wichtiger Unterschied besteht darin, dass das problemzentrierte Interview zum induktiven Schließen eingesetzt wird, das heißt es gilt bei der Datenanalyse und Datenauswertung das Typische, das Exemplarische am Einzelfall oder an den Einzelfällen herauszuarbeiten und in eine generierende Theorie zu überführen. Anders als beim vollstandardisierten Interview werden also nicht nur vorab entwickelte Hypothesen überprüft, sondern die im Vorfeld durch die Literatur oder das Erfahrungswissen generierten Annahmen, die sich in den Inhalten des Leitfadens widerspiegeln, können revidiert, erweitert oder auch differenziert werden, so dass keine Perspektivenverengung vorliegt.[32] Methodologisch betrachtet erfolgt eine Kombination von Induktion und Deduktion mit der Chance auf eine Modifikation der zuvor konsultierten theoretischen Konzepte. Auch die kommunikativen Aspekte des Interviews (Rückfragen, Erklärungen, Anpassung des sprachlichen Niveaus) bleiben intakt. Die Bedeutungsstrukturierung durch den/die Befragte bleibt weiterhin im Mittelpunkt der Aufmerksamkeit, auch wenn die Untersuchenden Vermutungen über die Relevanzstrukturen, Motive, Wertesysteme und Handlungsmotivationen der Befragten haben. Die Reihenfolge der durch den Leitfaden vorgegebenen Themenkomplexe kann variiert werden, die offenen Fragen sollen dabei einen Erzählstimulus bieten, allerdings ist beim Interview darauf zu achten, dass der Leitfaden erschöpfend (vollständig) abgetastet wird, um die spätere Vergleichbarkeit der Interviews zu gewährleisten.

Das gesamte Interview wird auf Band aufgezeichnet, anschließend wortwörtlich transkribiert. Die wichtigsten sozio-demographischen Angaben zur Person der/des Befragten werden im Anschluss an das Interview und in vollstandardisierter Form erfasst. Es muss damit gerechnet werden, dass pro Interviewstunde ein Papierumfang von etwa 12 bis 15 DIN A-4 Schreibmaschinenseiten anfällt. Auf den abgetippten Seiten erscheint die Interviewer/-in mit dem Kürzel „I", bei mehreren Interviewer/-innen

---

[32] Wellenreuther weist darauf hin, dass gerade die Vorgabe von mehreren Antwortalternativen bei der vollstandardisierten Befragung das Meinungsspektrum der Befragten besser stimulieren kann, als wenn die Antworten selbstständig formuliert werden müssen und dabei Aspekte der Thematik spontan nicht mehr erinnert werden (vgl. Wellenreuther 2000, 320f.). Das qualitative Interview versucht aber gerade zu einer vertieften Eruierung aller Aspekte eines Themenkomplexes durch bestimmte Nachfrage- und Interpretationstechniken zu kommen.

„I 1", „I 2" usw. Der Name der/des Befragten wird abgekürzt, beispiels-weise Frau A, Herr B. Es empfiehlt sich auch, bei der Abschrift einen breiten rechten Rand für spätere Randmarkierungen am Text zu lassen. Teilweise wird auch für ein schnelleres Auffinden der späteren Zitierstel-len eine Zeilennummerierung auf jeder Interviewseite durchgeführt. In der Regel bleiben die kompletten Interviews beim Untersuchungsteam, es werden also nur Ausschnitte in Form von wortwörtlichen Zitaten als Belegstellen bei der Auswertung veröffentlicht. Manchmal werden die Interviews auch komplett im Anhang einer Untersuchung veröffentlicht, dafür ist in jedem Fall das Einverständnis der Befragten notwendig. Die Auswertungsschritte werden noch weiter unten anhand eines Beispiels erläutert werden (vgl. dazu Punkt 5.5.2). Nun zu den Durchführungspha-sen des Interviews:

1. Phase

Sichtung von theoretischem und empirischem Material zum Untersu-chungsthema, Diskussion von einschlägigem Erfahrungswissen und des-sen intersubjektive Abklärung (z.B. was wird innerhalb eines Teams dazu gedacht, worauf kann man sich verständigen), Eingrenzung des Themas, Auswahl der Untersuchungsfrage(n), Strukturierung des Leitfadens; Ent-wurf des sozio-demographischen Bogens. Vorbereitung der Interview-situation (siehe Phase 1 beim biografischen Interview).

2. Phase

Beginn des Interviews mit *Warming-Up;* Leitfaden als Strukturierungs-hilfe nutzen, einzelne Themenkomplexe werden mit Erzählstimulus ein-geleitet.

3. Phase

- Zurückspiegeln: „Das habe ich jetzt so verstanden" oder „Das hört sich jetzt für mich so ... an"; Bitte um Korrektur oder weitere Kom-mentierung des Gesagten;
- „Sie haben gerade beiläufig erwähnt, können Sie dazu noch einmal ge-nauer ..."
- Verständnisfragen: „Das verstehe ich jetzt nicht so ganz", „Wie mei-nen Sie das ...?" „Wieso ...?"
- Konfrontation: Widersprüchliches aufdecken, eventuelles Auswei-chen ansprechen

4. Phase

Ad-hoc-Fragen stellen: Noch nicht Behandeltes oder übersprungene Themenkomplexe im Nachhinein ansprechen.

5. Phase

Interview mit einer abschließenden Frage beenden, zum Beispiel „Ich bin jetzt am Ende meiner Fragen angelangt, können Sie sagen, ob Ihnen noch etwas Ergänzendes einfällt, hat etwas gefehlt, worüber Sie noch gerne sprechen würden?" Danach erst die sozio-demographischen Daten erfassen.[33]

Auch das problemzentrierte Interview wird auf Band mitgeschnitten und später transkribiert. Zusätzlich wird unmittelbar nach dem Interview ein Postskriptum empfohlen, die Interviewer/-in hält darin Eindrücke fest, die durch die Tonbandaufnahme nicht erfasst worden sind, zum Beispiel wie sich die Kontaktaufnahme gestaltet hat, wie die Atmosphäre beim Interview war, welche nonverbalen Reaktionen die befragte Person zeigte, welche besonderen situativen Bedingungen herrschten (vgl. Schmidt-Grunert 1999, 43).

3. Das fokussierte Interview

Ausgangspunkt des fokussierten Interviews ist immer eine von den Befragten geteilte Erlebnissituation und es zielt auf die Erhebung der verbal reproduzierten, unmittelbaren Reaktionen der daran beteiligten Befragten. Dabei wird das, was als gemeinsame Situation definiert wird, relativ weit gefasst: Es kann sich um die Reaktionen auf einen Kinofilm unmittelbar nach dem Kinobesuch handeln, es kann sich auch um eine aktuell gehörte Radiosendung drehen oder spontane Aussagen zu einem zuvor ausgehändigten Flugblatt. Dem fokussierten Interview liegt ein – in der Regel – kurzer Leitfaden zugrunde, der auf im Vorfeld vom Untersuchungsteam entwickelten Hypothesen beruht. Der hypothesentestende Charakter ist beim fokussierten Interview so vordergründig, dass im Grunde bereits ein Grenzfall in Bezug auf den qualitativen Charakter des

---

[33] Entgegen anderslautenden Empfehlungen (zum Beispiel Schmidt-Grunert 1999, 42) rate ich grundsätzlich dazu, die sozio-demographischen Daten am Ende abzufragen, weil nach meiner Erfahrung sonst die anfängliche Befangenheit beim Interview auf Befragtenseite verstärkt wird, sogar Misstrauen im Hinblick auf die Anonymitätszusicherung aufkommt und außerdem eine „innere Haltung" auf gestellte Fragen knapp zu antworten, eher befördert wird und den Redefluss von Anfang an hemmt.

Erhebungsinstruments vorliegt. Die qualitative Einstufung des fokussierten Interviews basiert auf der Verwendung ausnahmslos offener Fragen, auf den Freiheitsgraden durch die beabsichtigte Spontaneität in den Antwortreaktionen und auf den individuell bestimmbaren inhaltlichen Aspekten in den Ausführungen durch die Befragten. Dies bedeutet, dass Zusammenhänge, Herleitungen, Begründungen et cetera von den Befragten geliefert werden und keine Prädetermination (im vorhinein festgezurrte theoretische Ausschnittbestimmung) durch irgendwelche Vorgaben eintritt. Darüber hinaus geht es im fokussierten Interview nicht nur um oberflächliche Reaktionen, sondern um durchaus vertiefte Einsichten – Diekmann spricht an dieser Stelle von „Tiefgründigkeit" (Diekmann 1999, 447) – bei den Antworten beziehungsweise Reaktionen. Die Interviewer/-in lässt sich also nicht mit Adjektiven wie „schockierend", „begeisternd" oder „wunderschön" abspeisen, sondern stimuliert durch profunde und spezifische Fragestellungen, was sich hinter diesen Etikettierungen verbirgt, welche Einstellungen und Motive dabei zutage treten. Verbindungen zwischen Persönlichkeitsaspekten und den spontanen Reaktionen sollen transparent gemacht werden.

4. Das Tiefen- oder Intensivinterview

Dieser Interviewtypus ist ausschließlich im Bereich der Psychologie gebräuchlich und soll hier nur der Vollständigkeit halber kurz angesprochen werden. Die Grundidee des Tiefeninterviews ist es, durch alltagsweltliche Themenstellungen im Leitfaden auf dahinterstehende Motivstrukturen der Befragten schließen zu können. Dabei wird davon ausgegangen, dass die Aussagen, die sich auf ganz alltägliche Begebenheiten richten, im Rahmen der Psychoanalyse ausgedeutet, Zugang zum Unbewussten der Befragten schaffen. Das heißt aber, dass die untersuchten Personen von sich mehr als die bewussten und reflektierten Handlungsmotivationen offenbaren. Damit widerspricht das Tiefeninterview gleich zwei methodologischen Prinzipien des qualitativen Interviews, nämlich dem Prinzip der Reflexivität von Gegenstand und Analyse und dem Prinzip der weitgehenden Theorielosigkeit (keine Prädetermination). Vielfach wird in der Praxis das Interview auch als eine Art Assoziationstest durchgeführt, wodurch zusätzlich noch eine Standardisierung des Leitfadens erfolgt. Das Intensivinterview ist also deutlich mehr als die übrigen vorgestellten Interviewtypen an eine quantitative Untersuchungslogik angenähert.

5. Das Struktur- oder Dilemmainterview

Dieser Typus von Interview wurde ebenfalls innerhalb der Psychologie in der Tradition von Piaget und Kohlberg entwickelt und seine Struktur ist relativ starr. Ausgangsbasis bildet eine Erzählvorgabe, die auch filmisch dargeboten werden kann und die dazu dienen soll, die Urteilsstrukturen beziehungsweise die „soziale Moral" einer Person aufzudecken. Die jeweilige Erzählvorgabe besteht in einem sog. Handlungsdilemma, welches ein mehr oder minder schwerwiegendes Entscheidungsproblem darstellt. Das in der einschlägigen Literatur wohl berühmteste ist das so genannten Heinz-Dilemma: Ein Mann kann das für seine über alles geliebte Ehefrau lebensrettende Medikament nicht bezahlen. Welche Strategien sind ihm angesichts der Dramatik der Situation erlaubt (z.B. Raubüberfall auf Apotheke)? Bei der Auswertung geht es dem Untersuchungsteam nicht so sehr oder ausschließlich um die Lösungen die von den Proband/-innen vorgeschlagen werden, sondern vor allem um deren „moralische" Begründungen. Um das gewählte Dilemma herum werden gezielte Nachfragen gruppiert, um möglichst alle Aspekte der Entscheidungsfindung zu erfassen. Die Anforderungen an die Interviewer/-innen-Kompetenz ist entsprechend groß, denn von ihm/ihr hängt es ab, wie gründlich Motivstrukturen aufgedeckt werden, ohne suggestiv zu beeinflussen.

4.2.6 Inhaltsanalysen

Unter dem Begriff Inhaltsanalyse können in der einschlägigen Literatur eine ganze Reihe von sehr unterschiedlichen analysetechnischen Verfahren (z.B. Content Analysis, hermeneutische Inhaltsanalyse, Dokumentenanalyse) subsumiert werden, sie zielen alle auf die systematische und intersubjektiv nachvollziehbare Analyse „sozial-symbolischer Kommunikationsinhalte", in der Regel Texte, aber auch bildliches oder musikalisches Material. Die Inhaltsanalyse kann sich vorwiegend oder ausschließlich auf die inhaltlichen Aspekte eines Textes beziehungsweise eines Bildes oder Musikstücks beziehen, genau so aber auch auf rein formale Gesichtspunkte, also den Sprach-, Mal- oder Musikstil.

In der *Textanalyse*, die ich weiter unten noch als *quantitative und qualitative Inhaltsanalyse* vorstelle und welche die weitaus üblichste Form der Inhaltsanalyse darstellt, wird prinzipiell Textinhalt nach intersubjektiv nachvollziehbaren Regeln der Informationsverarbeitung systematisiert. Textbezogene Inhaltsanalyse kann also nie voraussetzungslos erfolgen, denn sie ist an die Bedingungen von Sprache im weitesten Sinne geknüpft (vgl. Baumhöver 1992, 136). Das Ziel der Textanalyse ist also in der Regel die systematische, inhaltliche Aufschlüsselung von Textmaterial, die Technik stammt ursprünglich aus den Kommunikationswissenschaften. Heute dient sie unter Ausschöpfung ganz unterschiedlicher methodischer Zugangsweisen in sehr vielen wissenschaftlichen Bereichen als „Basistechnik".

Im Bereich der Sozialwissenschaften diente die Inhaltsanalyse anfänglich vor allem als Untersuchungsmethode, wenn es um die Beobachtung vergangenen Sozialverhaltens ging. Es kann sich dabei um „weiche Daten" handeln, wie etwa Tagebuchaufzeichnungen, Briefe, Predigten, Romane und Theaterstücke, innerhalb derer die Information individuell-kreativ aufbereitet worden ist und auch subjektiv akzentuiert sein dürfte. Allerdings wird dieses Material in der Regel vor dem Hintergrund weiterer sozialhistorischer Daten verwendet. Beispiel: Die gesellschaftlichen Konzeptionen des weiblichen Lebenslaufes vor dem Hintergrund berühmter Frauenromane in den letzten zwei Jahrhunderten bis in die Gegenwart: Balzacs „Die Frau von dreißig Jahren", Vita Sackville-Wests „Die Frau von vierzig Jahren" und Doris Lessings Frau von fünfzig Jahren im „Sommer vor der Dunkelheit", alle drei Romane, welche die so genannte Lebensmitte der Frau schildern und ihren mehr oder minder dramatischen Eintritt ins Alter. Schon anhand der jeweils um ein Jahrzehnt hinausgerückten Grenze des Alters lässt sich ablesen, wie auch literarische Texte die soziale Überformung der Bewertung verschiedener Phasen einer Frauenbiographie belegen. Im gewählten Fall zeigen schon die Titel, um wie viel schneller die Frauen vergangener Jahrhunderte vor allem sozial gealtert sind, während die rein biologischen Alterungsprozesse kaum so gravierend gewesen sein dürften.

Diese Form der Sozialforschung ähnelt der historischen, aber ihre Zielsetzung unterscheidet sich davon. Während die Historiker/-innen jedes Einzelereignis möglichst detailgenau betrachten, interessiert dasselbe Ereignis beziehungsweise Dokument unter soziologischer Perspektive nur als spezifischer Ausdruck einer sozialen Verfasstheit, also etwa unter dem Aspekt seines Hinweises auf die sozialen Ungleichheiten in einer Gesellschaft. Beispiel: Eine „Schuhausstellung" im Bayerischen Völkerkundemuseum in München Anfang der 1990er Jahre: Die Historiker/-innen sammelten das Schuhwerk zahlreicher Frauen und schrieben es mit großer Genauigkeit bestimmten historischen Persönlichkeiten zu, etwa Marie Antoinette oder Kaiserin Sissy. Mich als Soziologin würde vielmehr interessieren, welches Abbild von gesellschaftlicher Stellung in diesen Schuhen zum Ausdruck kommt und ob beziehungsweise welcher Zusammenhang zwischen der durch die Schuhe gewährten Schrittbreite und der sozialen Stellung der Frau besteht. Das gesamte Schuharsenal wäre dann etwa unter der Hypothese „Je höher der Absatz (und die damit zusammenhängende Gehbehinderung), desto abhängiger ist die Trägerin in sozio-ökonomischer Hinsicht" zu sichten. Selbstverständlich müssten dann die Zusammenhänge für welche die Schuhe Indizien liefern, um weitere sozio-historische Quellen über die Frauen aus jener Zeit ergänzt werden.

Zu den prominenten Beispielen für die vielgenutzte Dokumentenforschung zählt Max Weber mit seiner Analyse der Schriften von Johann Calvin.

Max Weber vertritt eine die theoretisch-analytische Position von Karl Marx ergänzende und diese in ihrem Totalitätsanspruch zurückweisende Argumentation, wonach nicht allein das (wirtschaftliche) Sein das (gesellschaftliche) Bewusstsein prägt, sondern erst ein neu aufkommendes Bewusstsein, eine neue Ethik der Lebensführung, eine neue Wirtschaftsform (die des kapitalistischen Wirtschaftens) vorbereite. Als historischen Beleg wählt er die Bedeutung von Calvins Schriften zur protestantischen Ethik und arbeitet dabei die Bedeutung der neuen Geisteshaltung für die immer weitere Durchsetzung eines industriell-linearen Erwerbsarbeitskonzeptes unter den Bedingungen des Frühkapitalismus im Widerspruch zur Jahrhunderte währenden Tradition des bäuerlich-zyklischen Arbeitens und Wirtschaftens heraus. Weber belegt sehr eindrücklich, dass ohne diesen spezifischen ethischen Hintergrund die Schnelligkeit des damaligen wirtschaftlichen Umschwungs von einer bäuerlichen Gesellschaft in eine Industriegesellschaft nicht möglich gewesen wäre (vgl. Korte 1993, 105ff.).

Als abschließenden Hinweis zu inhaltsanalytischen Verfahren möchte ich, wie weiter oben bereits erwähnt, noch einmal darauf hinweisen, dass prinzipiell auch bildliches und bildhauerisches Material für die Erforschung menschlichen Sozialverhaltens ausgewertet werden kann. So hat etwa Insa Fooken mehrere tausend Darstellungen des menschlichen Alterns in der Malerei über mehrere Jahrhunderte ausgewertet, unter dem Aspekt in welcher Anzahl und auf welche Weise alte Frauen bildlich dargestellt worden sind. Von der weitgehenden Nichtberücksichtigung älterer und alter Frauen schließt sie auf die randständige gesellschaftliche Bedeutung von alten Frauen in bestimmten historischen Epochen (vgl. Fooken 1980).

4.2.6.1 Die quantitative Inhaltsanalyse

Die Inhaltsanalyse hat ihre sozialwissenschaftliche Methodentradition lange Zeit aus der *Quantifizierung von Textmaterialien* bezogen (vgl. Ritsert 1975, 14ff.). Mittels statistischer Operationen gelang es ihr, sehr umfangreiches und mannigfaltiges Textmaterial einer beschreibenden, vergleichenden und analysierenden Auswertung zuzuführen.

Die gebräuchlichsten Verfahren sind *Häufigkeitsanalysen*, bei denen bestimmte Textbestandteile ausgezählt werden (z.b. wie häufig erscheint das Wort „Arbeitslosigkeit" innerhalb eines ausgewählten Textes), *Valenz- und Intensitätsanalysen*, die das Material nach vorgegebenen Skalen einschätzen (z.b. wie stark die Kommentierungen innerhalb eines untersuchten Textes eine pessimistische oder optimistische Stimmung verbreiten) und schließlich *Kontingenzanalysen*, bei denen Zusammenhänge von Textbestandteilen analysiert werden (z.b. wie oft die Thematik Arbeitslosigkeit im Zusammenhang mit der Ausländerdebatte erörtert wird) (vgl. Mayring 1991, 209).

Resultat von *quantitativen Inhaltsanalysen* sind im Allgemeinen statistische Zusammenfassungen von Textbestandteilen unter *Kategorien* (z.B. die Untersuchungs-Kategorie „ausländische Arbeitnehmer/-innen" umfasst dann „zahlenmäßige Angaben", „regionale Verteilung", „Herkunftsländer", „Berufssparten", „Aufenthaltsdauer", „Familienstand", „politische Orientierung/Organisation" etc.) (vgl. Ritsert 1975, 9). Die inhaltsanalytische Forschung beschränkte sich zumindest im Bereich der quantitativen Verfahrensweisen lange Zeit auf das Zuordnen von Inhalten zu bestimmten Kategorien und auf das Auszählen von Häufigkeiten und zielt damit auf die Beschreibung des manifesten Inhalts der ausgewählten Untersuchungseinheiten (z.B. entsprechende Artikel in Zeitungen).

In der restriktivsten (an Berelson [1952] angelehnten) Definition handelt es sich bei der Inhaltsanalyse um eine Forschungstechnik für die *objektive, systematische und quantitative Deskription manifester Textinhalte*. Eingeschränkt erscheint diese Definition in mehrfacher Hinsicht: Zum einen durch die Einengung auf „manifeste Inhalte", weil dies suggeriert, dass latente Informationen (wie z.B. Wertungen, Kommentierungen, Interpretationen des Textproduzenten) nicht in die Analyse eingebracht werden können. Die dadurch indizierte Trennung von manifesten und latenten Inhalten mag zwar als analytische Konzeption ihre Bedeutung haben, ist aber im konkreten Rezeptionsvorgang (also beim Lesen) ineinander gemengt.

Generell ist davon auszugehen, dass jede Nachricht mehr als nur eine Bedeutung aufweist: Jede Nachricht kann aus den unterschiedlichsten Perspektiven wahr genommen werden, für unterschiedliche Rezipient/-innen (Leser/-innen) von disparatem Wert sein, in ganz unterschiedlichen Kontexten eine neuartige Bedeutung erlangen und ist darüber hinaus offen für psychologische, soziologische und politische Interpretationen. „In short, a message may convey a multitude of contents even to a single receiver" (Krippendorf 1980, 22).

Massenkommunikationsmedien (Zeitungen, Fernsehsendungen) sind die traditionellen Untersuchungsdomänen der quantitativen Inhaltsanalyse (vgl. Krippendorf 1980, 25), inzwischen bietet auch das Internet breite Einsatzmöglichkeiten. Vor allem im Bereich der Kommunikationswissenschaften interessierte man sich frühzeitig für Zuhörer- beziehungsweise Lesereffekte, öffentliche Meinung, soziopolitische Klimata, Prozesse des Wertewandels, kulturell bedingte Themenauswahl und Themenzuschneidung et cetera.

Hier deutet sich auch schon die weitergehende Bedeutung der Inhaltsanalyse an: Sie schließt von den publizierten Themen auf die Wirklichkeit. Es wird also vermutet, dass die analysierten Texte gesellschaftliche Wirklichkeit anhand brisanter Diskurse nicht nur widerspiegeln, sondern soziale Wirklichkeit durch massenmedial verbreitete Texte entsteht (z.B. Kriegsberichterstattung im Fernsehen). In dieser Optik wird *Inhaltsanalyse zur Methode* über sozial produzierte Texte auf *die soziale Wirklichkeit zu schließen.* In der dadurch ermöglichten systematischen Aufbereitung werden soziale Prozesse abbildbar.

Jeder produzierte Text und besonders die öffentlich zugänglichen Texte[34] werden damit als Teil einer gesellschaftlich vermittelten, sozialen Kommunikation (Diskurse) verstanden (z.B. die Debatte um Ausländer/-innen und Asylbewerber/-innen in den letzten Jahren).
Ziel einer solchen Textanalyse ist zunächst die Beschreibung und Auswertung der untersuchten Textinhalte. In einem darüber hinausgehenden

---

[34] Während Diekmann die Inhaltsanalyse öffentlich zugänglicher Texte (zum Beispiel politische Leitartikel in einer Tageszeitung) als nicht-reaktive Methode und die Inhaltsanalyse von Texten, die im Rahmen eines Forschungsprojekts entstanden sind (zum Beispiel Aufsätze der Marienthaler Kinder in Punkt 2.3.) als reaktive Methode kennzeichnet (vgl. Diekmann 1999, 486), teile ich diese Differenzierung nicht. Auch Journalist/-innen schreiben ihre Texte im Hinblick auf die Rezipient/-innen, sehr häufig entsprechend der politischen Couleur ihrer Arbeitgeber und/oder auch im „Meta"-Diskurs mit Kolleg/-innen anderer Zeitungen.

Schritt wird dann im Zuge der Interpretation von den manifesten Inhalten her auf die Zusammenhänge seiner Entstehung und Wirkung geschlossen.

Die „*kommunikationstheoretische Funktion*" (Wirkung eines Textes auf die Leserschaft) der Inhaltsanalyse ist in der Methodenliteratur bisher noch umstritten. Dies liegt nicht zuletzt in einer bislang noch nicht entwickelten, elaborierten Massenkommunikationstheorie begründet (vgl. Atteslander 1984; v. Saldern 1989). Erst auf der Basis einer Kommunikationstheorie könnten Hypothesen über den Wirkungszusammenhang zwischen Sendemedium (etwa die Zeitung, die Radiosendung, die TV-Sendung) und Rezipient/-innen (Leser/-innen, Hörer/-innen, Zuschauer/-innen) formuliert und im Zuge der Inhaltsanalyse einer Testung unterzogen werden.

Die wissenschaftsinterne Kritik an der Inhaltsanalyse insgesamt richtete sich bislang vor allem gegen das Postulat der Quantifizierung und gegen die Beschränkung auf den manifesten Teil der Texte (vgl. Bos/Tarnai 1989, 4). Tatsächlich werden auch durch die bloße Deskription manifester Inhalte die latenten Inhalte und „Botschaften" der analysierten Texteinheiten zunächst außen vor gehalten. Trotzdem kann die Analyse um die latenten Textbotschaften erweitert werden, wenn Wertungen, Kommentierungen und bildhafte Darstellungen in die Auswertungen miteinbezogen werden (z.B. mittels Skalen). Es kann durchaus herausgefunden werden, nicht nur wie stark ein bestimmtes Thema (wie z.B. Arbeitslosigkeit) in einem ausgewählten Massenmedium (wie z.B. Presse, Hörfunk, Fernsehen, Internet) repräsentiert ist, sondern auch wie eine spezifische Thematik innerhalb einer ausgewählten Untersuchtengruppe (z.B. in den fünf auflagenstärksten Tageszeitungen in Deutschland) behandelt wird, welche Emotionen, Wertungen und Einstellungen dabei sichtbar werden.

Die klassische Analysetechnik der quantitativen Inhaltsanalyse ist die *Frequenzanalyse* oder auch Klassifikationsanalyse (vgl. Bos/Tarnai 1989, 4). Häufigkeiten manifester Texteinheiten werden ausgezählt. Die reine Auszählung kann sich auch auf Bildmaterial richten (z.B. Zahl der gezeigten Morde im TV-Spielfilmprogramm ausgewählter Sender in einem bestimmten Zeitabschnitt). Durch Frequenzanalysen lassen sich Trends oder Phasen über einen festgelegten Zeitraum hinweg nachzeichnen (z.B. als Nachweis über die zunehmende Popularität von Gewaltdarstellungen im Fernsehen oder auch als Nachweis von Modezyklen anhand des Wandels der Bartmode bei Männern, vgl. weitere Beispiele bei Diekmann 1999, 496). Über Frequenzanalysen hinaus können durch die oben bereits genannte *Kontingenzanalyse* Zusammenhangstestungen von unterschiedlichen erfassten Textkategorien vorgenommen werden (z.B. zwischen Zukunftsoptimismus und politischer Orientierung), der zeitliche Verlauf einer Thematik und dessen typische kontextuelle Einbindung (z.B. wenn Arbeitslosigkeit überwiegend im Zusammenhang mit der Ausländerpolitik behandelt wird) nachvollzogen werden.

Die einfachen Frequenzanalysen finden besonders dort ihren Anwendungsbereich, wo es um Trendaussagen in der Massenkommunikation beziehungsweise innerhalb eines spezifischen Massenmediums geht (vgl. Bos/Tarnai 1989, 5), so waren die häufigsten massenmedial eingesetzten Worte der beginnenden 1990er Jahre der „Wendehals", „geoutet" und „hinausgegauckt" und die am meisten verwendeten Metaphern die vom „Staat als einer Familie" und vom „vollen Boot".

4.2.6.2 Die Entwicklung des Kategoriensystems

Die Kategorienbildung gehört zum Herzstück jeder, der quantitativen, aber auch der qualitativen Inhaltsanalyse. Der erste Schritt zur Kategorienbildung findet auf der Theorieebene statt, indem die inhaltsanalytische Fragestellung formuliert und konkretisiert wird (z.B.: Wie wird der soziale Umbruch von Jugendlichen aus dem Osten erlebt?). Jede theoretisch entwickelte Kategorie muss bis in ihre Einzelkomponenten hinein aufgeschlüsselt werden, um so zu operationalen Definitionen der Analyseeinheiten zu kommen (z.B. „sozialer Umbruch" wird auf verschiedenen Ebenen nachgezeichnet sowie dessen Bewertung einbezogen: Veränderungen der Familienstruktur, des Ausbildungsweges, der beruflichen Wünsche, der Konsumvorstellungen, der privaten Lebensplanung etc.). Die theoretischen Vorüberlegungen führen allerdings nur zu vorläufigen Kategorien, die am Textmaterial überprüft, korrigiert und modifiziert werden, bis mit ihnen die zu analysierenden Texteinheiten angemessen erfasst werden können (es wäre etwa möglich, dass der Umbruch auf völlig anderen Ebenen von den Jugendlichen thematisiert wird, etwa auf der Ebene vorher wichtiger Bezugsgruppen, die dann verloren gingen).

4.2.6.3 Der Codiervorgang

Der Codiervorgang ist die numerische Übersetzung der Daten auf vorgefertigte Codierbögen. Codieren ist ein systematisch gesteuertes und nach vorgegebenen Regeln weitgehend dokumentiertes Rezeptionsverfahren (vgl. Früh 1984, 36). Weil im Codiervorgang die untersuchungsrelevanten Informationen aus einem Gesamttext selegiert werden, findet also gleichzeitig immer eine Interpretationsleistung der Codierenden statt. Verzerrungen lassen sich nicht gänzlich ausschalten. Um Selektions- oder Verständnisfehler möglichst weitgehend zu vermeiden, muss eine intersubjektive Nachvollziehbarkeit und Nachprüfbarkeit der Ergebnisse gewährleistet sein. Das vorhandene oder geschulte Vorwissen der Codierer/-innen ist für das Verständnis der zu analysierenden Texte unabdingbar (vgl. Baumhöver 1992, 141).

Beim Codieren muss also genau wie im alltäglichen Lesevorgang die Bedeutung eines (untersuchungs-) relevanten Inhalts kognitiv erfasst werden, bevor eine passende Variable aus dem Kategoriensystem zugeordnet und der dazugehörende Zahlencode auf einer dafür reservierten Stelle im Codierbogen vergeben werden kann (vgl. ausführlichen Codierbogen in Schaffer/Zelinka 1993, 197ff.). Der Vorteil von Frequenz- und Kontingenzanalysen liegt nicht zuletzt in ihrer datentechnischen Aufbereitbarkeit.

4.2.6.4 Qualitative Inhaltsanalyse

Bereits in den 70er Jahren wurde versucht (Ritsert 1972), eine Alternative zu der überwiegend auf Häufigkeiten zielenden quantitativen Inhaltsanalyse zu entwickeln, die ohne vorschnelle Quantifizierung auskommt, aber trotzdem regelgeleitet vorgeht. Zu Beginn der Untersuchung ist es wichtig zu bestimmen, ob der Text oder das Thema selbst den Analysegegenstand bilden oder ob die Untersuchung auf den Textproduzenten zielt und deren sozio-kulturellen Hintergrund. Es werden drei Grundformen von qualitativer Inhaltsanalyse unterschieden (vgl. Mayring 1991, 211ff.).

1. Die zusammenfassende Inhaltsanalyse

Hier wird das Material so zu reduzieren versucht, dass die wesentlichen Inhalte erhalten bleiben, aber ein überschaubarer Kurztext entsteht. Dazu werden etwa Wiederholungen gestrichen und zusammengehörende Argumentationen gebündelt und Aussagen zu ein und demselben Gegenstand zusammen gefasst.

2. Die explizierende Inhaltsanalyse

Neben der Textreduzierung wird hier Material gesammelt, um unklare Textstellen erklärlich zu machen. Als Material für die genauere Klärung einer Aussage können textimmanente Passagen herangezogen werden, aber auch Informationen hinzugezogen werden, die außerhalb des produzierten Textes liegen (Hintergrund des Textproduzenten oder dessen Aussagen/Erläuterungen zu bestimmten Passagen in einem separaten Interview).

3. Die strukturierende Inhaltsanalyse (wohl gebräuchlichste Form)

Sie hat das Ziel, bestimmte Aspekte aus dem Material herauszufiltern und unter vorher festgelegten (theoretischen) Ordnungskriterien einen Querschnitt durch das Material zu legen. Entscheidend bei diesem Vorgehen ist die ursprüngliche theoretische Fragestellung.[35] Beispiel: Ich lasse junge Männer einen Aufsatz über die Wahrnehmung ihrer Freundin/Partnerin/ Ehefrau schreiben und gehe davon aus, dass die überwiegende Zahl eher konservativ bei der Partnerinnenwahl ist und entsprechend traditionelle „Tugenden" an der Partnerin schätzt (etwa, dass sie gut kochen kann). Dann wird der Text danach durchforstet, welche Klischees auftauchen, in welchen Rollen die Frau wahrgenommen wird, wie die emotionale Beziehung dargestellt wird, welche Bedeutung körperliche Merkmale haben et cetera. Mit besonderer Aufmerksamkeit wird bei der strukturierenden Analyse nach so genannten *Ankerbeispielen* und typischen Passagen gefahndet, die dann die Theorie stützen oder modifizieren.

Haupteinsatzgebiet der *qualitativen Inhaltsanalyse* ist die Auswertung *teilstandardisierter Interviews*, die entlang ausgewählter Kategorien – und zwar sowohl formaler beziehungsweise stilistischer als auch theoretischer – verläuft. Die theoretischen Kategorien werden entweder aus einer für die geplante Untersuchung relevanten (Makro-, Meso- oder Mikro-)Theorie heraus entwickelt und/oder auch direkt aus dem Material (gegenstandsbezogen) abgeleitet (vgl. Steinert 2000, 138). Im ersten Fall werden also die Auswertungskategorien an das Material herangetragen, daran überprüft und gegebenenfalls modifiziert. Im zweiten Fall dagegen werden die Kategorien „urwüchsig" entwickelt, in einem völlig offenen Verfahren, was den methodologischen Postulaten der qualitativen Forschung am nächsten kommt.

---

[35] Zu vertiefteren Auseinandersetzung mit den Verfahren der objektiven (strukturalen) Hermeneutik bei Texten und Bildern empfehle ich Heinze-Prause 2001, 213–283.

Noch einmal die wichtigsten Schritte bei einer *qualitativen Inhaltsanalyse* gleich welchen Zuschnitts:

- theoretische Herleitung und Darstellung der Untersuchungsfrage(n),
- Festlegung und gegebenenfalls Eingrenzung des Analysematerials,

  Stichprobenbeschreibung (von wem wurde der Text beziehungsweise die Texte verfasst beziehungsweise welche und wie viele Texte aus welchen Textträgern (z.B. Tageszeitungen) wurden bearbeitet),
- Schilderung der Erhebungssituation (gegebenenfalls Eingrenzung des Untersuchungszeitraumes etwa bei Zeitungsanalysen),
- Festlegung der Analysetechnik (zusammenfassend, explizierend oder strukturierend),
- Darstellung der Untersuchungskategorien und deren Herleitung (formale und theoretische und/oder gegenstandsbezogene Kategorien),
- theoretische Rückbindung der Analyse und Prüfung einer Generalisierung der Ergebnisse.

Abschließend ein Beispiel für eine Textanalyse, bei der die einzelnen Analyseschritte erläutert werden sollen.

4.2.6.5 Beispiel für eine qualitative Textanalyse

Als Beispiel für eine *strukturierende Inhaltsanalyse* wähle ich eine von den Österreicherinnen Neubauer/Unteregger (1989) an Schulen durchgeführte Untersuchung zu dem Aufsatzthema: „Meine Mutter und ich". Diese Wiener Studie sollte die Wahrnehmung der Mutter in Aufsätzen von 10- bis 16-jährigen Mädchen und Jungen geschlechtspezifisch untersuchen.

Theoretischer Ausgangspunkt für die Forscherinnen ist der Ansatz der Psychoanalytikerin Nancy Chodorow, welche davon ausgeht, dass Mütter ihre Töchter nicht in gleicher Weise als verschieden von sich betrachten wie ihre Söhne. Mütter haben zwar zu all ihren Kindern ein Gefühl der Kontinuität und Einheit, aber im Fall der Töchter wird diese Einheit zu einer Symbiose verstärkt, die unter anderem dazu führt, die Tochter als eine Erweiterung des mütterlichen Selbst zu betrachten. Dadurch kommt es im Verlauf der Sozialisation dazu, dass Mütter ihren Söhnen von Anfang an einen höheren Aktionsradius zugestehen und dass die Ablösungskonflikte von Töchtern weitaus dramatischer verlaufen beziehungsweise sich viele Frauen ihr Leben lang nicht vollständig aus der mütterlichen Umklammerung lösen.

Das bedeutete für die Studie die Annahme folgender offener *Hypothesen:*

• Beziehungen zwischen Müttern und Töchtern sind affekt- und konfliktgeladener als die zwischen Müttern und Söhnen

• Gefühle der Rivalität und Eifersucht treten nur zwischen Töchtern und Müttern auf (Konkurrenzrolle), während die Söhne die Mütter eher in ihren instrumentellen Rollen wahrnehmen (z.B. als Autofahrerein oder Köchin)

Für die *Stichprobe* wurden insgesamt 375 Schüler/-innen aus drei verschiedenen Schultypen ausgewählt und ohne weitere Angaben zu einem Aufsatz zum Thema „Meine Mutter und ich" aufgefordert.

Zur Auswertung: Aufsatzbeispiele

Aufsatz A: „Meine Mutter und ich."

Meine Mutter ist Hausfrau und arbeitet nebenbei im Büro einer Tischlerei. In ihrer Freizeit strickt sie Pullover für meinen Bruder und mich oder liest Zeitung, Bücher usw. Manchmal fernsieht sie auch (meistens Nachrichten). Wäschebügeln tut sie, wenn es schön ist, auf der Terrasse.

Meine Hobbys sind Fernsehen, lesen, spielen ... Meine Lieblingstiere sind Katzen. Ich sammle Briefmarken, Münzen, Mineralien, Muscheln usw. aus verschiedenen Ländern.

Meine Mutter ist etwa so groß wie ich (ungefähr 1,60 m). Sie ist 60 kg schwer, hat schwarze kurze Haare mit Locken. Ich bin 40 Kilo schwer, habe kurze Haare und bin blond. Ich habe blau-grüne Augen (meine Mutter hat braune Augen). Kennzeichen hat keiner meiner Familie (Bub, 12, 2. Kl. HS, Fam. Vollst., 1 Geschw.).

Aufsatz B: „Meine Mutter und ich."

Meine Mutter und ich verstehen uns sehr gut! Obwohl wir uns natürlich manchmal streiten, das ist wohl in jeder Familie so. Oft unternehme ich etwas mit ihr, wir gehen in die Stadt, oder spazieren, oder wir reden miteinander. Wir sind uns auch ziemlich ähnlich. Sie liest gerne, ich auch; sie schläft gerne lang, ich auch; im Aussehen ist auch kein riesengroßer Unterschied, sagen meine Großeltern.

Früher hat eine Mama bei einem Arzt gearbeitet und noch früher in einem Korbgeschäft und noch früher war sie Sekretärin, obwohl sie erst 34 Jahre alt ist! Meine Mutter und ich teilen uns die Hausarbeit auf. Meine Mutter kocht, putzt, macht unter der Woche Betten, bügelt und wäscht; ich leere die Mistkübel aus, mache die Betten am Wochenende, decke den Tisch, räume ihn wieder ab, hole Mineralwasser aus der Garage, gehe einkaufen usw.

Meine Eltern und ich haben oft sehr viel Spaß miteinander. Mein Papa blödelt wie ein kleines Kind, meine Mama rügt ihn lächelnd und ich lache mich halb tot. Wenn meine Eltern am Abend fortgehen, schlafe ich im Bett meiner Mutter. Vor einem Jahr machte meine Mutter den Führerschein. Die ganze Familie hat mit ihr gezittert, bei der Prüfung. Zu guter Letzt hat sie es natürlich geschafft (Mädchen 12, 2. Kl., HS, Fam. Vollst., keine Geschw.) (vgl. Neubauer/Unteregger 1989, 105).

Textbezogene Auswertungs-Kategorien
Stilistische/formale Kriterien:

- Erste Unterscheidung des Textes nach nicht-reflexivem oder reflexivem Aufsatz-Typ (Mutter wird ohne erkennbaren Bezug der Schreiber/-in geschildert oder wird in Beziehungen zur Schreiber/-in oder anderen Personen geschildert)
- Textumfang und Texthervorhebungen

Inhaltliche Kriterien:

- Wie viele Brüche und Widersprüche, Anklagen und Abmilderungen finden sich im Text (als Maß für innere Konflikte)
- Wie viele Klischees werden verwendet (Stereotypen, Floskeln)
- Positive, neutrale oder negative Adjektive in Bezug auf die Mutter (schwarze kurze Haare, sehr humorvoll)

Theoretisch entwickelte Auswertungs-Kategorien
Soziologische Auswertungs-Kategorien:

Hierbei ging es vorwiegend um die sozialen Rollen, in denen die Mutter von der Tochter beziehungsweise dem Sohn wahrgenommen wird:

- als Hausfrau
- Mutter
- Berufsfrau
- Tochter (der Großmutter)
- Geliebte/Partnerin des Vaters
- Ehefrau
- Freundin/Vertraute

Darüber hinaus ging es aber auch um Kategorien der sozialen Selbsteinstufung der Schreiber/-in im Text:

- Selbstbild (sieht sich die Schreiber/-in als Kind, konfliktbehafteter Teenager oder gleichrangige Erwachsene)
- Selbsteinschätzung (stilisiert sich die Schreiber/-in als folgsam, schlimm, trotzig oder unabhängig)
- und um die Kategorien, die das erzieherische Umfeld der Schreiberin abstecken, also das Ausmaß der Kontrolle, dem sich die Schreiber/-in ausgesetzt fühlt und um die Qualität von Strafen (körperliche Strafen, verbale Strafen, Verbote, Zwänge und Liebesentzug).

Als psychologische Kategorien wurde vor allem auf den positiven/negativen Akzent in der emotionalen Beziehung geachtet:

- positive Affekte: Liebe, Vertrauen, Sich-Verstanden-Fühlen
- negative Affekte: Hass, Ärger, Unterdrückung
- ambivalente Gefühle: Angst, Schuld, Eifersucht
- Gleichgültigkeit: Schreiber/-in gibt keinerlei emotionale Bindungen zu erkennen

Zur Endauswertung der Ergebnisse

Entlang der textbezogenen, soziologischen und psychologischen Kategorien wurden die einzelnen Aufsätze vercodet. Dabei wurde bei der Einstufung der einzelnen Ausprägungen innerhalb der Kategorien mit Skalen gearbeitet, welche die Stärke einer bestimmten Variable angeben sollten (z.B. konnte so nicht nur das Vorhandensein bestimmter erzieherischer Kontrollen festgemacht werden, sondern auch deren Stärke oder Schwäche entlang einer Skala, die von den Werten 1–6 die Stärke des vorhandenen Kontrolleinflusses misst; damit steht dann auch ein direktes mathematisches Maß zur Verfügung, wenn es um den Vergleich zwischen erzieherischen Kontrollen geht, denen beispielsweise Mädchen in einem exakt bestimmbaren Unterschied zu Jungen ausgesetzt sind).

Bei den Mädchen war der Anteil derer, die Zuneigung, Solidarität und Bewunderung für ihre Mutter empfinden, wesentlich höher als dies bei den Jungen der Fall war.

Die Jungen bleiben in ihrem Aufsatzstil stärker sachbezogen und weniger gefühlsbetont. Die Aufsätze der Mädchen sind differenzierter, vielschichtiger und sprachlich elaborierter.

Allerdings kam es auch bei den Mädchen vor, dass sie ihre Beziehung zur Mutter überhaupt nicht thematisierten, allerdings betrug dieser Anteil bei den Mädchen nur 5 % und bei den Jungen 29 %. Bei den Jungen gab es auch einen erheblichen Anteil, welcher der Mutter relativ gleichgültig gegenübersteht.

Immerhin erleben sich aber 42 % der Mädchen und nur 29 % der Jungen in direkter Rebellion gegenüber der Mutter, aber ebenso überwiegend sehen sich die Mädchen selber als „angepasstes Kind".

Die Kontrollmechanismen (Strafen) treffen Mädchen wie Jungen in ähnlichem Ausmaß und in ähnlicher Art, allerdings erfahren die Mädchen auch zu einem erheblicheren Teil die positive Wertschätzung durch ihre Mutter.

Negative Gefühle gegenüber der Mutter werden sowohl von den Mädchen als auch von den Jungen wesentlich häufiger zur Sprache gebracht als positive Gefühle. Mädchen können doch auch in diesem Bereich ihre Spannungen stärker differenzieren.

Die formale textbezogene Auswertung ergab, dass sich tatsächlich eher die Mädchen reflexiv auf die Mutter beziehen, als die Jungen, allerdings sind das Ausmaß der reflexiven Thematisierungen nicht um soviel höher, wie das eine Vorgängerstudie erwarten ließ. Besonders die Schilderungen der 12-jährigen Mädchen lassen auf eine sehr innige Verbindung mit der Mutter schließen, eine Art des gegenseitigen Verstehens und Einfühlens, die von den Jungen kaum je artikuliert wird.

Ankerbeispiele dazu aus den Aufsätzen:

„Sie weiß, wie ich mich in meinem Alter so fühle, denn sie war ja auch mal jung. Eines finde ich ganz toll. Nicht nur ich lasse mich von ihr beraten, sondern sie sich auch von mir ..." (Mädchen, 14, 4. Kl. HS, Fam. vollst., 1 Geschw.).

„Wenn ich ihr einen meiner Blicke zuwerfe, dann versteht sie es genau ..." (Mädchen, 12, 2. Kl. HS, Fam. vollst., keine Geschw.).

„Zu meiner Mutter habe ich so viel Vertrauen, dass ich ihr einfach alles sagen muss, weil ich so ein inneres Gefühl habe ..." (Mädchen, 12, 2. Kl. HS, Fam. vollst., 1 Geschw.).

„Ich glaube, sie mag mich sehr gern und ich glaube auch, dass sie auch glaubt, dass wir ein gutes Verhältnis zueinander haben ... Sie lacht mit mir und ist mit mir traurig ..." (Mädchen, 12, 2. Kl. HS, Fam. vollst., 1 Geschw.).

„Manchmal ist sie zu mir auch wie eine Schwester. Da können wir sehr viel Spaß miteinander haben. Wir haben auch in etwa die gleichen Ansichten ..." (Mädchen, 12, 2. Kl. HS, Fam. vollst., 1 Geschw.).

„Meine Mutter ist geborene Schwedin. Sie hat blonde Haare, ist groß und dünn. Sie ist Geigerin und Übersetzerin. Hausfrau auch. Meine Mutter und ich unternehmen nicht besonders viel. Nur manchmal fahren wir Rad ... Die meiste Zeit sitzt sie im Büro und arbeitet an Übersetzungen" (Bub, 12, 2. Kl. HS, Fam. vollst., 1 Geschw.).

„Meine Mutter ist vormittags, wenn ich in der Schule bin, berufstätig, zu Mittag kocht sie für mich, und manchmal geht sie nachmittags auch arbeiten. Ich bin nicht oft alleine, und lerne am Nachmittag bis ca. 3 Uhr (Aufgaben nicht inbegriffen). Danach gehe ich spielen, und am Abend lese ich bis halb 10 Uhr (Bub, 12, 2. Kl. HS, Fam. getr., 1 Geschw.).

„Meine Mutter übt jeden Tag mit mir Klavier. Vormittag bin ich in der Schule. Und meine Mutter in der Ordination. Wenn sie mittags heimkommt, kontrolliert sie meine Aufgabe. Beim Mittagessen redet sie mit meinem Vater über Medizin. Am Abend macht sie Kassenabrechnung" (Bub 10, 4. Kl. GS, Fam. vollst., 1 Geschw.) (vgl. Neubauer/Unteregger 1989, 121f.).

Auch bei der Wahrnehmung der Mutter in ihrer Hausfrauenrolle ergeben sich deutliche geschlechtsspezifische Unterschiede: Die Jungen nehmen zwar gerade die Mehrfachbelastungen ihrer Mütter zur Kenntnis, wenn diese berufstätig sind, schildern aber die Hausarbeit stets in dem Tenor, dass sie für sie – die Söhne im Haus – getan wird. Die Mädchen setzten die Hausfrauenrolle ihrer Mutter unmittelbar mit der von ihnen geleisteten Mithilfe in Beziehung.

Die Konfliktlinie zwischen Müttern und Töchtern nimmt über die untersuchte Altersspanne hinweg einen wesentlich sprunghafteren Verlauf als die zwischen Müttern und Söhnen. Die Mütter werden dann aus der Tochterperspektive zunehmend überprotektiv und als zu altmodisch wahrgenommen.

Die Jungen lassen dagegen mit steigendem Alter häufiger einen herablassenden, chauvinistischen Unterton erkennen:

Ankerbeispiele:

„Meine Mutter ist um die 40, also in der Midlife-Krisis und daher vergebe ich ihr, wenn sie einmal aufgekratzt und dann wieder fröhlich ist, auch wenn das nicht leicht ist …" (Bub, 14, 4. Kl. HS, Fam. vollst., 1 Geschw.).

„Meine Mutter fährt auf der Autobahn ca. 150, ich sage: gib endlich Gas …" (Bub, 14, 4. Kl., HS, Fam. vollst., 2 Geschw.) (vgl. ebenda, 125).

Die Autorinnen schließen aus ihren Untersuchungen, dass sich durchaus Belege für die von Chodorow entwickelte Theorie finden lassen. Jedoch müsste dieser Ansatz noch entwicklungspsychologisch differenziert werden, da das Lebensalter und die dabei passierten Entwicklungsstufen zu deutlichen Akzentverschiebungen im Hinblick auf die Mutterbeziehung führen.

5
Die Durchführung einer
empirischen Untersuchung

5.1 Formulierung und Präzisierung der Forschungsfrage

Die Vermutung, jede sozialwissenschaftliche Untersuchung beginne mit einem Problem, stimmt nicht immer mit der Wirklichkeit überein (vgl. Friedrichs 1990, 112). Oft ist es ein ganz allgemeines Interesse an einem Thema, das am Anfang steht oder es handelt sich um eine empirische Erhebung im Rahmen einer Bachelor- oder Masterarbeit oder auch um den Auftrag einer Praktikumsstelle oder eines Arbeitgebers. Sehr schnell kann es sich bei der ersten wissenschaftlichen Annäherung an ein Thema ergeben, dass sich das ursprüngliche Interesse verändert, die Fragestellungen vielfältiger, facettenreicher werden, Ausgangsfragen werden dabei relativ schnell diversifiziert und modifiziert.

Am Anfang einer empirischen Untersuchung muss also die Forschungsfrage beziehungsweise müssen die Forschungsfragen definiert werden, das bedeutet in der Regel ihre Eingrenzung und Präzisierung. Dazu ist zunächst das Untersuchungsfeld abzustecken, beispielsweise zu den Themen „Suchtprobleme und Kriminalität von Frauen" (Thema 1), „sexueller Missbrauch von Schüler/-innen" (Thema 2), „Aggressivität und männliche Jugendbanden" (Thema 3) usw. Schon bei dieser völlig willkürlichen Auswahl von möglichen Forschungsvorhaben zeigt sich, dass eine weitere Eingrenzung und damit Präzisierung der Forschungsfragen notwendig sein wird:

- Thema 1: Welche Art von Sucht soll untersucht werden? Geht es um legale oder illegale Drogen als Gegenstand der Sucht oder um einen erweiterten Suchtbegriff (etwa nicht-stofflich gebundene Süchte wie Kaufsucht, Spielsucht etc.), muss die Dauer einer einschlägigen Suchtkarriere miteinbezogen werden, soll die Stichprobe schon einmal verurteilte, vorbestrafte, aktuell inhaftierte oder strafentlassene Frauen (mit und ohne Bewährungsauflagen) und verschiedener Deliktarten oder nur eines spezifischen Delikts umfassen (nur Verstoß gegen Betäubungsmittelgesetz oder auch weitere), zielt die Untersuchung auf den Suchtverlauf und die eventuell unternommenen Ausstiegsversuche oder um die sozio-ökonomischen, kriminalisierenden Entstehungsbedingungen und Wirkungen von Sucht et cetera

- Thema 2: Was wird alles unter sexuellem Missbrauch verstanden? Nur körperliche Übergriffe, sexuelle Nötigung und Vergewaltigung oder auch so genannte Non-Kontakthandlungen (Spannen, Exhibitionismus und Vorführen von Pornographie etc.); geht es um zurückliegende (wie weit?) Ereignisse oder aktuelle (ethische Probleme und Risiko der Bewältigung) sexuelle Misshandlungen; geht es um Mädchen oder Jungen als Opfer oder gerade um einen Gruppenvergleich; werden nur männliche oder auch weibliche Täter in Betracht gezogen; werden verschiedene Arten von Missbrauch getrennt betrachtet (z.B. Inzest, sexuelle Nötigung durch Fremdtäter, sexuelle Nötigung durch bekannten/verwandten Täter etc.).

- Thema 3: Wie wird Aggression definiert? Geht es um körperliche oder auch verbale und psychische Aggression? Geht es um Aggressionen innerhalb der Gruppe oder/und nach außen? Wie definiert sich eine Jugendbande: Einstufung als Bande nur bei Erfüllung bestimmter Kriterien (wie existierender Bandenname, Bandenhierarchie und regelmäßige oder auch sporadische Treffen, bestimmte Altersgruppe); wie wird mit verschiedener Bandengröße und Bandenaktivitäten umgegangen (Frage der Kriminalität); was bedeutet das Kriterium „Jungen"-Bande? Dass Mädchen generell ausgeschlossen sind oder nur von bestimmten Aktivitäten und Positionen?

Es muss also im Vorfeld schon sehr früh geklärt werden, was genau untersucht werden soll und was das Ziel der geplanten Untersuchung darstellt. Wenn die ersten definitorischen Fragen geklärt sind, empfiehlt sich der Weg in die Bibliothek (und es reicht keineswegs der Zugriff auf das Internet, in dem einschlägige Untersuchungen höchst sporadisch und auch nicht unbedingt angemessen ausführlich eingestellt werden!): Es gilt zu sichten, was schon alles über das betreffende Thema geforscht worden ist, welche theoretischen Ansätze dabei herangezogen wurden und mit welchem Ergebnis. Nicht selten bieten auch diese erste Literaturdurchsicht und auch die Internetrecherche weitere Präzisierungen der Forschungsfragen an.

Es gilt nun, einen theoretischen Bezugsrahmen herzustellen: Alle relevanten Theorieansätze sind auf ihre Kernaussagen und ihren empirischen Gehalt hin zu überprüfen und zu diskutieren. Unter Umständen existieren ja aus der praktischen Arbeit im Untersuchungsfeld bereits ähnlich gelagerte Annahmen oder es zeigen sich sogar konträre Überlegungen und Thesen, die überprüft werden sollen. Die Literaturdurchsicht kann auch dazu animieren, eine nicht mehr aktuelle, aber ansonsten beispielhafte Studie zu wiederholen und sich deshalb für dieselben Definitionen und dieselbe Anlage der Untersuchung zu entscheiden.

In jedem Fall spielt es eine Rolle, ob die Studie deduktiven oder induktiven Charakter hat, das heißt die Untersucher/-innen zu einer *Hypothesentestung* kommen wollen, oder ob ihre Studie eher *explorativen beziehungsweise rein deskriptiven Charakter* hat. Das hängt nicht nur vom
Forschungsstand, sondern natürlich ganz entscheidend auch von den
Rahmenbedingungen beziehungsweise dem Verwertungszusammenhang einer Studie ab: Wie viel Geld und Zeit, Mitarbeiter/-innen und weitere institutionell nutzbare Bedingungen stehen zur Verfügung? In welchem Verhältnis stehen Aufwand und Ertrag der geplanten Untersuchung?

Am Ende dieser ersten Phase sollten vorliegen:

- Forschungsfrage(n) und saubere Definition aller darin verwende-
  ten Begriffe (etwa „Sucht", „sexueller Missbrauch", „aggressives
  Verhalten", „Jungenbande"),
- Eingrenzung der Untersuchungspopulation (z.B. „Straftäterin-
  nen mit Vorstrafe gegen BTMG aus dem Großraum Berlin",
  „Schülerinnen der Sekundarstufe II an Münchner Gymnasien",
  „Turkish Power Boys" Jungenbande aus Frankfurt),
- Ergebnisse aus der Literatur- beziehungsweise Internetrecher-
  che: Einschlägige theoretische Erklärungsansätze und empiri-
  sche Befunde (soweit vorhanden),
- Formulierung der Untersuchungsziele,
- Aufstellung eines Zeit- und Kostenplanes,
- Absicherung des Untersuchungsauftrages durch Auftraggeber
  (z.B. Genehmigung/Finanzierung/Freistellung durch Dienststelle;
  Rücksprache mit Bachelor- oder auch Masterarbeitsbetreuer/-in).

5.2 Wahl von Untersuchungsdesign und Untersuchungsmethode

Wie bereits unter Punkt 3.1 zur Sprache gebracht, bestimmen die For-
schungsfrage(n), der Forschungsgegenstand und der Verwertungszusammenhang beziehungsweise das Forschungsziel einer Untersuchung deren
Anlage beziehungsweise Design. Es gilt also die Stoßrichtung der geplanten Untersuchung festzulegen und es gibt in der Regel immer mehre-

re Alternativen. Ich möchte dies weiterhin an oben gewählten For-
schungsbeispielen demonstrieren.

Bei Thema 1 ergibt sich zunächst die Frage ob eine Moment-Aufnahme
der Suchtprobleme von kriminalisierten Frauen erfolgen soll oder ob der
Verlauf der Sucht im Zentrum des Interesses steht. Es muss also entschieden werden, ob eine Querschnitt- oder eine Längsschnittuntersuchung
angestrebt wird. Bei einer Querschnittuntersuchung könnten beispielsweise inhaftierte Frauen in ausgewählten Frauengefängnissen untersucht
werden oder auch Frauen aus einer einschlägigen Beratungsinstitution
und dabei ist eine, allerdings rein retrospektive Verlaufsbetrachtung nicht
ausgeschlossen, etwa wenn es um den zurückliegenden Weg in die Sucht
beziehungsweise in die Kriminalität geht. Als Untersuchungsmethode
könnten dazu biografische Interviews eingesetzt werden. Wenn dagegen
der Fokus auf dem präsenten Erleben und Verarbeiten der Sucht liegt,
sind problemzentrierte Interviews anzuwenden. Es wäre aber auch möglich den weiteren, zukünftigen Verlauf der Sucht zu untersuchen, etwa an
Klientinnen einer Drogenberatungsstelle, deren Entwicklung in den
nächsten zehn Jahren anhand von drei aufeinanderfolgenden Untersuchungszeitpunkten im Abstand von drei Jahren (vgl. Panelstudie unter
Punkt 3.3.1) mitverfolgt wird. Diese Art von Längsschnittbetrachtung ist
extrem aufwändig und hat den Nachteil, dass die Endergebnisse nicht sofort, sondern erst in zehn Jahren vorliegen, ganz abgesehen von den übrigen auftretenden Problemen (vgl. ebenda). Als Alternative zur Panelun-
tersuchung könnte auch eine Anzahl von Klientinnen einer bestimmten
Beratungsstelle untersucht werden und zum Vergleich wird eine weitere
Untersuchtengruppe von ehemaligen Klientinnen anhand der Kartei auf-
gefunden, deren letzte Beratung über zehn Jahre zurückliegt und die in
Bezug auf ihre sozio-demographischen Merkmale der aktuell untersuchten Gruppe ähneln (Follow-Up-Studie).

Der Vorteil von Follow-up-Studien ist, dass die Ergebnisse sofort vorliegen, weil der Zeitverlauf ja künstlich simuliert wird, daneben sind aber
andere methodologische Bedenken mitzubeachten. Eine Längsschnittbetrachtung ist immer dann interessant, wenn die Effizienz der Beratungs-
arbeit im Mittelpunkt der Fragestellung steht. Soll dagegen eine Aussage
über ein neu eingeführtes Maßnahmenprogramm (etwa Teilnahme an einem neuen Substitutionsprogramm) getroffen werden, könnte ein Quasi-
Experiment (vgl. Punkt 3.3.2.2) oder auch eine Evaluationsstudie (vgl.
Punkt 3.3.5) die angemessene Untersuchungsanlage sein. Auch die jeweiligen einzusetzenden Untersuchungsmethoden dürften je nach Zu-

schnitt der Fragestellungen variieren, so dass hier kein Standardweg beschrieben werden kann. Es muss auf jeden Fall sorgfältig abgewogen werden, welche Methode unter den Rahmenbedingungen eines bestimmten Designs dem Forschungsgegenstand angemessen ist.

So könnte etwa bei Thema 2 die Entscheidung für eine Dunkelfeldstudie getroffen werden, mit einer Ex-Post-Befragung von Studentinnen verschiedener Fachrichtungen zu ihren Missbrauchserfahrungen in ihrer Schulzeit als Gymnasiastinnen beziehungsweise Fachoberschülerinnen. Als Untersuchungsmethode käme dann ein persönliches Face-to-face-Interview (vgl. Punkt 4.2.3.1), unter Umständen auch ein voll-standardisierter, postalisch verschickter Fragebogen in Betracht (vgl. Punkt 4.2.4ff.). Bei einer direkten Betroffenenstudie im Hellfeld (z.B. sexuell missbrauchte Mädchen aus einer spezifischen sozialen Einrichtung wie etwa einer sozialpädagogisch betreuten Wohngemeinschaft) müssen die psychologischen Risiken und ethische Einwände sorgfältig abgewogen werden, wobei als Methoden sowohl die offen teilnehmende Beobachtung (vgl. Punkt 4.1.1), die Analyse schriftlichen Materials (etwa Tagebücher oder Aufsätze unter Punkt 4.2.6.4) und auch eine Befragung (Punkt 4.2.3) in Betracht kämen.

Als Thema 3 habe ich ein Beispiel gewählt, das bereits als Studie veröffentlicht worden ist (vgl. Tertilt 1996) und bei dem es sich um eine offen teilnehmende Beobachtungsstudie (vgl. auch ethnographische Feldforschung unter Punkt 3.3.3) handelt. Vom Untersuchungsdesign her ist diese Studie als Feldforschung einzustufen. Der Forscher hielt sich hier mehrere Monate lang im Umfeld der Jungenbande auf, nahm an ihren Treffen im Freizeitheim teil, begleitete sie auf verschiedenen Unternehmungen in die Stadt und führte Gespräche nicht nur mit den Bandenmitgliedern, sondern auch mit deren Freundinnen, dem betreuenden Sozialpädagogen und teilweise auch mit den Eltern.

Am Ende dieser zweiten Untersuchungsphase sollten vorliegen:

- die Entscheidung über das Untersuchungsdesign,
- die Wahl der Untersuchungsmethode(n) (auch plurales Vorgehen mit quantitativen und qualitativen Methoden in Kombination),
- Entwicklung des Untersuchungsinstruments (z.B. Beobachtungsbogen, Fragebogen oder Frageleitfaden).

5.3 Die Ziehung der Stichprobe

5.3.1 Die Elemente einer Stichprobe

Um gleich einer falschen Vorstellung von einer Stichprobe zuvorzukommen: Die Elemente einer Stichprobe können Personen sein, aber je nach Untersuchungsdesign und Untersuchungsmethode auch Dinge, wie etwa Zeitungen und Zeitschriften, bildhauerische Darstellungen, Gemälde und sogar Grabsteine. Es kommt also auf die jeweilige Untersuchung beziehungsweise Untersuchungsfrage an, welcher Art die Elemente einer Stichprobe sind.

Wie die einschlägigen Diskussionen um die Gültigkeit wissenschaftlicher Studien zeigen, hängt deren Aussagekraft und Verlässlichkeit neben dem eingesetzten Methodeninstrumentarium ganz essentiell davon ab, wie die Stichprobe beschaffen ist. Als eine grundsätzliche Regel gilt, dass größere Stichproben ein genaueres Abbild der Grundgesamtheit liefern als kleine Stichproben.

Diese Faustregel geht auf das Gesetz der großen Zahl zurück und kann einfach erläutert werden. Nehmen wir an, die Bachelor-Abschlussnoten im Fachbereich Soziale Arbeit an einer Fachhochschule mit jährlich 200 Absolvent/-innen liegt bei der Note 1,8, so ist es nicht sehr wahrscheinlich dass, wenn ich drei beliebige Absolventinnen herausgreife, deren Notendurchschnitt ebenfalls genau 1,8 ergibt. Statistisch gesprochen, ist also kaum zu erwarten, dass das arithmetische Mittel (bei n = 3) 1,8 beträgt. Es ist aber das Ziel einer Stichprobe, die Beschaffenheit der Grundgesamtheit (z.B. anhand ausgewählter Mittelwerte) möglichst genau wiederzugeben. Wenn in unserem Beispiel dagegen 100 Absolvent/-innen in die Stichprobe miteinbezogen würden, stiege auch die Chance, dass ihre Abschlussnoten im Mittel tatsächlich bei 1,8 liegen (vgl. Weinbach/Grinnell 2000, 101).

Neben dem angemessenen Stichprobenumfang gilt es jedoch auch, eine Verzerrung bei der Auswahl der Stichprobenelemente, den so genannten Stichprobenbias zu vermeiden. Dies wird durch systematische Stichprobenziehungstechniken zu erreichen versucht, die es gilt im einzelnen etwas näher zu erläutern (vgl. dazu Punkt 5.3.4f.).

Der entscheidende Impuls für mögliche Strategien bei der Stichprobenziehung lieferte der amerikanische Forscher George Gallup, der bei der Präsidentschaftswahl im Jahr 1936 eine viel beachtete – und wie sich später herausstellte – richtige Prognose zugunsten des Kandidaten Franklin D. Roosevelt abgab. Dabei hatte er eine relativ kleine Stichprobe gebildet, die in wesentlichen Merkmalen einem verkleinerten Abbild der amerikanischen Wählerschaft entsprach. Diese spezifische Stichproben-Technik (ein Vorläufer der Quotenstichprobe) und der Name Gallup haben bis heute durch die weltweit verbreiteten Gallup-Institute einen prominenten Klang (vgl. Diekmann 1995: 325f.).

Stichproben stehen in einem genau zu definierenden Verhältnis zur jeweiligen Grundgesamtheit. Die Art der Grundgesamtheit wiederum hängt von der Fragestellung ab. Zielt eine Untersuchungsfrage beispielsweise generell auf in Deutschland lebende Personen umfasst die Grundgesamtheit etwa 81 Mio. deutsche Wohnbevölkerung, also alle innerhalb des Staatsgebiets lebenden Männer, Frauen und Kinder. Die Stichprobe sollte dann so zusammen gesetzt sein, dass sie – obwohl vom Umfang her deutlich kleiner als 81 Mio. Untersuchte – Rückschlüsse auf die Grundgesamtheit erlaubt.

Stichproben werden immer dann gezogen, wenn eine Totalerhebung zu teuer oder zu zeitaufwändig wäre, was bei den meisten Studien der Fall sein dürfte. Trotzdem sollen diese Stichproben Aussagen ermöglichen, die auch jenseits des Teilausschnitts, den die Stichprobe darstellt, eine gewisse Gültigkeit beanspruchen können. Das bedeutet zunächst einmal, dass sich bestimmte Merkmale von Elementen der Stichprobe nicht überzufällig häufen dürfen, also etwa in dem Fall, wo sich in einer avisierten Bevölkerungsumfrage fast ausschließlich junge Menschen in der Stichprobe befinden oder überwiegend Männer. Wenn die Erhebung nicht von vorneherein auf eine bestimmte soziale Gruppierung zielt, muss ich darauf achten, dass theoretisch jedes Element – oder wie in unserem Beispiel – jede Person die Chance hat, in die Stichprobe zu gelangen. Dieses Auswahlkriterium heißt *Zufallsauswahl*.

Nehmen wir nun einmal an, jemand zieht der Einfachheit halber seine Stichprobe aus Passant/-innen einer bestimmten großstädtischen Fußgängerzone. Diese Stichprobe entspricht nicht den Kriterien einer Zufallsauswahl, sondern es ist anzunehmen, dass diese Stichprobe von vorneherein verzerrt ist: Je nach Tageszeit befinden sich in Fußgängerzonen ganz bestimmte Bevölkerungsgruppen, wie etwa Familienfrauen und Mütter oder ältere Menschen, in der Mittagszeit vermutlich eilige Erwerbstätige usw. Es kann also nicht ausgeschaltet werden, dass ich spezifische Personengruppen überzufällig häufig antreffe und andere gar nicht (z.B. Schüler/-innen, Kranke, Behinderte, Erwerbslose, Urlauber). Ein zweiter Verzerrfehler besteht darin, dass in der Regel nur ein (kleiner) Teil der Vorübereilenden zur Teilnahme an der Studie bereit ist. Auch dabei sind Überlegungen angebracht, wer sich bereit erklärt und aus welchen Gründen und wer nicht. Dies dürfte sich aber in der Regel nicht leicht aufschlüsseln lassen, viele unterschiedliche Einflussfaktoren für eine Verweigerung sind denkbar, etwa die Person des Interviewers der die Passant/-innen anspricht, die negativ getönte Erinnerung an eine früher schon einmal erfolgte Teilnahme an solchen Untersuchungen, die als unangenehm empfundene psychologische Befragungssituation, der Zeitmangel, die ungünstigen klimatischen Bedingungen, die prinzipielle Ablehnung von Sozialforschung et cetera Es können also wohl kaum verlässliche Aussagen darüber gemacht werden, wer sich schließlich in der Stichprobe befindet und warum.

Aber auch offizielle Statistiken liefern nicht immer ein realistisches Bild über den behandelten Gegenstand. So dürften etwa die Kriminalstatistiken nur ein höchst unvollkommenes Bild vom kriminellen Geschehen liefern, weil dort ausschließlich die angezeigten Vergehen und solche, in denen es zu einer Verurteilung kam, ausgewiesen werden. Nicht angezeigte Delikte oder Verfahren, die bereits in der Vorverhandlung eingestellt wurden, finden in der Regel keinen Niederschlag in dieser Statistik.

5.3.2 Grundbegriffe rund um die Stichprobe

Zunächst sollen noch einmal die Begriffe *Stichprobe (= n)* und *Grundgesamtheit (= N)* differenziert werden. Stellen Sie sich eine geplante Untersuchung an Student/-innen einer ausgewählten Fachhochschule vor, etwa zu deren Beweggründen, das Studium der Sozialen Arbeit oder des Pflegemanagements aufzunehmen. Dann ist die Grundgesamtheit die Zahl aller Studierenden an dieser Hochschule im Fachbereich Sozialwesen beziehungsweise Pflegemanagement. Wenn nun 500 Studierende sich zu einer Befragung bereit erklären, beträgt der Stichprobenumfang n = 500 aus einer Grundgesamtheit von angenommen N = 1200 Studierenden beider Fachbereiche insgesamt.

Gebräuchlich ist auch eine Unterscheidung nach *Erhebungs- und Untersuchungseinheiten*. Erinnern wir uns an das unter Punkt 4.2.6.5 geschilderte Studienbeispiel zum Verhältnis von Töchtern und Söhnen zu ihrer

Mutter. Gegenstand der Inhaltsanalyse waren die Schulaufsätze der Schüler und Schülerinnen zum Thema „Meine Mutter und ich". Die Untersuchungseinheiten sind die Schüler und Schülerinnen, die Erhebungseinheiten aber sind in diesem Fall die geschriebenen Aufsätze.

> Als Untersuchungseinheiten werden diejenigen Elemente einer Grundgesamtheit bezeichnet auf welche die Untersuchungsfrage zielt. Als Erhebungseinheiten werden die Elemente bezeichnet, die sich dann tatsächlich in der Stichprobe befinden. In vielen Untersuchungen fallen Untersuchungs- und Erhebungseinheiten ineins, sind also identisch. In manchen Untersuchungen aber zielt beispielsweise die Untersuchung auf Kinder, befragt aber werden dann die Eltern. Untersuchungseinheiten sind die Kinder, Erhebungeinheiten aber die Mütter und Väter. Die aus welchen Gründen auch immer vorgenommene Trennung von Untersuchungs- und Erhebungseinheiten kann nicht unerhebliche Auswirkungen auf die Ergebnisse einer Studie haben.

Die Anzahl der in einer Stichprobe befindlichen Elemente wird *Stichprobengröße* oder *Stichprobenumfang* genannt, der in allen Statistiken und Tabellen mit „n" bezeichnet wird. Die Auswahl einer Stichprobe erfolgt, wie bereits angeschnitten, in einer festgelegten Art und Weise.

5.3.3 Der Umfang einer Stichprobe

Voll- oder Totalerhebungen sind immer dann angebracht, wenn die interessierende Grundgesamtheit sehr klein oder sehr heterogen in Bezug auf ein interessierendes Merkmal ist. Vollerhebungen besitzen den Vorteil, dass die Verteilung der Merkmale ihrer Elemente, sämtliche Parameter, bekannt sind. Bei einer Stichprobe müssen diese Parameter aus der Grundgesamtheit geschätzt werden und es kommt zu Abweichungen vom „wahren Wert". Diese Abweichungen sind allerdings berechenbar.

Im Bereich der sozialen Arbeit wird der für eine geplante Untersuchung notwendige Stichprobenumfang nicht unbedingt ein breit zu diskutierendes Problem darstellen, denn es geht in den meisten Fällen wohl nicht um repräsentative Studien, sondern um einen systematischen Überblick in einem bestimmten Arbeitsgebiet. Vielfach wird sich der Umfang aus der Themenstellung, der Art der sozialen Einrichtung, der in Frage kommenden Untersuchungspersonen von selbst ergeben. Gerade wenn in einem

Untersuchungsfeld noch sehr wenig Empirie vorliegt und die interessierende Population sehr heterogen oder wenig einschätzbar ist, wird wohl eine Vollerhebung angestrebt werden. Selbstverständlich kommt es auch darauf an, wie komplex die Fragestellungen sind, wie differenziert ausgewertet werden soll und welche Methoden zum Einsatz kommen. Je komplexer und vertiefter die Analyse, desto eher werden qualitative Methoden eingesetzt werden und desto kleiner wird der Umfang der Stichprobe sein.

„Die Bestimmung des notwendigen Stichprobenumfangs erfolgt über die Festlegung, welche Fehlergrenzen bei der Schätzung noch toleriert werden können. Streuen die interessierenden Merkmale in der Grundgesamtheit stark und werden nur sehr kleine Fehler toleriert, muss dementsprechend eine große Stichprobe gezogen werden" (Schnell u.a. 1988, 260).

Wenn ich also in der Stichprobe einen bestimmten Wert, zum Beispiel einen Mittelwert errechnet habe, kann ich mit einer gewissen Fehlertoleranz davon ausgehen, dass dieser Wert auch für die Grundgesamtheit gilt. Die Fehlertoleranz wird anhand des sogenannten Konfidenzintervalls angegeben. Der Bereich, in dem sich ein Wert aus der Stichprobe für die Grundgesamtheit mit einer gewissen Wahrscheinlichkeit (mit 95-prozentiger oder 99-prozentiger Wahrscheinlichkeit) bewegt, wird Konfidenzintervall genannt (vgl. dazu ausführlich Behrens 2000, 61ff.).

Wie weiter oben bereits ausgeführt, steigt die Schätzgenauigkeit mit dem Stichprobenumfang, allerdings nimmt die Schätzgenauigkeit nicht proportional zur Erhöhung des Stichprobenumfangs zu. Für viele Untersuchungsbereiche haben sich bestimmte Stichprobengrößen bewährt, so kommen repräsentative Bevölkerungsumfragen mit Stichprobenumfängen von n = 3.000 Personen aus, werden bestimmte, definierte Gruppen aus der Bevölkerung untersucht, zum Beispiel junge Frauen, übersteigt die Stichprobe meist nicht den Umfang von n = 1.000 Frauen.

Neben den tolerierbaren Schätzfehlern spielen – wie oben bereits angeschnitten – auch die Komplexität der zu untersuchenden Fragestellungen, die eingesetzten Methoden[36] und die Differenziertheit der später beabsichtigten Auswertungen eine Rolle bei der Wahl der Stichprobengröße. Selbstverständlich ist auch jeweils der Aufwand zu berücksichtigen, den eine große Stichprobe erfordert.

---

[36] So werden etwa bei qualitativen Interviews eher kleine Stichprobenumfänge erwartet, weil es ja hier in der Regel nicht um repräsentative, sondern exemplarische Ergebnisse geht.

Friedrichs (1980, 146) gibt als Formel für Berechnung der Mindestgröße einer Stichprobe folgende an: $n = 10 \times K^V$, wobei V für die Anzahl der zu messenden Variablen steht (etwa in welcher Gemeinde eine Person lebt, wie viele Verwandte sie hat und wie hoch ihr sozialer Status ist) und K für die Zahl der Merkmalsausprägungen (Merkmalsausprägungen können zweiwertig sprich dichotom sein, wie etwa weiblich/männlich, aber auch mehrere Werte haben, wie etwa die zuletzt gewählte politische Partei). Die Zahl 10 ergibt sich aus der von Friedrichs geforderten Mindest-Zellenbesetzung von 10 Stichprobenelementen, das heißt wenn eine Stichprobe nach Frauen und Männern, den unterschiedlichen erreichten Bildungsabschlüssen, Wohnorten und Altersgruppen et cetera unterteilt wird, darf die jeweilige Untergruppe nicht kleiner als zehn sein, um größere Schätzfehler zu vermeiden.

Zusammenfassend ist bei der Festlegung des Stichprobenumfangs also zu berücksichtigen, welche Schätzfehler toleriert werden können, welche Methoden eingesetzt werden, wie komplex die Untersuchungsfrage(n) und welcher Art die personellen und materiellen Ressourcen einer Untersuchung sind.

5.3.4 Verschiedene Stichprobenziehungsverfahren

Gängig sind heute vor allem folgende Stichprobenziehungsverfahren:

- die Zufallsauswahl (Zufallsstichprobe),
- die bewusste Auswahl (Quotenstichprobe oder Stichprobe nach dem Quota-Verfahren)
- und die willkürliche Auswahl (durch Aufruf zu freiwilliger Teilnahme an der Studie).

5.3.4.1 Einfache Zufallsstichproben

Eine einfache Zufallsstichprobe liegt dann vor, wenn theoretisch alle Elemente der Grundgesamtheit dieselbe Chance haben in die Stichprobe einbezogen zu werden. Wenn – um bei unserem Beispiel zu bleiben – eine Liste aller gegenwärtig für das Studium der Sozialpädagogik und des Pflegemanagements immatrikulierten Student/-innen vorliegt, kann ich die Zufallstichprobe per so genannten *Lotterieauswahl* treffen. Dieses Auswahlverfahren ist nur dann einsetzbar, wenn eine vollständige Liste über die Grundgesamtheit vorliegt und die Population nicht zu groß ist. Jedem Namen aus der Liste wird nun eine bestimmte Zahl auf einem Zettel zugeordnet und je nach angestrebter Stichprobengröße entsprechend viele dieser Zettel aus einer gut durchmischten Lostrommel gezogen. Eine weitere Stichprobenziehungstechnik bestünde in einem *systematisierten Listenverfahren*, indem per Zufall eine Zahl zwischen eins und zehn ausgewählt wird und dann beispielsweise jede(r) siebte, vierzehnte, einundzwanzigste usw. aus der Liste gezogen wird, solange bis das Ende der Liste und der gewünschte Stichprobenumfang erreicht ist.

Steht nun aber keine Liste oder kein Verzeichnis über die Grundgesamtheit zur Verfügung, kann auf eine so genannte *regionale oder Flächenstichprobe* zurückgegriffen werden. Eine Möglichkeit besteht darin, eine Landkarte des zu befragenden Gebiets mit entsprechend grobem Maßstab zu besorgen. Durch ein Deckblatt werden zufällige Stiche auf diese Karte aufgebracht, die den Befragungsort, zum Beispiel eine Straßenecke oder ein Wohnhaus festlegen. Mithilfe einer detaillierten Begehungsanweisung an die Interviewer/-innen wird dann festgelegt, wie der jeweilige zu befragende Haushalt aufzufinden ist (z.B. bei einem mehrgeschossigen Wohnhaus immer der dritte Stock und dort der zweite von rechts am Kingelschild). Die Begehungsanweisungen sollen durch ihre Systematik sicherstellen, dass die Untersuchungsteilnehmer/-innen nicht nach Erreichbarkeit oder Sympathie ausgewählt werden und dass am Ende alle Wohnformen und Haushaltstypen in der Stichprobe repräsentiert sind. Flächenstichproben werden unter erheblichem Aufwand gezogen und sind trotzdem oder gerade deswegen als nicht besonders zuverlässig einzustufen, weil die Einhaltung all der komplizierten Anweisungen durch die Interviewer/-innen nur sehr beschränkt oder auch gar nicht überwacht werden kann.

5.3.4.2 Mehrstufige Zufallsstichproben

Dem Typus der mehrstufigen Stichprobe entspricht beispielsweise die *Klumpen- oder Clusterstichprobe,* die dann zum Zuge kommt, wenn keine oder keine vollständigen Listen über eine bestimmte Grundgesamtheit existieren und die Ziehung einer Zufallsstichprobe sowohl ökonomisch als auch zeitlich zu aufwändig wäre. Eine Clusterstichprobe kommt beispielsweise in Betracht, wenn die berufliche Motivation von hauptamtlichen Mitarbeiter/-innen im Suchtbereich untersucht werden soll, wobei zunächst – etwa im Lotterieverfahren – eine bestimmte Anzahl von Trägerverbänden auszuwählen ist, die in diesem Bereich Dienstleistungen anbieten. In einem weiteren Schritt werden die dort vorfindlichen Arbeitsteams um ihre Mitarbeit gebeten. Das gewählte Cluster sind in diesem Fall die Beratungsteams, wobei jedes Teammitglied – ob Praktikant/-in, Ärzt/-in oder Sozialarbeiter/-in – dieselbe Chance hat, in die geplante Untersuchung miteinbezogen zu werden.

Es muss allerdings bei jeder Art von Cluster-Stichprobe davon ausgegangen werden, dass die Schätzfehler höher sind, als bei einer einfachen Zufallsstichprobe, denn wie das Beispiel verdeutlicht, werden die Ergebnisse nicht unerheblich von den jeweiligen Trägerverbänden beeinflusst. So ist etwa zu erwarten, dass sowohl die Rekrutierungsstrategien im Hinblick auf die Mitarbeiter/-innen als auch die konkreten Arbeitsbedingungen je nach materieller und personeller Ausstattung sowie politisch-ideologischer Provenienz der Träger divergieren und dass beides wiederum nicht ohne Einfluss auf das Antwortverhalten der Befragten bleibt. Ganz allgemein bleibt festzuhalten, dass die Ergebnisse einer Studie, deren Stichprobe auf einem Clusterverfahren beruht, nicht ohne weiteres generalisiert werden können.

5.3.4.3 Quotenstichproben – Repräsentative Stichproben

Besonders weit verbreitet ist – vor allem auch im Bereich kommerzieller Umfrageinstitute – die so genannte *Quotenauswahl* und in der Regel beanspruchen solche Untersuchungen für sich, repräsentativ zu sein. Gehen wir zunächst näher auf diesen Terminus der *Repräsentativität* ein, bevor wir uns der eigentlichen Verfahrenstechnik zuwenden.

> Repräsentativ bedeutet, dass ich von den in der Stichprobe vorgefundenen Merkmalen auf die Merkmale der Grundgesamtheit schließen kann (= Repräsentationsschluss).

Zufallsstichproben geben – streng statistisch betrachtet – als einzige Stichproben die Gewähr dafür, dass von der dort vorgefundenen Verteilung der Merkmale auf die Verteilung der Merkmale in der Grundgesamtheit geschlossen werden kann beziehungsweise gibt die genaue Irrtumswahrscheinlichkeit für diesen Rückschluss an.

So genannte repräsentative Untersuchungen, die auf einer Quotenstichprobe beruhen und den Anspruch auf Allgemeingültigkeit erheben, sind mit Vorsicht zu genießen. Bei aller Popularität von Quotenverfahren darf nicht übersehen werden, dass dem eingesetzten Stichprobenziehungsverfahren, der Quotenwahl, theoretische Annahmen zugrunde liegen, die als nicht gesichert gelten.

Die Quotierung geht von der grundlegenden Prämisse aus, dass jede Bevölkerung entlang ihrer wichtigsten sozio-demographischen Charakteristika differenziert werden kann. Als wichtigste *sozio-demographische Merkmale* gelten: Geschlecht, Lebensalter, ethnische Zugehörigkeit, Familienstand, höchster erworbener Bildungsabschluss, Erwerbsstatus und Einkommen. Die theoretische Annahme, die sich hinter dieser Prämisse verbirgt besagt, dass eine nach ihren sozio-demographischen Merkmalen ähnliche Personengruppe auch ähnlich bezüglich ihrer Einstellungen, Werthaltungen und Verhaltensweisen ist und verweist damit eindeutig auf die herkömmlichen soziologischen Klassen-, Schicht-, oder Milieu-Theorien.

Das Quotierungsverfahren entspricht praktisch einer technischen Umsetzung dieser theoretischen Vorannahmen, indem sie danach trachtet, dass die entsprechend gezogene Stichprobe ein verkleinertes Abbild der Grundgesamtheit darstellt. Die Quotenstichprobe ist damit auf ein umfängliches sowie detailliertes und aktuelles Wissen über die Grundgesamtheit angewiesen – wenn man an repräsentative Bevölkerungsumfragen denkt, kein leichtes Unterfangen: Man denke an die ungeheure Größenordnung relevanter Daten über beispielsweise 81 Mio. Menschen der deutschen Wohnbevölkerung!

Wenn nun – um in unserem weiter oben eingeführten Studienbeispiel zu bleiben – eine repräsentative Untersuchung aller Studierenden an einer ausgewählten Fachhochschule durchgeführt werden soll, müssten zuerst die vorliegenden Daten der Grundgesamtheit aller Studierenden an dieser Hochschule gesichtet werden. Die Quotierung schriebe dann die in der späteren Stichprobe befindlichen Anteile von Studierenden verschiedener Fachrichtungen, von weiblichen und männlichen Studierenden, von Altersgruppen, von bei Studienantritt bestehenden Bildungsabschlüssen, von ledigen, verheirateten, getrennt lebenden, geschiedenen oder verwitweten Studierenden, von Voll- oder Teilzeiterwerbstätigen, Nichterwerbstätigen und Bafög-Empfänger/-innen usw. vor.

Ob eine auf einer Quotenstichprobe basierende Untersuchung die Repräsentativität ihrer Ergebnisse für sich beanspruchen kann, hängt also von einer Fülle von Bedingungen ab: Neben dem seriösen Vorgehen bei der Quotenübertragung, der Umsetzung der Quoten durch Interviewer/-innen und der Genauigkeit und Aktualität der Informationen über die

Grundgesamtheit bleibt immer noch die Frage, ob die im Quotierungs-verfahren in Betracht gezogenen Variablen (wie Geschlecht, Einkom-men, Beruf etc.) die tatsächlich aussagekräftigen sind oder ob nicht ganz andere Merkmale für entscheidende Verzerrungen sorgen.

5.3.4.4 Willkürliche Stichproben

Die Zufallsauswahl stellt immer dann ein Problem dar, wenn zu einer Un-tersuchungspopulation Verzeichnisse oder Listen fehlen. Dies wäre zum Beispiel der Fall, wenn ich eine Untersuchung zu Klient/-innen nieder-schwelliger sozialer Hilfen plane (wie z.B. Prostituierte oder Stricher, Nutzer/-innen von Notschlafstellen etc.), aber auch etwa über Jugendli-che, die sich regelmäßig auf der Straße treffen oder Anrufer/-innen bei der Telefonseelsorge. In all diesen Fällen müssen andere Wege gefunden werden an die Befragten heranzutreten. Zum einen könnten das beispiels-weise Streetworker sein, die ihnen bekannte Klientinnen auf die geplante Untersuchung hin ansprechen und zur Teilnahme auffordern und/oder auch bereits Interviewte darum bitten, weitere in Frage kommende Perso-nen anzusprechen oder zu benennen beziehungsweise Fragebögen zu verteilen (Schnellballverfahren bzw. Nominationstechnik). Bei telefoni-schen Interviews könnte zum Beispiel jeder fünfte Anrufer um seine Mit-arbeit und die anonyme Mitteilung seiner Telefonnummer gebeten wer-den, die dann zum verabredeten Zeitpunkt zurückgerufen wird.

Es ist offensichtlich, dass es sich bei diesem Vorgehen nicht um eine Zu-fallsstichprobe im statistischen Sinne handelt und die Aussagekraft der anhand einer willkürlich gezogenen Stichprobe eruierten Daten ist mit großer Vorsicht zu interpretieren. Trotzdem bilden willkürliche Stichpro-ben sehr häufig die Basis von Untersuchungen, gerade wenn es um ab-weichendes Sozialverhalten geht. In jedem Fall ist die Stichprobe am Be-ginn des Forschungsberichts genau und systematisch zu beschreiben, wobei auch begründet werden muss, nach welchen Kriterien die Stich-probe gezogen wurde.

Am Ende dieser dritten Phase muss festgelegt sein:

- Art und Umfang der Stichprobe,
- Wahl der Stichprobenziehungstechnik,
- eventuell Ersatzstichprobe für Nachfassverfahren.

5.4 Die Feldphase: Pretest und Datenerhebung

In jedem Fall sollte das konstruierte Erhebungsinstrument (z.B. Beobachtungsbogen, Fragebogen, Frageleitfaden) vor seinem ersten Einsatz einem Test – dem sog. Pretest (vgl. dazu auch die Punkte 4.2.4.3 und 4.2.4.6) – unterzogen werden, um herauszufinden, ob eventuell Probleme bei der Datenerhebung auftreten (z.B. Überforderung des Beobachters durch zu viele Beobachtungskategorien, un- oder missverständliche Fragestellungen im Fragebogen etc.). Zugleich kann sich zeigen, ob die eingesetzten „Datenerheber/-innen", also die Beobachter/-innen oder Interviewer/-innen das Instrument beherrschen und die vorausgesetzten sozial-kommunikativen Kompetenzen mitbringen. Nach dem ersten Probelauf erfolgt auch manchmal eine Korrektur der zuvor möglicherweise unterschätzten Zeit-und Geldmittel. Werden im Pretest Fehler übersehen oder wurde aus Zeitgründen sogar ganz darauf verzichtet, können später im Datenfile evident werdende Fehler oder Auswertungsprobleme nicht mehr korrigiert werden und es muss unter Umständen auf die Auswertung eines Teils der Daten verzichtet werden.

5.5 Die Auswertungsphase: Analyse der Daten und Forschungsbericht

5.5.1 Die Auswertung vollstandardisierter Erhebungsdaten

Je nachdem, welche Untersuchungsmethode(n) angewendet wurde(n), und welches Instrument zum Einsatz kam (z.B. vollstandardisierter Fragebogen, vollstandardisierter Beobachtungsbogen, Codierbogen für quantitative Inhaltsanalyse), stellt sich die Auswertungsphase jeweils anders dar. Ich wähle für eine detailliertere Beschreibung hier den Fragebogen als Erhebungsinstrument, da er das weitaus meist eingesetzte Instrument im Bereich sozialer Arbeit darstellen dürfte. Bei einem vollstandardisierten Fragebogen und je nach Größe des Datensatzes und Umfang der Stichprobe wird entweder eine Auswertung per Computer oder auch ein Auszählen per Hand erfolgen. Bei einer computergestützten Datenanalyse müssen die erhobenen Daten zuallererst in einen maschinenlesbaren Datenfile übertragen werden. Dazu erfolgt, einfach ausgedrückt, eine Übersetzung der einzelnen erfolgten Antworten in Zahlen (jede mögliche angebbare Antwort ist in der Regel zugleich eine Variable mit einem bestimmten Nummerncode, z.B. VAR105), die auf einem eigens dafür vorgesehenen Codierbogen abgetragen wird (heute meist auf einer Bildschirmmaske am PC, beispielsweise beim Softwareprogramm SPSS PC+, vgl. dazu sehr ausführlich Wosnitza/Jäger 2000, 153ff.).

Der elektronisch erfasste Datensatz muss solange bearbeitet werden, bis Fehlermeldungen bereinigt sind (und Übertragungsfehler sind hierbei nicht selten). Das weitere statistische Prozedere hängt von der Komplexität der Fragestellungen und deren Skalenniveau ab, also davon, ob die Frage-/Antwortvorgaben auf dem Niveau von Nominalskalen, Ordinalskalen, Intervallskalen oder Ratio- oder Verhältnisskalen liegen. Was bedeutet das?

5.5.1.1 Das Skalenniveau der Fragen

Das unterste Messniveau ist die *Nominalskala* (kleinste Messgenauigkeit): Die gemessenen Kategorien sind zueinander diskret (nicht zusammenhängend) oder distinkt (deutlich verschieden) (vgl. Weinbach/Grinnell 2000, 13ff.).[37] Sie stellen keine Qualitäten dar und beinhalten keine quantifizierbaren Unterschiede. Beispiele sind Variablen aus dem sozio-demographischen Bogen, wie etwa das Geschlecht z.B. Weiblich = 1/Männlich = 0), die ethnische Zugehörigkeit, Beruf oder Familienstand oder etwa die Angaben zur untersuchten Deliktart (z.B. sexueller Missbrauch wird nach Exhibitionismus = 1, Spannen = 2, Vorführen von Pornographie = 3, sexuelle Nötigung durch Fremdtäter = 4, sexuelle Nötigung durch Täter aus sozialem Umfeld des Opfers = 5 aufgeschlüsselt). Es versteht sich von selbst, dass hier bei der Datenanalyse den vergebenen numerischen Werten (eins oder zwei bzw. eins bis fünf) nur ordnende Funktion zukommt und keine sinnvollen mathematischen Operationen Ergebnis sein können. So wäre es beispielsweise ziemlich absurd hier einen Mittelwert bei den Deliktarten zu berechnen. Auf Nominalniveau bewegen sich die statistischen Aussagen auf rein beschreibendem Niveau, also zum Beispiel wie viele und welche Deliktarten sind in der Stichprobe angegeben worden.

Das nächsthöhere Messniveau ist die *Ordinalskala*. Hier nehmen die Variablen nicht nur verschiedene Werte an, sondern diese Werte haben auch unterschiedliche quantitative Bedeutungen, die sich in eine Abfolge bringen lassen. Die von der Variable angenommenen Werte können von

---

[37] Eine Variable auf Nominalskalenniveau hat mindestens zwei Wertekategorien und diese müssen distinkt, einander ausschließend und erschöpfend sein. Jeder Fall kann also eindeutig einer der Wertekategorien zugeordnet werden. Die den Wertekategorien zugeordneten Zahlen dienen nur der Klassifikation und implizieren keine mathematische Bedeutung.

„hoch" bis „niedrig" und von „sehr häufig" bis „überhaupt nicht" rangiert werden. Beispiele von Variablen, die häufig auf Ordinalniveau gemessen werden sind etwa die soziale Schicht, das berufliche Prestige oder der erreichte Bildungsgrad (jeweils hoch = 3, mittel = 2, niedrig = 1) oder die Einschätzung der Qualität einer sozialen Maßnahme (sehr effektiv = 4, eher effektiv = 3, eher nicht effektiv = 2, nicht effektiv = 1). Beispiel für eine auf Ordinalskala gemessene Variable ist auch die Vergabe von Schulnoten, um die Qualität einer Maßnahme oder der Arbeit einer Institution einzuschätzen (Mit welcher Note zwischen eins und fünf würden Sie die Arbeit Ihrer Supervisorin bzw. der Einrichtung XY beurteilen?). Auf ordinalem Niveau erfasste Variablen bringen die Antworten zwar in eine Rangfolge, allerdings muss bewusst sein, dass nicht notwendig gleiche Abstände zwischen den einzelnen Werten bestehen.

Auf ordinalem Skalenniveau sind verschiedene mathematische Operationen zulässig, wie etwa Quadrieren, Logarithmieren oder die Wurzel ziehen (vgl. dazu ausführlich Diekmann 1995: 250ff.). Dies bedeutet nicht, dass diese Operationen unbedingt Sinn machen, sondern nur dass ich durch diese genannten Operationen die Rangfolge nicht verändere. Auch ordinal skalierte Werte können in der Regel nur einer beschreibenden mathematischen Analyse dienen.

Beim nächst höheren Skalenniveau, der *Intervallskala* ist nicht nur eine Aussage über die Rangwerte der Messwerte möglich, sondern auch über die Abstände zwischen den Messwerten. Die Werte einer Variablen werden auf einem gleichmäßig unterteilten Kontinuum platziert (Weinbach/ Grinnell 2000, 16). Aufgrund der gleichen Abstände zwischen den Werten entspricht die Distanz vom Wert 1 zum Wert 5 genau dem zwischen 2 und 6. Die Intervallskala hat allerdings keinen absoluten Nullpunkt. Klassische Intervallskala ist beispielsweise die Temperaturskala (da Null Grad aber nicht bedeutet „keine Temperatur" bedeutet eine Temperatur von 40 Grad nicht, dass es doppelt so warm ist wie bei 20 Grad). Bei intervallskaliert erfassten Variablen kann sinnvoller Weise ein arithmetisches Mittel berechnet werden (z.B. Durchschnittstemperatur im Februar auf Gomera). Auf Intervallniveau liegen auch die Werte aus einem Intelligenztest, und dies bedeutet, dass der Unterschied zwischen jemandem, der bei diesem Test den Wert 100 erreicht hat und jemandem der den Test mit dem Wert 95 abgeschlossen hat genauso viel bedeutet, wie der Testunterschied zwischen 115 und 120 (z.B. wirbt eine amerikanische Universität mit dem hohen Intelligenzniveau ihrer Student/-innen mit einem Durchschnittswert von 140 beim Eingangstest).

Das höchste Messniveau stellen die *Ratio- oder Verhältnisskalen* dar. Sie unterscheiden sich von den Intervallskalen dadurch, dass ein natürlicher Nullpunkt existiert. Mit solchen Messungen können wir nicht nur sagen, eine Person hat mehr von einem bestimmten Merkmal als eine andere Person, sondern auch exakt, wie viel mehr. Beispiele sind Einkommen, Anzahl von Geburten oder Kindern, Häufigkeit des Besuchs einer Supervisorin, Zeitdauer der Teilnahme an einer bestimmten Maßnahme oder auch die Körpergröße (vgl. Konrad 2000, 101). Ratioskalen erlauben alle mathematischen Operationen.

5.5.1.2 Musterfragebogen mit Angabe des Skalenniveaus

1. Geschlecht (nominal)

☐ Männlich

☐ Weiblich

2. Art der Hochschulzugangsberechtigung (nominal)

☐ Fachhochschulreife (FOS)

☐ Fachgebundene Hochschulreife (BOS)

☐ Allgemeine Hochschulreife

☐ Fachakademie für Sozialpädagogik

3. Errechnete Durchschnittsnote bei Hochschulbewerbung (ordinal)

4. Geben Sie bitte die Stärke ihres Interesses an verschiedenen Studienschwerpunkten anhand einer Skala an

(1 = sehr geringes Interesse/ 2 = geringes Interesse/ 3 = großes Interesse/ 4 = sehr großes Interesse)
(Intervallskala)

Altenarbeit	1 --- 2 --- 3 --- 4
Betriebliche Sozialarbeit	1 --- 2 --- 3 --- 4
Soziale Arbeit mit Frauen	1 --- 2 --- 3 --- 4
Erwachsenenbildung	1 --- 2 --- 3 --- 4
Resozialisierung	1 --- 2 --- 3 --- 4
Erziehungshilfen	1 --- 2 --- 3 --- 4
Sozialmanagement	1 --- 2 --- 3 --- 4

5. Wie viel Geld steht Ihnen im Monat zur Verfügung?

(Ratioskala)

☐ unter 500 Euro

☐ zwischen 500–750 Euro

☐ zwischen 750–1.000 Euro

☐ zwischen 1.000–1.250 Euro

☐ über 1.250 Euro

5.5.1.3 Deskriptive Statistik: Tabellen und grafische Darstellungen

Nehmen wir einmal an, oben vorgestellter Musterfragebogen wurde von
n = 200 Studenten und Studentinnen ausgefüllt, so ergeben sich mehrere
Möglichkeiten, ausgewählte Ergebnisse dieser Untersuchung darzustellen. Begonnen wird die Auswertung der einzelnen Daten in der Regel mit
der so genannten Stichprobenbeschreibung, welche dazu dient, möglichst genau wiederzugeben, wer sich in der Stichprobe befunden hat. Beginnen wir mit dem nominalen Merkmal des Geschlechts: Es geht darum,
wie viele Frauen und Männer sich in der Stichprobe befinden. Diese Information kann zunächst einmal in der einfachsten Form, der Tabelle aufbereitet werden. Die Tabelle weist die absoluten Zahlen und auch die re-
lativen Häufigkeiten aus (Prozentangaben).

Tabelle 1: Verteilung der Befragten nach Geschlecht

Geschlecht	Zahl der Befragten	% aller Befragten
Weiblich	156	78
Männlich	44	22
Insgesamt	n = 200	100%

Statt in der Tabellenform, kann diese Information auch grafisch dargestellt werden, zum Beispiel in Form eines Säulendiagramms oder eines
Kreisdiagramms.

Abbildung 2: Säulen- und Kreisdiagramm

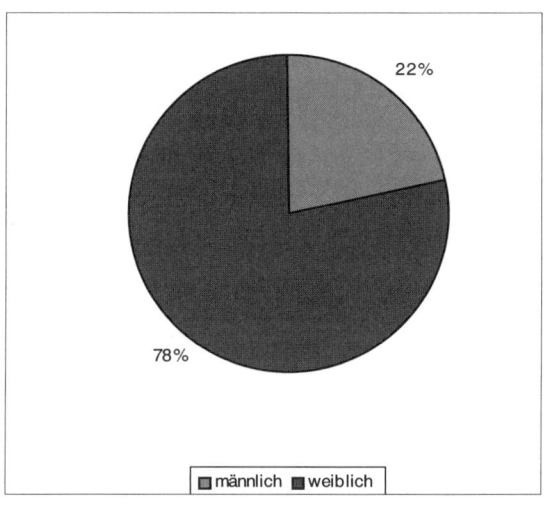

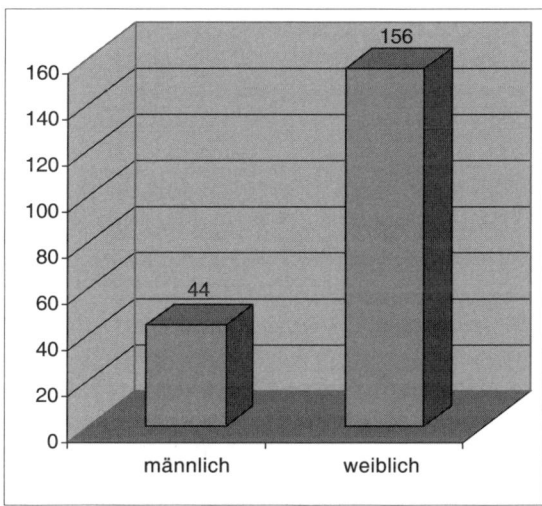

Diagramme sind den Tabellen optisch und psychologisch überlegen, weil sie sich dem Auge sofort einprägen und meist einen bleibenderen Eindruck hinterlassen als das nüchterne Zahlenwerk einer Tabelle. Andererseits bedeuten Diagramme meist auch einen gewissen Informations- da Genauigkeitsverlust.

Entlang dem gegebenen Fragebogen können als nächstes nun auch synonym die Angaben zur Art der Hochschulzugangsberechtigung aufbereitet werden.

Tabelle 2: Verteilung der Art des Hochschulzugangs auf die Befragten

Hochschulzugang	Anzahl der Befragten	% aller Befragten
Fachhochschulreife (FOS)	85	42,5
Fachgebundene Hochschulreife (BOS)	43	21,5
Allgemeine Hochschulreife	67	33,5
Fachakademie für Sozialpädagogik	5	2,5
Insgesamt	n = 200	100

Selbstverständlich sind auch weitere Differenzierungen dieser Daten möglich, wie etwa die Verteilung der Hochschulzugangsberechtigungen getrennt nach Geschlecht usw.

Bei den weiteren Datenauswertungen dagegen – wenn wir dem Fragebogen chronologisch folgen – wie etwa die Angaben zur Durchschnittsnote bei Eintritt in die Hochschule sind dagegen deskriptive Tabellen, einfache Häufigkeitsauszählungen, nicht besonders informativ, es sei denn, jemand ist wirklich daran interessiert, wie oft die Note 1,0 oder 1,3 oder 1,7 usw. angegeben wurde. In diesem Kontext (und auf Ordinalskalenniveau) werden sinnvoller Weise bestimmte Kennwerte errechnet. Dazu genauer folgt der nächste Abschnitt.

5.5.1.4 Wichtige statistische Kennwerte: Median und arithmetisches Mittel

Das arithmetische Mittel, das auch oft als Durchschnitt oder Mittelwert bezeichnet wird, ist für viele sicherlich das bekannteste Maß. Die Berechnung ist denkbar einfach. Jeder einzelne Messwert (hier die jeweils angegebene Note) wird addiert und durch die Zahl der Fälle (hier Personen) dividiert.

Berechnung des arithmetischen Mittel $\overline{X}$

$$\overline{X} = (1{,}7 + 1{,}8 + 1{,}0 + 1{,}3 + 1{,}4 + 3{,}3 + 3{,}0) : 7 = 1{,}92$$

In unserem Beispielfall ergäbe sich natürlich eine wesentlich längere Zahlenreihe, nämlich 200 addierte Einzelnoten geteilt durch 200.

Neben dem Mittelwert kommt auch noch der so genannte Median zum Einsatz, ein Wert oberhalb und unterhalb dessen genau die Hälfte der einzelnen Messwerte angesiedelt ist. Wenn die einzelnen Messwerte in einer aufsteigenden Reihe aufgeführt werden, hat der Median genauso viele rechte wie linke Nachbarn. Wenn dies am obigen Beispiel demonstriert werden soll, werden die einzelnen Noten in einer aufsteigenden Reihe sortiert und der Median ist genau der Wert in der Mitte (bei einer Reihe mit gerader Zahl dann das arithmetische Mittel aus den beiden mittleren Zahlen).

Berechnung des Medians $\overline{X}$me:

$\overline{X}$me aus der Reihe 1,0; 1,3; 1,4; 1,7; 1,8; 3,0; 3,3 ist 1,7

Der Median ist immer dann der bessere Kennwert, wenn so genannte Ausreißer-Werte das arithmetische Mittel stark verzerren. Deutlich wird dies anhand eines Beispiels aus der Einkommensstatistik, in der das durchschnittliche Jahreseinkommen eines 4-Personen-Haushalts in den Vereinigten Arabischen Emiraten mit 250.000 US Dollars beziffert wird, dieser Wert aber dadurch zustande kommt, dass eine hauchdünne Oberschicht sehr viel und eine breite Masse so gut wie gar nichts verdient. Hier gäbe der Median sicher realistischere ökonomische Verhältnisse wider, indem er den Wert Null annimmt.

Arithmetisches Mittel und Median könnten in der hier beispielhaft betrachteten Untersuchung auch dazu genutzt werden, die durchschnittlichen Einkommensverhältnisse der Studierenden abzubilden oder auch die unterschiedliche Beliebtheit der Studienschwerpunkte wiederzugeben.

5.5.1.5 Maße der Variabilität: Standardabweichung und Varianz

Wie die Berechnungsbeispiele um Median und Mittelwert zeigen, stehen diese zwar stellvertretend für die Gesamtheit der Messwerte, jedoch wird der Blick auf die tatsächliche Streuung der einzelnen Werte verstellt. Mit der Standardabweichung und der Varianz wird die mittlere Abweichung aller Messwerte vom Mittelwert beschrieben (vgl. Jäger 2000, 142).

Die Formel für die Varianz lautet:

$$S^2 = \frac{(Xi - \overline{X})^2}{n}$$

Nehmen wir einmal an, der Mittelwert für das monatlich zur Verfügung stehende Einkommen hätte in einer gegebenen Untersuchung 1000,– Euro ergeben, sechs Personen haben dazu ihre Angaben gemacht. Person A gibt an, über 1100,– Euro zu verfügen, Person B 1250.– Euro, Person C 950.– Euro, Person D 1000.– Euro, Person E 800,– Euro und Person F 900.– Euro. Das arithmetische Mittel liegt bei 1000,– Euro und berücksichtigt nicht, dass dieser Wert innerhalb der Stichprobe um 200,– Euro unterschritten und auch um 250,– Euro überschritten wird.

Zur Berechnung der Varianz:

$$S^2 = \frac{(1100-1000)^2 + (1250-1000)^2 + (950-1000)^2 + (1000-1000)^2 + (800-1000)^2 + (900-1000)^2}{6}$$

$$S^2 = 17.000$$

Die Standardabweichung entspricht der Wurzel aus dieser Varianz und damit S = 130,38, also rund 130.

Gemessen am arithmetischen Mittel von x = 1000 Euro variieren die Angaben der Befragten zu ihrem monatlichen Einkommen um 130 Euro. Somit kann eingeschätzt werden, in welcher Größenordnung die einzelnen Angaben sich um den Wert des arithmetischen Mittels herum bewegen.

5.5.1.6 Test des Zusammenhangs zwischen zwei Variablen – Die Korrelation

In Studien aus dem Bereich der Sozialen Arbeit finden sich häufig Hypothesen, in denen ein Zusammenhang zwischen zwei Variablen angenommen wird, ohne dass ein direkter Einfluss der einen Variable auf die andere vorhergesagt wird. Methodisch gesehen wird nicht die eine Variable als unabhängige und die andere als abhängige betrachtet. In solch einem Fall würde eine Hypothese den Ausgangspunkt einer Studie bilden, die einen Zusammenhang zwischen der Dauer der Berufserfahrung einer Sozialarbeiter/-in und der Professionalität ihrer Arbeit vorhersagt, also etwa dergestalt, dass ein positiver Zusammenhang zwischen der Verweildauer im Beruf und der Professionalität vermutet wird (als klassische „Je-desto-Hypothese" formuliert: je länger im Beruf desto professioneller im beruflichen Handeln). Als unabhängige Variable gilt dann die Verweildauer im Beruf (gemessen in Jahren) und als abhängige Variable die Ausgeprägtheit des professionellen Handelns (das es dann in geeigneter Form zu erfassen gilt). Da es aber bei Studien im sozialen Bereich selten zur klassischen Hypothesentestung kommt (dazu bedürfte es einer gesonderten Einführung in die Inferenzstatistik), wird im Folgenden lediglich ein im Rahmen deskriptiver Statistik übliches Analyseverfahren vorgestellt, welches es ermöglicht, sowohl Vorhandensein, Stärke und Richtung des Zusammenhangs zwischen zwei Variablen aus einer gegebenen Stichprobe zu beschreiben und zu quantifizieren.

Im Folgenden beschäftigen wir uns also ausschließlich mit der Testung des Zusammenhangs zwischen zwei Variablen (es gibt auch Testverfahren für mehr als zwei Variablen, vgl. dazu ausführlich bei Diekmann 1999, 602ff. und auch Weinbach/Grinnell 2000, 163ff.) Für die Beschreibung und Überprüfung von Zusammenhängen werden dazu nun die Begriffe *Korrelation* und *Korrelationstest* eingeführt.

> „Der Begriff Korrelation sollte als allgemeiner Terminus verstanden werden. Er umfasst verschiedene statistische Testverfahren, mit denen die Stärke und Richtung eines Zusammenhangs zwischen Variablen analysiert werden kann" (Weinbach/Grinnell 2000, 137).

Wiederum kommt es auf das Skalenniveau der zu untersuchenden Merkmale an, um zu bestimmen, welche Testverfahren eingesetzt werden können. Korrelationstests setzen in der Regel mindestens Intervallskalen oder Ratioskalenniveau voraus, es ist aber auch möglich, ordinalskalierte Daten (eine von zwei Variablen kann bei dem im Folgenden vorgestellten Korrelationstest ordinalskaliert sein) mit einzubeziehen.

Als Rechenbeispiel soll die Frage nach der Effektivität von Supervision in Leitungspositionen (hier: Leiterinnen von Kindertagesstätten) untersucht werden. In einem ersten Schritt könnte dabei überprüft werden, ob ein Zusammenhang zwischen der Häufigkeit des Besuchs der Supervisor/-in und der Beurteilung ihres Führungsstils durch ihre Mitarbeiter/-innen besteht. Die erhobenen Werte könnten zunächst mit Hilfe eines sogenannten Streudiagramms dargestellt werden.

Abbildung 3: Darstellung des Zusammenhangs zwischen der Zahl der besuchten Supervisionssitzungen und der Zufriedenheit mit Führungsstil

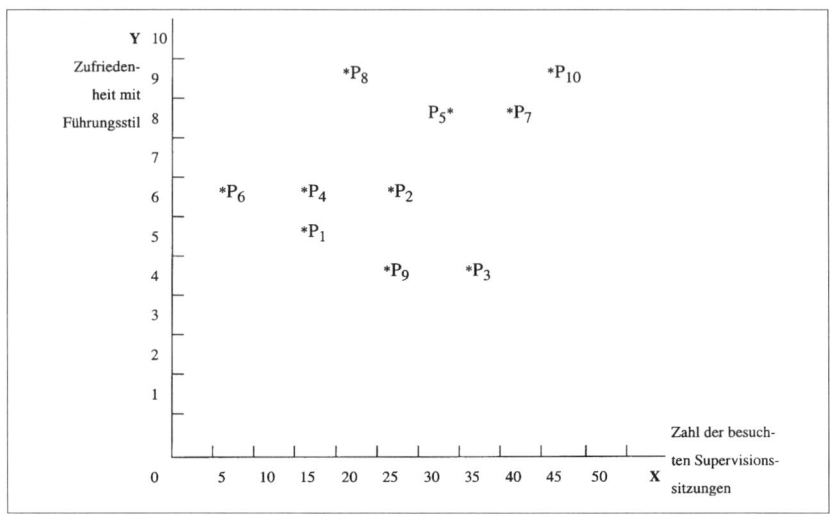

Ein perfekter Zusammenhang (perfekte Korrelation) zwischen den beiden Merkmalen besteht, wenn ausnahmslos ein höherer Wert der Variable „Zahl der besuchten Supervisions-Sitzungen" mit einem höheren Wert der anderen Variable „Zufriedenheit mit Führungsstil" einherginge. Wie in unserem Beispiel deutlich wird, ist dies nicht der Fall. Im sozialen Bereich werden wir wesentlich häufiger Korrelationen finden, die weniger perfekt sind, aber trotzdem bedeutsam sein können.[38]

Eine Korrelation kann keine Antwort auf die Frage geben, ob zwischen zwei Variablen eine kausale Beziehung besteht oder nicht, dazu bedarf es eines besonderen methodischen Rahmens, in der Regel eines kontrollierten Experiments.

---

[38] In unserem Beispiel deutet sich ein positiver Zusammenhang zwischen der Dauer der Supervisionsbesuche und der Zufriedenheit mit dem Führungsstil an, ein negativer Zusammenhang würde bedeuten, dass mit der Steigerung des einen Merkmals eine Verminderung des anderen Merkmals einhergeht, also etwa die Dauer der Supervision den Führungsstil verschlechtern würde. Ein negativer Zusammenhang kann auch erwünscht sein, zum Beispiel wenn die Dauer der Teilnahme an einer Anti-Aggressionsmaßnahme die Aggressivität der Teilnehmer tatsächlich senkt.

In der Regel dürfte es aber unbefriedigend sein, eine Korrelation lediglich anhand eines Streudiagramms darzustellen, sondern es geht auch um eine Aussage über die Stärke des festgestellten Zusammenhangs.

Wiederum ist das verwendete Skalenniveau zu beachten, das heißt bei der Korrelationsstatistik entscheidet das Skalenniveau der Messwerte über die weitere statistische Bearbeitung der Daten und die zu verwendenden Koeffizienten (vgl. Wellhöfer 1997, 55f.). Im Folgenden möchte ich mich auf die Berechnung des Koeffizienten aus der Produkt-Moment-Korrelation (auch genannt Bravais-Pearson-Korrelation dargestellt als kleines r) konzentrieren, der in der einschlägigen Methodenliteratur als „klassischer Korrelationskoeffizient" beschrieben wird und uns Aufschluss gibt sowohl über die Stärke als auch die Richtung des Zusammenhangs zweier Merkmale. Bei einer perfekten negativen Korrelation nimmt r den Wert −1,0 an, bei einer perfekten positiven Korrelation den Wert +1,0 und den Wert 0,0, wenn keine Korrelation besteht.

Nehmen wir einmal an, wir gehen unserem obigen Beispiel weiter folgend davon aus, dass die Dauer der Teilnahme an Supervisionssitzungen die Führungsqualitäten verbessert (also Annahme eines positiven Zusammenhangs zwischen Berufserfahrung und Professionalität).

Dazu stellen wir die Werte aus dem Streudiagramm in einer Tabelle dar.

Tabelle 3: Daten von 10 Einrichtungen für die Variablen X und Y

Leiterinnen von KiTa-Stätten	Zahl der besuchten Sitzungen x	Zufriedenheit mit Führungsstil y	x^2	y^2	xy
P1	15	5	225	25	75
P2	27	6	729	36	162
P3	35	4	1225	16	140
P4	15	6	225	36	90
P5	33	8	1089	64	264
P6	5	6	25	36	30
P7	40	8	1600	64	320
P8	20	9	400	81	180
P9	25	4	625	16	100
P10	46	9	2116	81	414
Total	261	65	8259	455	1775

Die Formel für den Korrelationskoeffizienten lautet:

$$r = \frac{n \cdot \sum_{i=1}^{n} xi \cdot yi - \left(\sum_{i=1}^{n} xi \right) \cdot \left(\sum_{i=1}^{n} yi \right)}{\sqrt{\left[n \cdot \sum_{i=1}^{n} xi^2 - \left(\sum_{i=1}^{n} xi \right)^2 \right] \cdot \left[n \cdot \sum_{i=1}^{n} yi^2 - \left(\sum_{i=1}^{n} yi \right)^2 \right]}}$$

Die Berechnung wird nun in allen Einzelschritten wiedergegeben, damit sie für die Leser/-innen in jedem einzelnen Schritt auch nachvollziehbar (und nachrechenbar) ist:

$$r = \frac{10 \cdot 1775 - 261 \cdot 65}{\sqrt{(10 \cdot 8259 - 261^2) \cdot (10 \cdot 455 - 65^2)}}$$

$$r = \frac{17750 - 16965}{\sqrt{(82590 - 68121) \cdot (4550 - 4225)}}$$

$$r = \frac{785}{\sqrt{14469 \cdot 325}}$$

$$r = \frac{785}{\sqrt{4702425}}$$

$$r = \frac{785}{2168}$$

$$r = 0,36$$

Wie aus der obigen Berechnung ersichtlich wird, liegt r = bei 0,36. Das bedeutet, die Ausgangsvermutung, die einen positiven Zusammenhang zwischen der Dauer der Supervision und einer steigenden Führungskompetenz unterstellt, wird gestützt. Wie aber ist die Höhe des Wertes (also eine Aussage die Stärke des Zusammenhangs betreffend) weiterhin zu interpretieren?

Die Antwort darauf hängt von zwei Faktoren ab:
Wie groß ist die zugrundeliegende Stichprobe (bei kleinen Stichproben muss der erreichte Wert relativ hoch sein)?

Welches Signifikanzniveau wird gewählt, das heißt welche Irrtumswahrscheinlichkeit wird toleriert (wie sicher will ich sein?)? Es muss ausgeschlossen werden, dass der Zusammenhang zwischen den beiden Variablen zufällig, beispielsweise aufgrund von Stichprobenfehlern besteht.

Es gilt also, die Nullhypothese (die keinerlei Zusammenhang unterstellt) zu verwerfen. Dazu muss klar sein, dass der Korrelationskoeffizient erst einen kritischen Wert überschreiten muss.

Für gewöhnlich wird in den Studien ein 5 %-Signifikanzniveau als akzeptabel erachtet (das bedeutet eine 95%ige Sicherheit des Schließens), bei diesem Signifikanzniveau und einer Stichprobengröße von n = 10 hätte r mindestens einen Wert von 0,63 annehmen müssen um aussagekräftig zu sein, bei einer Stichprobengröße von n = 42 hätte dagegen der Wert r = 0,30 bereits genügt, um den Zusammenhang als signifikant zu bestätigen (die kritischen Werte für die Korrelationskoeffizienten sind der Tabelle bei Weinbach/Grinnell 2000, 153 zu entnehmen). Die statistische Signifikanz bei Korrelationstest hängt also direkt mit der Stichprobengröße zusammen. Für kleinere Stichproben besteht – wie bereits weiter oben ausgeführt (vgl. Kap. 5.3.3) eine größere Wahrscheinlichkeit, dass eine bestimmte Stärke des Zusammenhangs zufällig entstanden ist (etwa durch Stichprobenfehler).

5.5.2 *Die Auswertung teilstandardisierter Erhebungsdaten*

Die Auswertung der mit qualitativen Erhebungsinstrumenten gesammelten Daten bezieht sich in der Regel auf verschriftlichte Interviews. Grundsätzlich kommt es dabei auf das Sinnverstehen an, verallgemeinerbare Regeln der Analyse, Interpretation und Deutung liegen nicht vor (vgl. auch Auswertungsbeispiel unter Punkt 4.2.6.5). Beim problemzentrierten Interview, das hier im Folgenden im Zentrum der Ausführungen steht, ergibt sich eine erste Auswertungsstruktur nach den im Leitfaden nacheinander operationalisierten Fragekomplexen. Bei der Kreation des Leitfadens spielten ja sowohl theoretische, empirische und/oder auch auf Praxiserfahrung beruhende Überlegungen eine Rolle. Ohne dass diese Vorüberlegungen den Blick auf das Gesagte verschleiern, muss zunächst ein Grundverständnis des Interviews hergestellt werden. Dies geschieht in der Regel in der Auseinandersetzung im Forschungsteam: Teilen auch die anderen Rezipient/-innen die spezifische Wahrnehmung und wie ist das Gesagte vor dem Hintergrund weiterer spezifischen Wissens zu interpretieren und zu gewichten? Bei der Auswertung kommt es darauf an, transparent zu machen, wie ein bestimmtes Auswertungsergebnis entstanden ist und es gilt dieses zu belegen (z.b. durch wortwörtliche Zitate aus dem Interview und sog. Ankerbeispiele). Es ist auch jeweils deutlich zwischen Analyse und Interpretation zu trennen.

„Diese Transparenz ist ein wesentliches Kriterium für die wissenschaftliche Ausgewiesenheit und Objektivität einer qualitativen Untersuchung, da darüber der Erkenntnisweg für andere nachvollziehbar wird" (Schmidt-Grunert 1999, 50).

Wie auch bei der Auswertung vollstandardisierter Daten sollte eine ausführliche Stichprobenbeschreibung am Beginn des Auswertungsberichts stehen. Es soll ja für die späteren Leser/-innen ersichtlich sein, wer die Fragebögen beantwortet hat beziehungsweise welche Personen interviewt worden sind, letztlich also auf wen sich die anschließend getroffenen Aussagen beziehen.

Ist bei einer Erhebung mit Leitfadeninterviews gearbeitet worden, wird in der Regel auch ein vollstandardisierter sozio-demographischer Bogen vorgelegt. Dieser Bogen bildet die Basis für die Stichprobenbeschreibung. Als Beispiel möchte ich Auszüge aus einer Stichprobenbeschreibung vorstellen, die 1997 im Kontext einer Untersuchung an 15 Sozialpädagogikstudentinnen entstanden ist, welche im Rahmen eines Methodenworkshops mittels problemzentrierter Interviews unter anderem zu ihrer Studienmotivation, Zufriedenheit mit Studieninhalten und zum Zeitmanagement innerhalb ihres Alltags befragt worden sind.

Studienbeispiel „Sozialpädagogikstudentinnen an der KSFH"[39]

5.5.2.1 Stichprobenbeschreibung

Es konnten insgesamt 15 Studentinnen für die ausführlichen (bis zu 2 1/2 Stunden währenden) problemzentrierten Leitfadeninterviews gewonnen werden. Von diesen 15 Befragten liegen auch die detaillierten sozio-demographischen Angaben vor, welche die Basis der hier im Folgenden vorgenommenen Stichprobenbeschreibung bilden.

Die weit überwiegende Zahl der Studentinnen (13 von 15) befindet sich zum Befragungszeitpunkt im Grundstudium und zwar schwerpunktmäßig im zweiten beziehungsweise vierten Semester. Zwei Studentinnen sind bereits in das Hauptstudium eingetreten (siebtes bzw. neuntes Se-

---

[39] KSFH ist die Katholische Stiftungsfachhochschule in München an der die Autorin als Professorin für Soziologie lehrend tätig ist.

mester). Die Befragten sind durchschnittlich 29,9 Jahre (x = 29,93 Jahre) alt (Median: 30 Jahre). Die Mehrheit ist ledig (12 von 15) und drei sind verheiratet. Die dabei eigens angegebene Form der Lebens- beziehungsweise Wohngemeinschaft zeigt ein etwas differenzierteres Bild: Fünf Studentinnen leben alleine in einem abgeschlossenen Haushalt beziehungsweise im Studentinnen-Wohnheim, drei leben mit einer weiteren Person gemeinsam im Haushalt, davon ist einer der Ehemann der Befragten, in einem weiteren Fall das Kind der Befragten und in einem Fall eine nicht genauer spezifizierte Person. Zwei der Studentinnen leben mit zwei weiteren Personen im gemeinsamen Haushalt, davon eine mit Lebensgefährten und Sohn, die andere mit Ehemann und Tochter. Vier weitere Studentinnen leben mit drei weiteren Personen zusammen und zwar entweder in „klassischer Familiensituation" (mit Ehemann und zwei Kindern), in der Herkunftsfamilie (mit Eltern und Bruder) und zwei der Befragten in einer Wohngemeinschaft. Eine Studentin lebt mit vier weiteren Personen in einer Wohngemeinschaft. Einen Überblick über die persönlichen Wohnverhältnisse liefert folgende Tabelle:

Tabelle 4: Verteilung der Befragten auf Lebens- bzw. Wohnformen

Lebens-/Wohnform	Zahl der Befragten
Single	5
Alleinerziehende	1
Mit Partner	1
Mit (Ehe-)Partner und Kind	3
Wohngemeinschaft	3
Herkunftsfamilie	1
ohne Angabe	1
Insgesamt	n = 15

Insgesamt gesehen überwiegt also bei den persönlichen Lebensformen das Zusammenleben mit einer oder mehreren Personen, die entweder verwandt sind oder zur persönlichen Lebensgemeinschaft gerechnet werden können. Danach folgt von der Häufigkeit her die Lebensform Single und erst zuletzt die Wohngemeinschaften. Bei den Angaben zur Wohngemeinschaft wurde allerdings auf detailliertere Informationen zu den bestehenden sozialen Bezügen verzichtet.

Den befragten Studentinnen steht ein durchschnittlicher Wohnraum von ca. 30 qm (29,8 qm) zur Verfügung. Der Typus der Wohnung und des Wohnungsverhältnisses differiert wiederum. Die Hälfte wohnt zur Miete in einer abgeschlossenen Wohnung im Mehrgeschosshaus und zwei zur Miete in einem Einfamilienhaus. Zwei der Studentinnen bewohnen eine Eigentumswohnung, zwei weitere im Studentinnenwohnheim und eine in Untermiete.

Für das Wohnen werden im Durchschnitt ca. 270 Euro monatlich aufgewendet (persönlicher monatlicher Mietbeitrag inklusive Nebenkosten). Hier könnte zusätzlich die Standardabweichung berechnet werden (vgl. dazu Kap 5.5.1.5).

Neun Studentinnen sind ganzjährig erwerbstätig und sechs sind nicht erwerbstätig.

Von den *Erwerbstätigen* wird überwiegend bis zu 20 Wochenstunden gearbeitet, zwei Studentinnen sind geringfügig beschäftigt (unter 10 Wochenstunden) und eine arbeitet bis zu 30 Wochenstunden. Die erwerbstätigen Studentinnen besitzen hinsichtlich der Gestaltung ihrer Arbeitszeit größtmögliche Flexibilität, denn sieben von ihnen arbeiten nach freier Vereinbarung und nur zwei haben starre Arbeitszeiten. Nur eine der erwerbstätigen Studentinnen ist ausschließlich auf ihr Einkommen angewiesen, alle anderen geben eine oder mehrere weitere Einkunftsquellen an. Eine bezieht zusätzlich zu ihrem Einkommen Bafög, eine weitere nennt gleich drei weitere Quellen (elterliche Unterstützungsleistungen, Wohngeld sowie eigene Spar- und Kapitaleinkünfte). Alle übrigen erhalten zusätzlich zu ihrem selbsterwirtschafteten Geld entweder elterliche Unterstützungszahlungen und/oder können auf eigene Sparguthaben zurückgreifen. Die Verteilung der Höhe der Einkommen zeigt folgende Tabelle:

Tabelle 5: Verteilung der Einkommen auf erwerbstätige Befragte

Höhe des monatl. Einkommens	Zahl der Befragten
250 – 500 Euro (monatlich)	4
501 – 750 Euro (monatlich)	2
751 – 1000 Euro (monatlich)	2
1001 – 1250 Euro (monatlich)	1
	n = 9

In der Stichprobe sind sechs Studentinnen nicht erwerbstätig. Vier von ihnen partizipieren am Einkommen des Ehepartners beziehungsweise Lebensgefährten, aber nur eine ist ausschließlich auf diese abgeleiteten Ansprüche angewiesen, die übrigen drei haben je eine zusätzliche Einkunftsquelle, wie eigenes Sparvermögen, Anspruch auf Unterhaltsleistungen aus einer früheren Partnerschaft oder Bafög. Das durchschnittliche Einkommen in der Gruppe derer, die mit einem festen Partner zusammenleben liegt auf einem relativ hohen Niveau von über 1500 Euro im Monat und in einem Fall zwischen 750–1.000 Euro im Monat. Allerdings muss bei der Betrachtung dieses relativ hohen Einkommensniveaus beachtet werden, dass im Einzelfall bis zu vier Personen von diesem Einkommen leben. Die beiden übrigen nicht-erwerbstätigen Studentinnen sind zum einen die alleinerziehende Mutter, die sowohl Unterhalt für ihr Kind als auch Sozialhilfe, Bafög und Unterstützung durch ihre Eltern erhält, zum anderen eine alleinlebende Studentin, die sich aus Bafög-Zahlungen plus elterlichen Unterstützungszahlungen finanziert. Einen Überblick über die Verteilung der verschiedenen Einkommensquellen der nicht-erwerbstätigen Studentinnen liefert die folgende Tabelle 6.

Tabelle 6: Einkommenshöhe und Verteilung der Einkommensquellen auf nicht-erwerbstätige Befragte

Zahl der Befragten	Einkommenshöhe/Einkommensquellen
4	über 1500 Euro monatlich (Einkommen des Lebens-/Ehepartners, Sparvermögen, Unterhalt, Bafög)
1	1000 – 1250 Euro monatlich (Elterliche Zuwendung, Unterhalt, Bafög, Sozialhilfe)
1	500 – 750 Euro monatlich (Elterliche Zuwendung, Bafög)
n = 6	(Nicht-erwerbstätige Studentinnen)

Zusätzlich zu den äußeren Rahmenbedingungen, welche die Studiensituation erheblich beeinflussen, wie die persönliche Lebens- und Wohnsituation sowie die jeweils unterschiedlichen Einkommenssituationen, wurden im soziodemographischen Bogen auch Informationen über die berufliche Vorgeschichte der Studentinnen erhoben. Nicht besonders überraschend ist dabei das Ergebnis, dass die überwältigende Mehrheit (11 der Befragten) aus einschlägigen sozialen Berufen herkommend in das Studium der Sozialen Arbeit eintritt. Einen Überblick über die Qualifikationsmerkmale der Studentinnen bietet die folgende Tabelle.

Tabelle 7: Angaben zum beruflichen Profil vor Studienbeginn

Qualifikation	Zahl der Befragten
Erzieherin	8
Erzieherin und Arzthelferin	1
Krankenschwester	1
pädagogische Assistentin	1
Finanzwirtin	1
Übersetzerin	1
ohne berufliche Ausbildung	2
	n = 15

Entsprechend den beruflichen Qualifikationen verteilen sich auch die zum Studium berechtigenden Zugangsbedingungen. Es fällt auf, dass die Mehrheit der Studentinnen (12 von 15 Befragten) durch ihre Vorqualifikation schon sehr spezifisch auf ein Studium an einer Fachhochschule sowie im Bereich Sozialwesen festgelegt sind.

Tabelle 8: Verteilung der Art der Hochschulzugangsberechtigung

Art der Zugangsberechtigung	Zahl der Befragten
Allgemeine Hochschulreife	3
(Abitur)	
Fachgebundene Hochschulreife	1
(BOS)	
Fachabitur	2
(FOS)	
Fachgebundene Fachhochschulreife	9
(FAKS)	
	n = 15

5.5.2.2 Weitere Auswertungsschritte

Erst nach einer vollständigen Stichprobenbeschreibung geht es an die Auswertung der inhaltlichen Ergebnisse. Dazu muss – wie eingangs bereits angeschnitten – zunächst das einzelne Interview als „Gesamtwerk" verstanden werden. Danach erst werden die inhaltlichen Kategorien bestimmt, die einer eingehenderen Analyse unterzogen werden sollen. Hierbei geht es um ein Verstehen Satz für Satz und sodann um den Kontext, in dem die Äußerungen stehen. Wenn sich das Forscher/-innenteam über den gemeinten Sinn verständigt hat, geht es erst um die Interpretation. Analyse und Interpretation müssen sorgfältig getrennt werden. Bei der Verständigung auf den Sinn einer Aussage, muss für die späteren Leser/-innen transparent gemacht werden, wie dieses beziehungsweise auf welchem Weg dieses Verständnis hergestellt wurde und danach erst, wie eine mögliche Interpretation aussehen könnte. Im Vorgehen entspricht dies einer qualitativen Inhaltsanalyse, wobei die Auswertungskategorien – wie im Beispielfall aus dem Material heraus entwickelt werden (vgl. dazu ausführlich Punkt 4.2.6.4), – oder auch aus theoretischen Modellen abgeleitet werden (vgl. dazu auch Steinert 2000, 138). Bei unserem Studienbeispiel ist eine der auswertungsrelevanten Kategorien die der angegebenen Motive der Studentinnen, mit dem Studium der Sozialpädagogik zu beginnen. In jedem einzelnen, schriftlich vorliegenden Interview werden nun die Textpassagen herausgefiltert, in der diese Motive angesprochen werden und verschiedene Motive unter bestimmten Kürzeln gesammelt. Zum Beispiel gibt die Studentin A an, sie wolle beruflich weiterkommen, auch mehr Geld verdienen, ihr Arbeitsumfeld wechseln und eine noch nicht verschmerzte Trennung vom Partner damit kompensieren. Die genannten Motive wurden unter die Kürzel „berufliche Karriere", „Einkommenserhöhung", „Berufsfeldwechsel" und „Wechsel des Lebensthemas"[40] geordnet. Eine derartige Auflistung wurde für jede Studentin getrennt vorgenommen und nach deren Abschluss eine beschreibende Übersicht über die am häufigsten genannten Motive und typische Motivkonstellationen erstellt. Die einzelnen Analyseergebnisse sind mit geeigneten Textstellen aus den Interviews zu belegen. Sodann können die analysierten typischen Motivkonstellationen vor dem Hintergrund einer einschlägigen Theorie (z.B. zum weiblichen Berufswahlverhalten und zu

---

[40] Die Studentin beschreibt sich selbst in der Vergangenheit als sehr partnerzentriert, nunmehr wolle sie sich ausschließlich auf ihr berufliches Fortkommen konzentrieren. Es zeigt sich wie wichtig der Kontext einer Äußerung ist, wenn es um das Verstehen und die Kategorisierung geht.

den Lebenskonzepten junger Frauen) interpretiert werden. Prinzipiell kommt es ganz auf die Zielsetzung und den Verwertungszusammenhang einer Untersuchung an, wie tief und wie detailliert ausgewertet wird (vgl. dazu sehr ausführliche Textbeispiele einer Inhaltsanalyse unter Punkt 4.2.6.5 und auch bei Steinert 2000, 136ff.).

Am Ende der Auswertungsphase sowohl einer quantitativen wie einer qualitativen Untersuchung sollten vorliegen:

- die Beschreibung der Untersuchungsabsicht, der Untersuchungsfragen und des Verwertungszusammenhangs der Studie,
- Beschreibung des theoretischen Bezugsrahmens der Studie, Bezug auf und Diskussion bereits vorliegender empirischer Ergebnisse,
- Begründung der Wahl von Design und Methode, Vorstellung des entwickelten Instruments (im Anhang),
- die Beschreibung der Stichprobenziehung und Begründung des Stichprobenumfangs,
- die Stichprobenbeschreibung,
- qualitative und/oder quantitative Auswertung ausgewählter Daten (mit geeigneten Maßen und gegebenenfalls Testverfahren, Veranschaulichung von Ergebnissen über Tabellen und Diagramme),
- Diskussion und kritische Einschätzung der Ergebnisse,
- gegebenenfalls eine theoriegeleitete Einordnung der Ergebnisse und Einschätzung der Studienergebnisse vor dem Hintergrund des Forschungsstands zur Untersuchungsthematik.

6
Schlussbemerkungen

Ziel dieses Buch ist es, eine leicht verständliche Einführung in die Methoden und Techniken der empirischen Sozialforschung anzubieten, das *How to do it* durchzieht die Ausführungen wie ein roter Faden. Gleichzeitig wird ein anhand vieler Studienbeispiele möglichst plastischer Überblick über das gesamte Spektrum sowohl quantitativer als auch qualitativer Methoden der empirischen Sozialforschung geboten. An vielen Stellen wird auf Studien und Projekte innerhalb der Sozialarbeitsforschung verwiesen und ich habe mich bemüht, die Beispiele aus deren einschlägigem Untersuchungsfeld zu wählen.

Besonders (rechen-)genau wird die Auswertung quantitativer Daten präsentiert, wobei ein auswertungstechnischer Mindeststandard vorgestellt wird. An mehreren kritischen Stellen wird im Buch auf einschlägige Literatur verwiesen, die weitere Hilfestellungen und detailliertere Angaben und Anweisungen liefert. Die Genauigkeit bei den quantitativen Verfahren entspricht meiner langjährigen Erfahrung aus der Methodenlehre: Hier stellen sich die meisten Fragen und oft auch die größte Ratlosigkeit ein. Dies bedeutet aber keineswegs, dass ich die Quantitative Sozialforschung für den König/-innenweg in der Sozialarbeitsforschung erachte. Vielmehr wünschte ich mir, dass je nach Verwertungskontext, Anspruch und Fragestellung einer Studie möglichst methodenpluralistisch vorgegangen wird. Das Buch bietet deshalb einen expliziten Überblick über die Vielfalt von Designs, Methoden, Instrumenten und Auswertungsverfahren, damit nicht von vorneherein der Blick zu sehr auf nur eine einzige Methode verengt wird. Glücklicher Weise konnte ich auch im Bereich der Qualitativen Sozialforschung auf eine Reihe sehr kompetenter und auch aktueller Publikationen verweisen, die zum Teil bereits innerhalb der neuen Sozialarbeitsforschung angewandt und erprobt wurden und damit gleichzeitig nicht nur das *How to do* liefern, sondern darüber hinaus sehr spannende Beispiele und Forschungsvorhaben aus der sozialarbeiterischen Praxis.

Nicht zuletzt hoffe ich, dass das Buch auch für all jene Anregungen und Klarstellungen liefert, die noch gar nicht konkret an ein empirisches Projekt denken, sich aber grundlegend vor allem über die breite Palette der Möglichkeiten der Sozialforschung informieren wollen.

Literatur

Atteslander, P. (1984), Methoden der empirischen Sozialforschung. Walter de Gruyter, Berlin/New York

Backes, G. M. (2001), Lebenslagen und Alternsformen von Frauen und Männern in den neuen und alten Bundesländern. In: Deutsches Zentrum für Altersfragen (Hg.), Expertisen zum Dritten Altenbericht der Bundesregierung, Band 3, Opladen, Leske + Budrich.

Bange, D. (1992), Die dunkle Seite der Kindheit. Sexueller Missbrauch an Mädchen und Jungen. Ausmaß – Hintergründe – Folgen. Köln

Baumhöver, K. (1992), Olympische Werte in der Berichterstattung der Printmedien Süddeutsche Zeitung und Frankfurter Allgemeine Zeitung von 1952 bis 1988. Frankfurt/a.M.

Baurmann, M. C. (1997), Sexueller Missbrauch von Kindern. Ein Fachgespräch. In: Diskurs. Studien zu Kindheit, Jugend, Familie und Gesellschaft. Heft 1, 40–51

Behrens, U. (2000), Die Stichprobe. In: Wosnitza, M./Jäger, R. S. (Hg.), a.a.O., 43–71

Berelson, B. (1952), Content Analysis in Communications Research. New York

Bergmann, J. (1991), „Studies of Work"/Ethnomethodologie. In: Flick, U. et al (Hg.), a.a.O., 269–272

Blass (1980), Zeitbudget-Forschung. Eine kritische Einführung in Grundlagen und Methoden. Frankfurt a.M.

Bohnsack, R. (1993), Interaktion und Kommunikation. In: Korte, H./ Schäfers, B. (Hg.), a.a.O., 35–57

Bos, W./Tarnai, C. (1989), Entwicklung und Verfahren der Inhaltsanalyse in der empirischen Sozialforschung. In: Dies. (Hg.), Angewandte Inhaltsanalyse in Empirischer Pädagogik und Psychologie. Münster/ New York, 1–13

Brockhaus, U./Kolshorn, M. (1993), Sexuelle Gewalt gegen Mädchen und Jungen. Mythen, Fakten, Theorien. Frankfurt a.M.

Bundesministerium für Familie, Senioren, Frauen und Jugend (2005): Lebenssituation, Sicherheit und Gesundheit von Frauen in Deutschland. Eine repräsentative Untersuchung zu Gewalt gegen Frauen in Deutschland. Zusammenfassung zentraler Studienergebnisse. Bonn.

Burghardt, Thomas (1998), Aktionsforschung – Wo liegt ihre theoretische Bedeutung für die Veränderung sozialer Praxis? In: Huppert, N., a.a.O., S. 91–118

Dausien, B. (1994), Biographieforschung als „Königinnenweg"? Überlegungen zur Relevanz biographischer Ansätze in der Frauenforschung. In: Diezinger, A. u.a. (Hg.), a.a.O., 129–153

Deegener, G. (1995), Sexueller Missbrauch: Die Täter. Weinheim

Diekmann, A. (1999), Empirische Sozialforschung. Grundlagen, Methoden, Anwendungen. Reinbek bei Hamburg

Diezinger, A./Kitzer, H./Anker, I./Bingel, I./Haas, E./Odierna, S. (Hg.) (1994), Erfahrung mit Methode. Freiburg

Dreher, M/Dreher, E. (1991), Gruppendiskussionsverfahren. In: Flick, U. et al (Hg.), a.a.O., 186–188

Düformantel, K. D. (1998), Alltagsorientierte Forschung – Ist das Paradigma verblasst? In: Huppertz, N. (Hg.), a.a.O., 119–135

Durkheim, E. (1973), Der Selbstmord. Neuwied

Engelke, E./Maier, K./Steinert, E./Borrmann, S./Spatschek, C. (Hg.) (2007), Forschung für die Praxis. Zum gegenwärtigen Stand der Sozialarbeitsforschung. Freiburg im Breisgau.

Esser, H. (1975), Soziale Regelmäßigkeiten des Befragtenverhaltens. Meisenheim am Glan

Flick, U./Kardorff, E. v./Keupp, H./Rosenstiel, L. v./Wolff, S. (Hg.) (1991), Handbuch für Qualitative Sozialforschung, Psychologie Verlags Union, München

Fraser, J. T. (1988), Die Zeit: vertraut und fremd. Basel/Boston/Berlin

Friebertshäuser, B. (2000), Ethnographische Methoden und ihre Bedeutung für die Lebensweltorientierung in der Sozialpädagogik. In: Lindner, W. (Hg.), a.a.O., 33–54

Friedrichs, J. (1990), Methoden empirischer Sozialforschung. Westdeutscher Verlag, 14. Aufl., Opladen

Früh, W. (1984), Konventionelle und maschinelle Inhaltsananalyse im Vergleich: Zur Evaluierung computerunterstützter Bewertungsanalysen. In: Klingemann, H. D., a.a.O., 35–53

Garfinkel, H. (1980), Das Alltagswissen über und innerhalb sozialer Strukturen. In: Arbeitsgruppe Bielefelder Soziologen (Hg.), Alltagswissen, Interaktion und gesellschaftliche Wirklichkeit. Bd. 1, Symbolischer Interaktionismus und Ethnomethodologie, Opladen, 5. Aufl., 189–262

Girtler, R. (1996), Randkulturen. Theorie der Unanständigkeit. Wien/ Köln/Weimar, 2. Aufl.

Glaser, B./Strauss, A. (1967), The Discovery of Grounded Theory: Strategies for Qualitative Research. New York

Goffman, E. (1974), Das Individuum im öffentlichen Austausch. Frankfurt/a.m.

Heiliger, A./Engelfried, C. (1995), Sexuelle Gewalt. Männliche Sozialisation und potentielle Täterschaft. Frankfurt/New York

Heiner, M. (1996) (Hg.), Qualitätsentwicklung durch Evaluation. Freiburg

Heiner, M. (1996), Evaluation zwischen Qualifizierung, Qualitätsentwicklung und Qualitätssicherung. In: Dies. (Hg.), a.a.O., 20–47

Heinze, T. (2001), Qualitative Sozialforschung. Einführung, Methodologie und Forschungspraxis. München/Wien

Heinze-Prause, R. (2001), Das Konzept der objektiven (strukturalen) Hermeneutik. In: Heinze T., a.a.O., 213–283

Hitzler, R. (2000), Die Erkundung des Feldes und die Deutung der Daten. Annäherungen an die (lebensweltliche) Ethnographie. In: Lindner, W., a.a.O., 17–31

Hoffmann-Riem, Ch. (1980), Die Sozialforschung einer interpretativen Soziologie. Der Datengewinn. In: Kölner Zeitschrift für Soziologie und Sozialpsychologie, 32. Jg., 339–372

Hopf, C. (1991), Qualitative Interviews in der Sozialforschung. Ein Überblick. In: Flick, U. et al (Hg.), a.a.O., 177–185

Hopf, C./Weingarten, E. (Hg.), Qualitative Sozialforschung. Klett-Cotta Verlag, Stuttgart

Huppertz, Norbert (Hg.) (1998), Theorie und Forschung in der Sozialen Arbeit. Neuwied, Luchterhand

Hunt, M. (1991), Die Praxis der Sozialforschung. Frankfurt/New York

Jäger, R. S. (2000), Deskriptive Statistik und statistische Auswertung. In: Wosnitza, M./R. Jäger (Hg.), a.a.O., 115–151

Jahoda, M./Lazarsfeld, P. F:/Zeisel, H. (1980), Die Arbeitslosen von Marienthal. Ein soziographischer Versuch. Suhrkamp Verlag, 3. Aufl.

Jahoda, M. (1991) Die Arbeitslosen von Marienthal. In: Flick, U. et al (Hg.), Handbuch Qualitative Sozialforschung. München, 119–122

Jurczyk, K./Ostner, I./Tatschmurat, C. (1981), 100 Jahre Industrielle Frauenlohnarbeit. Wirtschaftliche Entwicklung und sozialwissenschaftliche Analysen 1880–1980. Schriftenreihe des Sonderforschungsbereichs 101 der Universität München

Kern, H. (1982), Empirische Sozialforschung. Ursprünge, Ansätze, Entwicklungslinien. Verlag C.H.Beck, München

Kirchoff, S. u.a. (2008), Der Fragebogen: Datenbasis, Konstruktion und Auswertung. Verlag für Sozialwissenschaften. 4. überarbeitete Auflage. Wiesbaden.

Klingemann, H. D. (Hg.) (1984), Computergestützte Inhaltsanalyse in der empirischen Sozialforschung. Frankfurt/New York

Konrad, K. (2000), Die Befragung. In: Wosnitza, M./Jäger, R. S. (Hg.), a.a.O., 73–114

Korte, H. (1993), Einführung in die Geschichte der Soziologie. Opladen. 2. Aufl.

Korte, H./Schäfers, B. (1993) (Hg.), Einführung in die Hauptbegriffe der Soziologie. Opladen

Krippendorf, K. (1980), Content Analysis. An Introduction to its Methodology. London

Kriz, J. (1973), Statistik in den Sozialwissenschaften. Rowohlt TB Verlag, Reinbek bei Hamburg

Lamberti, Jürgen (2001), Einstieg in die Methoden empirischer Forschung. Planung, Durchführung und Auswertung empirischer Untersuchungen. Tübingen, dgvt-Verlag

Lamnek, S. (1995), Qualitative Sozialforschung. Band 1: Methodologie und Band 2: Methoden und Techniken, Psychologie Verlags Union, Weinheim

Lehr, U./H. Thomae (1987), Formen seelischen Alterns. Ergebnisse der Bonner Gerontologischen Längsschnittstudie (BOLSA). Stuttgart

Lepenies, W. (Hg.), Geschichte der Soziologie. Studien zur kognitiven, sozialen und historischen Identität einer Disziplin. Bände 1–4. Suhrkamp TB Verlag, Frankfurt a.M.

Lewin, Kurt (1968), Die Lösung sozialer Konflikte. Ausgewählte Abhandlungen über Gruppendynamik. Bad Nauheim, 3. Aufl.

Lindner, W. (Hg.) (2000), Ethnographische Methoden in der Jugendarbeit. Zugänge, Anregungen und Praxisbeispiele. Opladen

Lüschen, G. (1979) (Hg.), Deutsche Soziologie seit 1945. Sonderheft 21 der Kölner Zeitschrift für Soziologie und Sozialpsychologie, Westdeutscher Verlag, Opladen

Maier, K. (1998), Zur Abgrenzung der Sozialarbeitsforschung von der Forschung in den Nachbardisziplinen. In: Steinert, E. et al (Hg.), a.a.O., 51–66

Mayring, P. (1991), Einführung in die qualitative Sozialforschung. München

Mead, M. (1970), Jugend und Sexualität in primitiven Gesellschaften. Band 1: Kindheit und Jugend in Samoa. Deutscher TB Verlag, München

Mies, M. (1978), Methodische Postulate der Frauenforschung: Dargestellt am Beispiel der Gewalt gegen Frauen. In: beiträge zur feministischen theorie und praxis, H. 1, München

Mies, M. (1994), Frauenbewegung und 15 Jahre „Methodische Postulate zur Frauenforschung". In: Diezinger, A. u.a. (Hg.), a.a.O., 105–128

Miller, T. (2001), Systemtheorie und Soziale Arbeit. Entwurf einer Handlungstheorie. Stuttgart. 2. Aufl.

Moser, H. (1995), Grundlagen der Praxisforschung. Freiburg

Mullins, C. N. (1981), Ethnomethodologie: Das Spezialgebiet, das aus der Kälte kam. In: Lepenies, W. (Hg.), a.a.O., Bd.2, 97–136

Neubauer, Ch. E./Unteregger, H. (1989), „Meine Mutter und ich". Die Wahrnehmung der Mutter in Aufsätzen 10–16jähriger Mädchen und Jungen. In: Bos, W./ Tarnai, C. (Hg.), a.a.O., 102–128

Oppl, H./Weber, U. (1996), Gerontopsychiatrisches Verbundnetz in der Altenhilfe in Würzburg: Integration und ambulante Versorgung älterer Menschen mit psychischen Veränderungen. Kurzfassung des Abschlussberichts. Würzburg/Benediktbeuern

Poundstone, W. (1995), Im Labyrinth des Denkens. Wenn Logik nicht weiterkommt: Paradoxien, Zwickmühlen und die Hinfälligkeit unseres Denkens. Reinbek bei Hamburg

Pross, H. (1975), Die Wirklichkeit der Hausfrau. Die erste repräsentative Untersuchung über nichterwerbstätige Ehefrauen: Wie leben sie? Wie denken sie? Wie sehen sie sich selbst. Reinbek bei Hamburg

Ritsert, J. (1975), Inhaltsanalyse und Ideologiekritik. Ein Versuch über kritische Sozialforschung. Frankfurt/a.M., 2. Aufl.

Von Saldern, M. (1989), Kommunikationstheoretische Grundlagen der Inhaltsanalyse. In: Bos, W./Tarnai, C., a.a.O., 14–31

Schaffer, H. I. (1993), Zeitwende im Alter. Individuelle Zeitstile älterer Frauen. Frankfurt a.M./Berlin/Bern/New York

Schaffer, H. I. (1993), „Im Osten viel Neues." Erste Rahmendaten zur Bedeutung der Tagespresse in den neuen Bundesländern. SOWI-Arbeitspapier, Nr. 78, München

Schaffer, H./Zelinka, F. (1993), Bundeswehr im Presseaufwind. Neue Sachlichkeit statt Jubeljournalismus in der ostdeutschen Presse nach der Wende. München

Schmidt-Grunert (Hg.) (1999), Sozialarbeitsforschung konkret. Problemzentrierte Interviews als qualitative Erhebungsmethode. Freiburg, Lambertus

Schnell, R./Hill, P. B./Esser, E. (1988), Methoden der empirischen Sozialforschung. München

Staub-Bernasconi (2007), Forschungsergebnisse und ihre Bedeutung für die Theorieentwicklung, Praxis und Ausbildung. In: Engelke, E. u.a. (Hg.), Forschung für die Praxis. Zum gegenwärtigen Stand der Sozialarbeitsforschung. Freiburg/Breisgau, S. 19–46.

Steinert, E./Sticher-Gil, B./Sommerfeld, P./Maier, K. (1998) (Hg.), Sozialarbeitsforschung: was sie ist und leistet. Eine Bestandaufnahme. Freiburg

Steinert, E./Thiele, G. (2000), Sozialarbeitsforschung für Studium und Praxis. Einführung in die qualitativen und quantitativen Methoden. Köln. Fortis Verlag

Stumpf, T. W. (1995), Opferschutz bei Kindesmisshandlung. Eine kriminalpolitische Herausforderung. Berlin

Tertilt, H. (1996), Turkish Power Boys. Ethnographie einer Jugendbande. Frankfurt a.M.

Thiersch, H. (1998), Lebensweltorientierte Soziale Arbeit und Forschung. In: Rauschenbach, T./Thole, W. (Hg.) (1998), Sozialpädagogische Forschung. Gegenstand und Funktionen, Bereiche und Methoden. Weinheim/München, 81–96

Watzlawick, P. (1976), Wie wirklich ist die Wirklichkeit? München

Weigand, Harald (1998), Empirie – Hat sie ihren Stellenwert und ihre Bedeutung für Theorie und Praxis der Sozialen Arbeit eingebüßt? In: Huppertz, N. (Hg.), Theorie und Forschung in der Sozialen Arbeit. Neuwied, Luchterhand, S. 67–90

Weinbach, R. W./Grinnell, R. M. (2000), Statistik für soziale Berufe. Neuwied. Luchterhand. 4.Aufl.

Wellenreuther, Martin (2000), Quantitative Forschungsmethoden in der Erziehungswissenschaft. Eine Einführung. Weinheim und München. Juventa Verlag

Wex, M. (1981), „Weibliche" und „männliche" Körpersprache als Folge patriarchalischer Machtverhältnisse. Frankfurt/a.M., 2. Aufl.

Wosnitza, M./Jäger, R. S. (Hg.) (2000), Daten erfassen, auswerten und präsentieren – aber wie? Landau

Die Autorin

Hanne Isabell Schaffer, geb. 1959, studierte Soziologie, Psychologie und Pädagogik an der Ludwig Maximilians Universität in München, promovierte im Bereich Alternsforschung an der Justus Liebig Universität in Gießen zur Doktorin rer soc. Langjährige Forschungstätigkeit am Sonderforschungsbereich der Universität München und im Auftrag des Bundesministeriums für Familie, Frauen und Gesundheit sowie im  Auftrag des Bundesministeriums der Verteidigung. Forschungsschwerpunkte: Frauenforschung, Alternsforschung und Soziale Ungleichheit.

Seit 1994 ist sie Professorin für Soziologie an der Kath. Stiftungsfachhochschule München im Fachbereich „Soziale Arbeit". Ihre aktuellen Themenschwerpunkte: „Genderperspektiven und Soziale Arbeit" und „Empirische Methoden der Sozialforschung".